伊犁师范学院出版基金资助出版；
伊犁师范学院课程与教学论重点学科资助出版

实习支教生教师专业身份建构过程的研究

谢淑海　著

吉林大学出版社

图书在版编目(CIP)数据

实习支教生教师专业身份建构过程的研究／谢淑海著.—长春：
吉林大学出版社,2017.7
ISBN 978-7-5692-0659-3

Ⅰ.①实… Ⅱ.①谢… Ⅲ.①不发达地区—教育工作—概况—中国
Ⅳ.①G527

中国版本图书馆 CIP 数据核字(2017)第 202137 号

书　　名　实习支教生教师专业身份建构过程的研究
SHIXI ZHIJIAOSHENG JIAOSHI ZHUANYE SHENFEN
JIANGOU GUOCHENG DE YANJIU

作　者　谢淑海　著
策划编辑　朱进
责任编辑　朱进
责任校对　高桂芬
装帧设计　贺迪
出版发行　吉林大学出版社
社　　址　长春市人民大街 4059 号
邮政编码　130021
发行电话　0431-89580028/29/21
网　　址　http://www.jlup.com.cn
电子邮箱　jdcbs@jlu.edu.cn
印　　刷　三河市嵩川印刷有限公司
开　　本　787×1092　1/16
印　　张　18.5
字　　数　300 千字
版　　次　2017 年 7 月　第 1 版
印　　次　2023 年 7 月　第 2 次
书　　号　ISBN 978-7-5692-0659-3
定　　价　65.00 元

摘 要

我们总是在努力变成某种人,我们每个人也都梦想着成为某类人,这影响着我们生活的方方面面:我们寻找什么样的工作,我们定居在什么地方,我们和谁交往,甚至影响着我们未来的梦想。但是,要知道我们想要什么和我们梦想成为什么样的人,首先得知道"我们是谁",我们目前的处境。换句话说,那就是我们的身份,它帮助我们设定目标,并规划我们未来的发展路径。如果我们没有理解我们的身份,我们是无法实现我们所希望的,因为我们不清楚我们应走向何方。对教师而言,大量的教师教育研究文献都强调专业身份建构在教师专业发展中的重要性,因为,教师在学校和在专业共同体中的交往,身份建构会伴随教师整个职业生涯,并且,教师专业身份是分析教师教学的框架或棱镜,是教师专业生活的一个组织因素,甚至也可以用来解释、证明和理解与他者和世界关联中的自己。通过对现有文献的分析发现,探索教师专业身份的方式多种多样。因此要完全理解教师专业身份的内涵及其研究方法是一个巨大的挑战。综合而言,教师专业身份是教师对自己身为教师所具有的意义的整体看法。所以,当教师仅为一种职业选择,但是,成为一位专业的教师,则是在每一天的教学生活中形塑和建构的。师范生对身为专业教师的看法,往往决定了明日教师的样貌与意象。"我是谁"和"我想成为怎样的教师"等问题早已引起教师的重视,但是,直到近年来才引起研究者的关注。尽管研究时间较短,不少研究者则强调了教师教育在职前教师专业身份形成中的作用,也有研究者发现实习是职前教师专业身份转变的关键阶段,并且,实习支教教师面临着在教育实践场域互动中的冲突与困惑,对原有的知识和理念带来巨大挑战,从而,有对未来教师生涯的承诺或不确定,也有徘徊在理想和现实之间的拉距,更何况,当前实习支教生是如何建构和发展教师专业身份的,却一直缺乏相关实证研究。因此,这些内心深层的经历及经验值得探究。于是,本研究的目的在于了解实习支教生建构教师专业身份的过程,从而勾勒专业身份建构的形貌及其影响因素,希冀透过研究发现的讨论,进一步思考如何建构实习支教教师专业身份的可能途径。

本研究经由五位实习支教生的同意得以进行叙事探究,以访谈作为主要搜集资料的方法,并辅以观察、反思日记分析等策略,进而整理与分析,前后达九个月的时间。深入访谈,聆听他们叙说成为教师的过程以及在实习支教场域的故事,从故事中了解他们专业身份的内涵,探讨其影响因素,分析其教师专业身份建构的过程及特征。

依据五位实习支教生的叙说,可以将其教师专业身份建构历程粗略分为:(1)入学动机;(2)前身份;(3)踏上教师之路;(4)教学实践;(5)未来展望。可见,他们的叙说极大丰富了"找寻"与"转化"、对话与协商的内涵,分析他们的叙说可以理解影响其建构教师专业身份的个人因素和社会因素,揭示出五位实习支教教师"前构—形构—再构"的建构过程,这个建构过程也呈现出阶段性、能动性、动态性、差异性特征。

基于此,不难发现,实习支教生教师专业身份建构与其过去经验以及个体身处的情境有密切关系。由于教师专业身份建构是一个个体内在自我与外在世界的对话,藉着叙说回溯经验能提高实习支教生对其教师专业身份建构过程的察觉,促进专业成长。因此,本研究的研究过程也有利于实习支教生建构教师专业身份,实习支教也在他们建构教师专业身份过程中起着至关重要的作用。

最后,本论文针对高师院校、师范生、中小学和教育行政部门提出了一些建议。

关键词:教师专业身份;实习支教;实习支教生;教师专业身份建构;叙事研究

Abstract

We are always involved in becoming a certain person. The dreams we have about the type of person we want to become influence all dimensions of our lives: the job we look for, the place we settle in, the people we interact with and even our subsequent dreams. But, knowing what we want and who we dream to become impinges on knowing who we are and where we are at the moment. In other words, it is our identity that helps us with setting goals and shows us the route to take. Without making sense of our identities, we are not able to achieve what we want effectively as we are not clear as to where we are headed. Much recent literature on teacher education highlights the importance of identity in teacher development. It can be used as a frame or an analytic lens through which to examine aspects of teaching. It can also be seen as an organizing element in teachers' professional lives, even a resource that people use to explain, justify and make sense of themselves in relation to others, and to the world at large. In our own efforts to understand the growing literature on teacher identity, we note that identity in teaching has been explored in a variety of very different ways. Reaching a full understanding of the important aspects of identity and the ways in which they are related can be challenging. At a basic level, teacher's professional identity is the teacher's conception of herself as a teacher. Therefore, To be a teacher can be nothing but a choice of profession. However, a person can be molded into a professional teacher only though everyday teaching. Teacher professional identity toward the teaching profession can decide the profile and image of teachers. The questions "Who am I?" and "What kind of teacher do I want to be?" have been addressed by teachers for many years, but only in more recent years have researchers recognized the importance of these questions to the teaching profession as a whole. Researchers have emphasized the role that the teacher education plays in the shaping and forming of student teachers' professional identities. However, facing the conflicts and confusions in the interaction of educational practice, student teachers have to challenge their existed knowledge and concepts. Some of them may be uncertain about their commitments to teaching career in the future, and some may be locked in a seesaw struggle between ideal and reality. Few empirical studies have been conducted to investigate how student teachers construct and develop their professional identities. We think their mental processes and experiences are worthy of further discussion. This study aims to explore student teachers' professional identity construction process and further define professional identity and factors affecting it. It is hoped that the effects of teacher education on student teachers' professional construction can be reflected on the one hand, and the possible pathways to develop student teachers' professional identity can be constructed on the other hand through discussion of the research findings.

This study aims to explore howfive student teachers learn to be a teacher through a series of key life experience and experiencing different stages of teacher professional identity through his narrative accounts. The study lasts nine months and data are mainly collected through interviews, with compilation and analysis of observational information and reflection journals. From their stories, the study explores the professional identity that five student teachers obtained regarding the meaning of their professional identity so as to understand the five student teachers' process of pursuing for professional identity and factors affecting the construction of professional identity.

It is found thatfive student teachers' process of recognizing the teacher professional identity and re – identity was roughly along the lines of the following themes, according their narratives: (1) the enrollment motivation, (2) pre – identity, (3) stepping on the way to becoming a teacher, (4) teaching practices, and (5) future prospects. The narratives brim with "quests" and "transformation", "dialogue" and "negotiation" related to the acquired identity. By analyzing the narratives, the personal and social factors that formed and changed teacher's professional identity could be understood. The process of "prefiguration—figuration—refiguration" could be revealed. The construction process is also shows the characteristics of periodic, initiative, dynamic and difference.

Upon on these findings, the study pointed out that student teacher profes-

sional identity has constructed by previous experience in learning and context. I-
dentity construction is a dialogue between internal self and external world. Narra-
tive is a suitable method to assist student teacher reflects their previous life expe-
riences, also promote teacher personal and professional growth. Therefore, an
implication of this study is the critical importance of engaging student teachers in
discussions that support them in constructing their professional identities. In −
post teaching practice plays a vital role in teacher professional identity construc-
tion process.

Finally, this study proposes suggestions in four aspects, including normal u-
niversity, student teachers, Primary and secondary schools and the administrative
departments of education.

KeyWords: teacher professional identity construction; in − post teaching
practice; student teacher; teacher professional identity construction; narrative in-
quiry

目 录

实习支教生教师专业身份建构过程的研究

导　论

　　身份是一种分析学校中的理论与实践问题、教育政策的重要工具。[①] 教师专业身份是一个相对较新的研究议题,直到最近才在教学和教师教育领域受到关注,[②]但世界各地的学者对教师专业身份及其建构的研究兴趣日趋强烈。[③] 因为作为教学专业的核心,教师专业身份为教师怎样行动、怎样理解自己的工作和在社会中的位置提供了"参照框架",[④]是决定教师做些什么的最基本的一部分。[⑤] 在我国,目前正以教师教育课程改革为契机,以教育实践环节为着力点,以此促进未来教师的专业身份建构,力争从根本上提高教师教育的质量。而实习支教与教育实习有所不同,顶岗实习支教模式的提出,是基于"双向培训、双向受益"的旨在实现教育扶贫和解决师范院校教育实习问题的"双赢"目的而提出的,也就是说,一方面师范生需要实践场域,提高实践能力;另一方面,农村师资短缺,需要师范生到基础教育薄弱的山区学校"顶岗实习",将这些薄弱学校变成"铁打的营盘",而师范实习生则

①Gee,J. P. Identity as an analytic lens for research in education[J]. Review of Research in Education,2000, 25(1):99 – 125.

②Thomas,L. , & Beauchamp,C. Learning to live well as teachers in a changing world:Insights into developing a professional identity in teacher education [J]. The Journal of Educational Thought, 2007,41 (3):229 – 242.

③Soreide,G. E. The public face of teacher identity – narrative construction of teacher identity in public policy documents[J]. Journal of Education Policy, 2007, 22(2):129 – 146.

④Sachs, J. Teacher education and the development of professional identity:Learning to be a teacher [C]. In: P. Denicolo, & M. Kompf(Eds,). Connecting policy and practice:Challenges for teaching and learning in schools and universities. Oxford:Routlege. 2000. 5 – 21.

⑤周淑卿. 我是课程发展的专业人员? ——教师专业身份认同的分析[J]. 教育资料与研究, 2004(57):9 – 16.

成为"流水的兵",就这样每年源源不断地输送优秀的实习教师,从而根本上解决贫困地区农村学校师资长期缺乏、农村教育发展滞后的问题①,也是以促进教育均衡发展为责任的一种新型教师教育模式②。但是,实习支教能否带来预期的学习效果或真正实现双赢? 实习支教又如何促进实习支教教师专业身份的积极建构呢? 为此,我们要深入实习支教过程,聆听实习支教教师的声音,发掘实习支教教师身份建构的过程。

一、研究缘起

(一)基于教师研究主题转换的思考

在 20 世纪 40 年代到 50 年代,"理性模式"③或"应用科学模式"④普遍存在于教师教育计划之中,它被认为是"单向方式"。通过专家将科学知识和研究成果传递给学生,然后,学生教师再把知识转化为实践。在 60 年代,随着认知心理学的问世,"主义"的涌现导致了许多变化。然而,这些变化对教师教育的影响并不明显。教师只是晦暗的统计数字,人们借助大规模的统计调查或历史分析,探讨教师在社会上的地位。此时关注的教师教学实践角色,并且认为教师会毫无疑问地回应社会的角色期待,扮演社会设定的角色丛(role set)。⑤ 到了 20 世纪 70 年代,教育研究主题终于回到了教师身上,有关教师如何看待他们的工作与生活的主题开始浮现。这时候的研究者虽然不再将教师当成数字的丛集、历史注脚或毫无疑问的角色扮演者,但是仍旧没有看到教师的个别性,没有看见教师个人;虽然关注教师的技能、态度、特征与教学方法,可是却无法了解教师的想法(teacher thinking)。到

①张诗亚,吴晓蓉."顶岗实习":来自农村教育的日志[C].见:丁钢.中国教育:研究与评论(第七辑).北京:教育科学出版社,2004.154－2007.

②李建强.实践的教师教育——河北师范大学顶岗实习支教工作初探[J].教师教育研究,2007(6):67－71.

③Day, R. R. Models and the knowledge base of second language teacher education[C]. In: Sadtono, E. (Ed.), Issues in language teacher education. Singapore: SEAMEO Regional Language Centre,1991. 38－48.

④Wallace, M. J. Training foreign language teachers: A reflective approach [M]. Cambridge: CUP. 1991. 1.

⑤Howatt, A. P. R. Widdowson, H. G. A history of English language teaching. Second Edition[M]. Oxford: Oxford University Press. 2004. 26.

了20世纪80年代,随着以罗杰斯、凯利、马斯洛等人为代表的人本主义心理学的发展,出现了人本主义的教师教育模式。人本主义理论的核心特征是强调能动性的"全人"观,个人的变化不是由他人直接导致的。① 人本主义理论认识到人的自主性和个人需要,学习必须是内部决定的而不是外部控制的。这时,有关教师生活与生涯的研究才开始出现,教师的主体性开始鲜明,教师的"声音"终于振奋了教育研究领域。

到了20世纪80年代和90年代,"反思模式"或"整合模式"进入到欧洲和北美国家的流行话语中,重塑的教师教育项目密切关注社会建构主义和反思在教师教育和教学中的应用。这一时期,反思、意识和身份等主题涌现在教师教育的话语体系之中。研究者们开始强调教师工作的复杂性,开始关注教师的学生经验、个人实践知识、价值观、信仰和个人的隐喻和他们的决策和计划过程。弗里曼(Freeman,D.)和约翰逊(Johnson,K.E.)认为,大量的研究表明,教师对教学的了解是被经验和学生时代的教室观察所建构的。② 研究人员不仅研究了教师的心理过程,而且也研究了教师对自身行为、学生行为的解释以及教师对学生所思所想的思考。③ 由此可以看出,教师研究的主题逐渐转向了教师内在的研究,让教师发声,倾听教师的"声音"。

(二)基于师范生培养质量的现实思考

就我国当前师范生培养现实而言,一方面是社会和教育机构对师范生的发展不满意,认为没有达到预期的培养目标,另一方面是师范生自己的迷失与觉醒。

自2007年秋季开始,以培养教育家型教师为理想目标的免费师范生教育在六所部属师范院校拉开序幕,该项旨在培养教育家型教师和促进教育公平的教育政策受到了广泛的关注,各高校纷纷探索教育家型教师培养的模式,相继提出了全新的举措,如有综合改革实验区建构、感恩教育、尊重教

---

①Roberts, J. Language teacher education [M]. London, UK: Arnold Publishing. 1998. 2.

②Freeman, D., Johnson, K. E. Reconceptualizing the knowledge - base of language teacher education [J]. TESOL Quarterly, 1998(32):397 - 417.

③Freeman, D.. The "unstudied problem": Research on teacher learning in language teaching [M]. In: D. Freeman & J. C. Richards (Eds), Teacher learning in language teaching. Cambridge: CUP. 1996. 351 - 378.

育等。根据斯腾伯格曾经提出的专家型教师的教学原型,即不仅具有广泛的知识(包括内容知识、教学法知识和实践知识),还能将这些知识组织起来在教学中加以运用。[①] 该原型强调了知识及其运用。然而有调查显示,58.8%的学生认为"实践锻炼的机会太少,能力得不到提高"[②],这足以说明免费师范生的实践性知识的缺乏。而我国学者曾天山则从情感维度提出了教育家型教师与教书匠的差别,认为"教育家和教书匠最大的不同在于,教书匠认为教师是职业,是谋生手段,给我多少薪酬我做多少活,而教育家往往做份额之外的事情,他们把教书当作事业、当作人生的追求来做",强调了情感维度。虽然国家花重资于 2007 年开始启动免费师范生项目,然而首届免费师范生就业意向调研报告却显示,仅 31.9%的学生选择从事教学类职业,仅仅 2%的学生愿去农村。首届免费师范生不仅总体上从教意愿不强,而且愿意支援农村等贫困落后地区教育的人数所占比例亦非常低。这一现象与免费师范生政策鼓励年轻学生从事教育行业、支援农村和落后地区的教育事业、促进教育公平的初衷相差甚远。[③] 为此,免费师范生不管是知识还是情感的发展都没有达到理想的培养目标——教育家型教师,甚至与目标相差甚远。事实上,不仅免费师范生如此,有学者通过个案研究发现目前师范生的教师身份认同比较表层化,多数受访师范生认同"我是师范大学的学生",而不是"我是师范生"。并且认为,目前的教师培养模式和课程没有使师范生树立应有的教育信念,获得应有的专业技能。[④]

就培养师范生实践性知识的教育实习而言,有研究者指出,当前我国各师范院校实行的教育实习政策基本是遵照教育部于 1957 年颁布的《教育部颁发高等师范学校教育实习暂行大纲的通知》而制定的教育实习制度,总体而言各师范院校的教育实习政策大同小异。各师范院校都认为,教育实习的目的在于"使师范生把平时学习中所获得的知识和技能综合地应用于教育和教学实践,使他们基本上具有在中等学校独立从事教学和教育工作的

①Sternberg. R. J. , & Horvath,. J. A. A Prototype of Expert Teaching[J], Educational Researcher, 1995(24) : 9 - 17.

②林更茂. 从"角色规定"到"身份认同":免费师范生教育的深层推进[J]. 教育研究与实验, 2011(6) :25 - 29.

③甘丽华. 调查显示首届免费师范生仅 2%愿去农村[N]. 中国青年报,2011 - 03 - 12(3).

④赵明仁. 先赋认同、结构性认同与建构性认同——"师范生"身份认同探析[J]. 教育研究, 2013(6) :79 - 85.

能力。"①可以看出,我国当前的教育实习目的是让学生在教师的指导下践履自己的教育信念和应用教育教学知识,发展教育教学技能,是"学生"的实习,充分发挥学生的主体性。然而,"个体的身份及其所负载的一整套行为规范、互动关系和意义符号,都是在个体对他人的理解中做出行动反应来加以呈现的。一个互动场景是由多方而非行动者一人所共同定义的,它既不是结构决定的产物,也不是纯粹个体自我的行动,而是一个互动、建构的产物。"因此,实习教师首先面临的是来自教育实习政策与实习学校情境之间的矛盾和冲突。也就是说,政策将实习教师作为先进理念的试验者,但是实习学校情境的复杂性又超出了实习教师的把控;其次是"正式教师"与"实习生"的疏离关系,从学校领导到一般教师和指导教师,都将实习生看作教学经验的学习者,使其难以真正融入、进入、参与到实践共同体之中;第三,实习教师专业身份与实践场域中的能力之间的落差,无法通过现实表现彰显

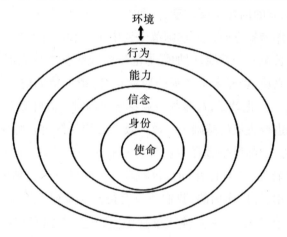

图1　科瑟根的洋葱头模式

教师专业身份而导致实习教师难以实现教师专业身份的建构。在实习教师专业身份建构的外在力量和内在建构力量之间的张力中,实习教师陷入了身份认同的困境。于是,实习教师经常会问及"我到底是'老师'还是'学生'? 当我的教育信念和指导教师的信念发生冲突时,我该怎么办? 我应该成为什么样的老师? 我能成为什么样的老师等诸如此类的问题。"这些问题明显地透露出他们在实习期间的教师身份认同危机和身份焦虑问题,更反

①李伟. 我国高师教育实习政策研究[D]:[硕士学位论文].金华:浙江师范大学,2003.

映出实习教师对"如何认识自我"的现实追问和省思,是主体觉醒的表现。就如斯图亚特·霍尔所说:"身份认同问题,不仅是我们是谁或我们来自何方,更是我们可能成为什么,我们是如何被再现的,是如何应付我们该怎样再现自己的问题。"①

因此,我国教师教育不仅需要为师范生发展提供重要的外部保障,更需要转向对师范生内涵发展的关注。2011年我国颁布了《教师教育课程标准(试行)》,强调职前教师教育课程的目标主要由"教育信念与责任、教育知识与能力、教育实践与体验"三个维度所构成,突破了传统的技术性取向培养方式,将教育信念作为了重要的内容,注重内在的改变。正如科瑟根(Korthagen. F. A)所提出的教师改变的洋葱头模型(如图1所示)②所强调的那样,教师的改变取决于内层的信念、身份和使命层面的改变。可见,我国教师教育的任务已经开始将视角从教师行为和能力的外部改变转向了教师专业身份、信念的内在深度改变,这种视角的转换,顺应了教师专业发展趋势。而在具体措施方面,"要求师范生到中小学和幼儿园的教育实践从过去的两个月延长至一个学期,以加强师范生的职业基本技能训练,激发师范生的教育实践兴趣,培养未来教师的职业精神,帮助他们树立长期从教、终身从教的信念"。③也就是说,教师专业身份建构对于教师教育非常关键,它是意义产生和进行决策的基础……教师教育必须从探讨教师身份认同开始。④但是,迄今为止,师范生教师专业身份到底是怎样发展的,师范生又是如何从"普通人"转变为"教育者"的,教师教育期间的学习对他们的专业身份建构有什么作用、怎样作用的,我们还没有得到实证研究所支持的答案。⑤唯一形成共识的是,在学为人师的过程中、在从学生到教师的身份转变过程中,教育实习无疑是一个关键环节。⑥为此,需要调整研究视角,深入到师范

---

①转引自郑庆杰. 漂移之间:大学生村官的身份建构与认同[J]. 青年研究,2010(5):45 – 55.

②Fred A. J. Korthagen. In search of the essence of a goof teacher: towards a more holistic approach in teacher education [J]. Teaching and Teacher Education, 2004(20):77 – 97.

③中华人民共和国教育部. 教育部关于大力推进教师教育课程改革的意见[Z]. 2011 – 10 – 08.

④Bullough, R. V. Practicing theory and theorizing practice in teacher education [C]. In: Loughran. J. & Russell. T. (Eds.) Purpose, Passion and Pedagogy in Teacher Education. London: Falmer Press, 1997. 21.

⑤Beijarrd, D., Meijer, P. C., Morine – Dershimer, G., & Tillema, H. Reconsidering research on teachers' professional identity. Teaching and teacher education,2004,20(2):107 – 128.

⑥张倩. 职前教师的专业身份建构——对职前教师实习经历的实证研究[J]. 教育发展研究, 2013(15 – 16):106 – 110.

生实习(支教)过程中去探索教师专业身份建构的问题。因此,本书通过对实习支教教师专业身份建构的探讨,试图为关注师范生内涵发展的教师教育打开一扇窗。

(三)基于师范生教师专业身份形构重要性的思考

"我是谁"和"我想成为什么样的教师"的问题多年来一直未被引起重视,直到近年来研究者才认识到其重要性。[1] 现今,"专业身份"已成为众多研究领域关注的热点问题,也是教育研究中有效的分析、解释工具[2],更是研究教师专业发展的一个重要视角。[3] 它为教师理解"如何成为教师,如何做一名教师,如何看待他们的工作以及他们的社会地位"提供了参考框架;[4]它是保持教师对工作的承诺,坚守专业规范的重要内容;[5]也是影响教师的自我效能、动机、工作满意度和效率的关键要素。[6] 不仅如此,教师专业身份认同还在一定程度上决定了教师留职意向,以及他们是否或如何寻求专业发展机会。[7] 于是,师范生教师专业身份问题已然成了教师教育研究者关注的焦点,师范生教师专业身份及其建构也成为了教师教育的目标,[8]也是师范生为职前培养过程赋予意义的来源和学习的动力,更是衡量师范生培养质

---

[1]Thomas, L., & Beauchamp, C. Understanding new teachers' professional identities through metaphor [J]. Teaching and Teacher Education. 2011, 27(6):762-769.

[2]Gee, J. P. Identity as an Analytic Lens for Research in Education[J]. Review of Research in Education, 2001(25):99-125.

[3]卢乃桂,王夫艳. 当代中国教师教育改革与教师专业身份之重建[J]. 教育研究,2009(4):55-60.

[4]Sachs, J. Teacher education and the development of professional identity: Learning to be a teacher [C]. In: Connecting policy and practice: Challenges for teaching and learning in schools and universities. Oxford: Routledge. 2005. 5-21.

[5]Hammerness, K., Darling-Hammond, L., & Bransford, J. How teachers learn and develop[C]. In:Preparing teachers for a changing world: What teachers should learn and be able to do. San Francisco: Jossey-Bass. 2005. 358-389.

[6]Day, C., & Kington, A. Identity, well-being and effectiveness: The emotional contexts of teaching [M]. Pedagogy, Culture & Society, 2008,16(1):7-23.

[7]Hammerness, K., Darling-Hammond, L., & Bransford, J. How teachers learn and develop[C]. In:Preparing teachers for a changing world: What teachers should learn and be able to do. San Francisco: Jossey-Bass. 2005. 358-3

[8]McNally, J., Blake, A., Corbin, B., & Gray, P. Finding an identity and meeting a standard: connecting the conflicting in teacher induction[J]. Journal of education policy, 2008,23(3): 287-298.

量的重要因素。① 因为,师范生"如何认识自己"和"自己是谁"将有利于提高其自我效能、工作满意度和入职率,师范生对其工作胜任力和教师专业身份的判断对其积极的工作表现也至关重要。②

并且,师范生从小就通过实际的课堂互动和与教师的交往体验到了"教师是什么""教师做什么",然后"扮演教师"来实践这些信念。③ 各级各类教师也为其专业身份提供了一个积极或消极的参考框架。④ 但这并不意味着职前教师身份建构已经完成,相反,他们需要继续建构专业身份且会持续到整个职业生涯。诚如加拿大魁北克教育局的一份关于当地实习教师的研究报告所指出的那样,大部分职前教师认为,从大学的课程学习到实习入职,身份的转变并非理所当然,而是一个未曾预料的巨大挑战,⑤并且大多数学生还面临着"转换的震撼"。因此,我们"应该尽可能地了解影响教师思维、思考的一些变量或因素,并将其融合进教师教育课程设计之中"。⑥ 只有这样,教师教育才能超越传统的"教师需要知道什么"(what)和"教师应该如何做"(how)以及偶尔提及的"为什么而教"(why)的问题,开始追问"谁"(who)的问题。从而指向职前教师内部世界,激发其从事和选择教师行业的内在动机,试图体验教师职业幸福感以保障职前教师的职业承诺。因为当指向内部世界的认识和运算,直接关注个体自身的发展问题时,即个体才能对自身的发展做出主动思考、批判、选择目标、策划过程和准备付诸实施的时候,人就具有了主动把握自己人生和命运的个体发展意识和能力,这是人所具有的最重要的可能,是人不同于任何生命体的最重要的"自我产生和自

---

①赵明仁. 先赋认同、结构性认同与建构性认同——"师范生"身份认同探析[J]. 教育研究,2013(6):79-85.

②Hammerness, K., Darling-Hammond, L., & Bransford, J. How teachers learn and develop[C]. In:Preparing teachers for a changing world: What teachers should learn and be able to do. San Francisco:Jossey-Bass. 2005. 358-389.

③Olsen, B. Introducing teacher identity and this volume[J]. Teacher education quarterly,2008,35(3):3-6.

④Maria Assunc Floresa. & Christopher Day. Contexts which shape and reshape new teachers identities:A multi-perspective study[J]. Teaching and teacher education,2006,22(2):219-232.

⑤Thomas,L., & Beauchamp, C. Learning to Live Well as Teachers in a Changing World:Insights into Developing a Professional Identity in Teacher Education[J]. Journal of Education Thought, 2007,41(3):229-244.

⑥Mau, Rosalind Y. Concerns of Student Teachers:Implications for Improving the Practicum[J]. Asia-Pacific Journal of Teacher Education,1997,25(1):53-72.

我再生"的能力,也是作为个体的人实现生命价值、获取幸福人生的内在保证。① 否则,仅凭我国教师培育制度的契约形式或者是劳动市场自然选择的作用来保证职前教师的职业承诺②,效果可想而知。

"成为教师"内在地包含着教师专业身份的建构,而这实际上是职前教师专业身份的历时性转换(transformation),换言之,职前教师从一名接受职前教育的学生到一名学校老师,必然要经历一个身份的转变(shift)。③ 纽曼(Newman,C. S.)指出,从学生到教师的转换历程,对教师专业身份认同的形成关系重大。从学生到教师的角色转换过程中,新的角色尚未确立,旧有的角色、行事(routines)和假设也不再有效,其角色定位就处于摇摆之中。因此,虽然这种转换是在职前教师的预期之中,但仍会使其经历迷失方向与重新找寻方向的自然历程,这正是成长途径中的重要转折点。④ 由此可以看出,师范生在从学生到教师的转换中,教师专业身份建构是一个至关重要的问题,这会影响到他们的从教动机和自我效能以及职业承诺。

(四)基于实习支教研究现状的思考

"实习支教",又称"顶岗实习"、"顶岗支教实习"、"顶岗实习支教""顶岗置换"等,自西南师范大学(现为西南大学)于2002年率先试点以来,尤其是2007年教育部下发了《教育部关于大力推进师范生实习支教工作的意见》以后,实习支教工作得以在全国推广,实习支教也成了我国教育研究中的热点问题。然而,回顾国内有关实习支教的相关研究,研究主题大多集中在实习支教的过程、质量、理论基础、价值、特征、问题、策略等,我们可以发现许许多多加诸于实习支教教师的期待和责任,却很少发现对于实习支教教师实习支教历程内心世界的关怀。不过,部分研究则正趋向教师专业身份议题的探究,但是其对象却以在职教师或实习教师为主,而实习支教生/教师则有所不同,实习支教生肩负支教的责任,以"全职教师"身份工作,在支教过程中完成实习任务,所以有人指出,实习支教有利于高师院校、师范

①叶澜.重建课堂教学价值观[J].教育研究,2002,(5):3-7.

②张倩.职前教师的专业身份建构——对职前教师实习经历的实证研究[J].教育发展研究,2013(15-16):106-110.

③Thomas, L., & Beauchamp, C. Understanding new teachers' professional identities through metaphor [J]. Teaching and Teacher Education. 2011, 27(6):762-769.

④Newman,C. S. Seeds of professional development in pre-service teachers:A study of their dreams and goals [J]. International Journal of Educational Research, 2000, 33(2):123-217.

生、农村基础教育与在职教师专业发展的多方共赢,①是促进教育均衡发展为责任的一种新型教师教育模式。② 而目前对实习支教的探究主要集中在实习支教对实习支教生能力的影响、实践性知识的生成等问题的探讨。但是,教师专业身份是一种动态的经验学习过程,我们更应该着重在实习支教生与环境中的人、时、地等脉络发展及互动,也应重视实习支教生教师专业身份建构过程中所面临的危机、质疑、反思探索和情感挣扎过程,并从中探讨实习支教生在实习支教历程中对教师意象的形塑和为达到这意象而付出努力的具体行动,深入探讨个别行为的意义、行为背后的原因并检视置于特定情境中的影响。就诚如多尔所言:"当我们真正进入反思,能倾听到我们自己的声音时,就会发现影响和塑造我们自己教育实践的是教育行政机构、教育管理者、理论家和学者建构起来的话语世界,我们很少有自己的思想的话语。"③对实习支教生更是如此。伯利兹曼(Britzman, D. P.)的"顺服"(conformity)概念,亦即大部分的教师是顺服地接受职场地景里那些有限的文化脚本,而很少去思考她/他可以怎么做不会批判结构的限制,特别是新手教师。④ 因此,我们要更多地倾听实习支教生的声音,而实习支教生"发声"的最好途径就是自我叙说。实习支教生通过自我叙说,不仅可以呈现出他们的发展样貌、促进其专业成长,还富有积极的解放价值。就诚如萨科斯(Sachs, J.)所言:"实习教师建构的自我叙说,是和他们所处的社会、政治、情境及专业联系在一起的,这些自我叙说是他们生命故事里的精华,是自我反思的结果,却经常是隐性的、被视为理所当然的。"⑤所以,我想通过我的研究,鼓励实习支教大胆自我叙说,并且让这些自我叙说被彰显、被看见,还要被公开分享出来,从而打开实习支教中的"黑箱",使其作为实习支教生专业发展的资源,让他们有机会可以彼此沟通,这样才能真正触及到实习支教的主体,重新解读实习支教生教师专业身份建构的过程与影响因素,从而思索

---

①李建强,刘森,李庆达. 实习支教:高师院校"有为有位"的现实选择——河北师范大学开展师范生实习支教工作的实践探索[J]. 河北师范大学学报(教育科学版),2007(5):75-77.

②李建强. 实践的教师教育——河北师范大学顶岗实习支教工作初探[J]. 教师教育研究,2007(6):67-71.

③[美]小威廉姆 E·多尔. 后现代课程观[M]. 北京:教育科学出版社,2000. 253.

④Britzman, D. P. Practice makes practice: A study of learning to teach [M]. New York: State University of New York Press, 1991. 18.

⑤Sachs, J. Teacher professional identity: Competing discourse, competing outcomes [J]. Journal of Educational Policy, 2001(2):149-161.

其中的意涵和启示，以找到教师教育的深层意义。

（五）基于个人经历的反思性追问

实习支教是每一个师范生都会经历的一段旅程，只是在这段旅程中有人欢喜有人忧。我是属于"忧"的那一类吧。我是在 2003 年进入一所小学实习支教，在进入实习支教学校时感觉到既快乐又忐忑，快乐的是似乎又回到记忆中的童年，忐忑的是即将登上"三尺讲台"。正是揣着这种复杂心情开始了我的实习支教生活。实习支教之前，憧憬着自己能在课堂上谈笑风生、诙谐幽默、侃侃而谈，能够成为一名优秀的小学教师。然而，好景不长，我还没有来得及享受这一切美好的憧憬就被无情的现实所击垮。作为一名实习支教生或者一名实习支教教师，我经历了"现实震撼"和"转换的震撼"，我感觉到我辜负了我三年的大学教育，经历了"解释危机"（interpretative break），因为我始终无法逾越大学所学的理论与真实课堂教学之间的鸿沟，我也无法完成从"被教"的学生角色到"教书育人"的教师角色转换，更无法从相信大学所学完全能够应对小学课堂和学生的失落中走出来。对当时的我而言，似乎三年的课程教学不仅没有为我"真实的教学"做好准备，反而使我感觉到的是浪费了宝贵的青春年华。突然之间，我一直信以为真的理论和享受的课堂以及获得的知识、理论都被蒸发且消失得无影无踪。因为课程与教学并没将我先前的知识整合到新的概念之中，也没有让我形成教学信念，更没有回答"作为教师的我是谁"的问题。于是我很失落，甚至感到很愤慨。科瑟根将此描述为每一个新教师都会经历的"转换问题"（the transfer problem），当来自教师教育计划中的理论和内容不能被整合到实习教师的教学或真实的实践情境时就会发生转换问题。转换问题已经困扰了教师教育几十年，并且还经常联系到教师专业发展问题，使实习教师迷失了自我。①当我成为教师教育者之后，我一直都尝试着应用更多的"切实可行的方法"（realistic approaches）解决这种转换问题，走进实习支教这个"黑匣子"，揭示其内在的"秘密"，为后续的实习支教生铺路搭桥。这已成为了我工作和研究的动力，更是我作为教师教育者的责任。就诚如著名学者卡森（Terry Carson）所言："教师教育者的反思意味着，希望师范生能意识到他们将成为教

①Korthagen, F. A. J., & Kessels, J. P. A. M. . Linking theory and practice：Changing the pedagogy of teacher education[J]. Educational Researcher, 1999(4)：4 – 17.

师。当他们记录和回忆成为教师的困难时,他们逐渐接受了这样一个事实:在这次旅行中有很多途径可走,而且这次旅行是没有尽头的。作为教师教育者,我们有责任在他们处于困难时给予支持,途径是鼓励他们会话并帮助他们在课堂中构建一种支持性情境。"①

　　而根据科瑟根等人的研究,要呈现更多的切实可行的方法和减少理论与实践之间的空缺,逾越理论与实践之间的鸿沟,必须理解转换问题所隐含的三个问题。一是师范生的前概念(preconceptions)问题。师范生关于学习、教学和学校的前概念经常与教师教育中的理论和课程内容相冲突,而现在的知识和经验对新的信息具有过滤作用,职前教师往往使用由前概念构成的认知框架去解释新的信息,并且经常排斥教师教育中的内容,而这些内容恰恰与职前教师的课堂教学方式相关联。这就导致了教师教育中的新理论和学习内容无法整合到职前教师的前概念或认知框架之中。二是自满问题(free‐forward problem)和理论与具体经验之间的差距问题。根据科瑟根的陈述,可以将其理解为职前教师会抵制教师教育中既定的学习内容,到后来又抗议同样的学习内容没有被提供。因此,职前教师必须在某种适合自己的情境中学习,将所学的新理论与自己的行动相联系。然而,对于绝大多数职前教师而言,教学经验的缺乏使他们很难去处理这些新的内容。三是相关知识的性质问题(nature of the relevant knowledge)。因为教师教育中的理论和抽象的思想对新教师的行动指导乏力,新教师在面对真实情境中的复杂问题时很难立即做出决策,而课堂教学中处处都要求新教师立即做出决策和采取行动。这种指导行动的知识(action‐guiding knowledge)或实践性知识的缺乏是全世界教师教育都欠缺的。② 至今,尽管转换问题已经被广泛研究,其产生的原因也被深入的分析,而教师教育者要解决此问题需要我们有更多的探索和研究。

　　为此,当我站在学生立场上思考此问题时,我想知道作为一名教师我是谁? 我想成为谁? 作为一名教师我该做什么? 这或许像吉登斯所言:"该做什么? 如何行动? 成为谁? 对于生活在晚期现代性的场景中的每一个人,

---

①Carson, T. . Pedagogical reflections on reflective practice in teacher education [J]. Phenomenology + Pedagogy, 1991(9):132 - 142.

②Korthagen, F. A. J. In search of the essence of a good teacher: Towards a more holistic approach in teacher education [J]. Teaching and Teacher Education, 2004(1):77 - 97.

都是核心的问题。"①也许当时的我也是在苦苦追寻这个"核心问题"吧。

二、研究问题

"教师专业身份"的提出,标志着教师研究范式的转移,即不再将教师学习和教师发展看成是掌握或获得某种"固定资产"——知识、技能或信念,而转向重视作为人的教师(teacher – as – person)在教学实践中的情感、承诺和勇气等因素。② 这表明,学界开始尝试从教师本体的视角,探索他们是如何赋予其实践以意义,如何看待自己的角色身份。而对实习支教生/教师而言,刚经过专业理论学习阶段,就进入到真实的教育现场,并且是较为特殊的教育场域③,立刻就遭到生存的挑战和身份的危机,因此,本研究以教师专业身份为主轴,理解实习支教生如何看待身为教师的自己,描绘实习支教教师专业身份建构过程及其影响因素,实习支教教师在自我追寻过程中,如何认定自己是一位怎样的老师? 想要成为一位怎样的老师? 为什么我想成为这样的老师? 为什么我会有这样的教育想法呢? 又是什么样的影响因素左右着实习支教教师的想法和行为? 实习支教结束后所建构的教师专业身份面貌为何? 实习支教生有何专业成长与转变? 职业承诺如何?

三、研究价值

基于本研究所要探讨的问题,结合实习教师专业身份研究和实习支教研究进展,从以下四个方面说明本研究的理论价值和现实意义。

(一)能有效地触及到实习支教生教学实践的真正核心

教师专业身份建构是教师教学实践最重要的核心,教师在每一个教学实践的场域中,最关心的是"我是谁"的问题。康奈利和克莱迪宁的研究发

---

①[英]安东尼·吉登斯著,赵旭东,方文译. 现代性与自我认同[M]. 北京:生活·读书·新知三联书店,1998. 80 – 81.

②Beauchamp, C. , & Thomas, L. Understanding teacher identity: an overview of issues in the literature and implications for teacher education [J]. Cambridge Journal of Education, 2009(2):175 – 189.

③之所以称为特殊的教育场域,是因为在实习支教的学校绝大多数都位于边远的农牧区,地理位置较偏远,经济发展水平不高,多个民族共同居住,汉语和双语教师缺口大,办学条件艰苦等。

现,教师的故事叙说中充满了丰富的身份认同问题。在研究中,教师认真回答不同的问题,他们回答的问题都是有关身份认同的问题。他们关心的是:"在我的教学故事中,我是谁";"在学校的位置中,我是谁";"在学生的故事中,我是谁";"在行政人员的故事中我是谁";"在家长的故事中,我是谁"等等。教师关心的更多的是"他们是谁"的问题,而不是"他们知道些什么"。并且,教师倾向提问的是"在这个情境中,我是谁?"而不是"在这个情境中,我知道什么"。教师关心的是"我是谁"而不是"我知道什么",可见,教师关心的是身份认同的问题。① 因此,本研究探究的教师专业身份是实习支教教师叙说的重点,也是教学实践的核心。

(二)能满足教师教育实践和理论研究的需要

近年来,师范生教师专业身份问题已然成了教师教育研究者关注的焦点,师范生教师专业身份及其建构也成为了教师教育的目标。② 因为,师范生教师身份认同不仅是师范生为职前培养过程赋予意义的来源和学习的动力,也是衡量师范生培养质量的重要因素。③ 更何况教师专业身份建构是一个终身的历程,从职前训练开始,终其一生的教职,从不间断,④也可以说是一个终身学习的历程。因此,教师专业身份建构会随着专业发展持续演化发展,每一个转换历程都具有深远的意义。而实习期又是教师专业身份建构的关键时期,纽曼(Newman,C. S.)指出,从学生到教师的转换(transitions)历程,对教师专业身份的建构关系重大。从学生到教师的角色转换,其间,在新的角色尚未确立以前,旧有的角色、行事(routines)和假设不再有效,这种转换虽然在预期之中会发生,但仍会产生迷失方向与重新找寻方向的自然历程,这正是成长途径中的重要转折点。并且,纽曼的研究确认教师职前的经验在实习教师期间所历经的转换,达到的最高点,出现的转折和转换危机。从学生到教师的转换,需要经历意义的转化才能将学生经验和新的

①Connelly, F. M. , & Clandinin, J. Shaping a Professional Identity:Stories of Educational Practice [M]. London:Teachers College Press, 1999. 3.

②McNally, J. , Blake, A. , Corbin, B. , & Gray, P. ( ). Finding an identity and meeting a standard:connecting the conflicting in teacher induction. Journal of education policy,2008,23(3):287 - 298.

③赵明仁. 先赋认同、结构性认同与建构性认同——"师范生"身份认同探析[J]. 教育研究,2013(6):79 - 85.

④Kelchtermans, Geert. Telling dreams:A commentary to Newman from a European context [J]. International Journal of Educational Research. 2000(33):209 - 211.

教师专业身份之间的差距衔接。① 然而,尽管人们认识到实习教师身份建构的重要性,也普遍认为和期望教师教育在教师专业身份建构中扮演重要角色,但当前教师教育研究中却很少关注教师的个人或专业身份问题,②也很少有实证研究去探索实习教师是如何发展他们的专业身份的。③ 因此,研究实习支教生教师专业身份建构过程是教师教育实践和理论研究的需要。

(三)能为实习支教生提供"发声"的机会

探讨实习支教生教师专业身份建构过程,既可以了解实习支教生自身的发展历程和"成为教师"的过程,又可以看到实习支教生丰富的、多方面的、实现自我的发展。因此,研究实习支教生教师专业身份建构过程可以了解实习支教教师如何透过"教师"这个身份的意义来学习,以此积累人生的经验。而生命的经验和声音对一个人养成批判反思,很有帮助。就诚如格林尼(Greene,M.)所言,"感受得到自己的历史根源和自己的生活,比较可能发现自己的问题,寻求自我的超越"。④ 纽曼也在研究过程中发现,被研究的职前教师感受到他们专业自我演化的本质。了解随着时间的累积,专业身份更确定。⑤ 这足以说明,在建构教师专业身份的过程中,所有的实习支教教师都尝试从经验中寻求意义,并且培养他们作为教师的自我的声音。因此,为了有助于这种形式的增能,作为教师教育者,必须重视实习支教生的生命经验和声音,建立一个安全而尊重的气氛,让实习支教教师分享教学梦想和目标,帮助解释并形成其专业梦想,引导他们省思作为一个教师的角色知觉、自我尊重和高瞻远瞩,从而建构教师专业身份。

(四)能促进实习支教生的教师职业生涯发展

教师专业身份是支配教师行动的"核心价值"和"深层指令",是教师改

---

①Newman,C. S. Seeds of professional development in pre - service teachers: A study of their dreams and goals [J]. International Journal of Educational Research, 2000,33(2):123 - 217.

②Beijaard, D. , Meijer, P. , & Verloop, N. . Reconsidering research on teachers' professional identity [J]. Teaching and Teacher Education, 2004(20):107 - 128.

③Thomas, L. , & Beauchamp, C. Understanding new teachers' professional identities through metaphor [J]. Teaching and Teacher Education, 2011(6):762 - 769

④Greene, M. Teaching: The question of personal reality[J]. Teachers College Record, 1978(1):23 - 35.

⑤Newman,C. S. Seeds of professional development in pre - service teachers: A study of their dreams and goals [J]. International Journal of Educational Research, 2000, 33(2):123 - 217.

变(teacher change)的内在基础。它作为一种内隐的深层观念或态度,支配着教师的理解、判断和行为选择,影响着教师自主性、独特性和创造性的发挥。因此,教师专业身份认同程度越高,其教育教学效果会越好,教学成就感和工作价值感也会越来越高。对于教师专业成长而言,教师专业身份认同是其内在组成部分,研究其形成机制,揭示其形成规律,对于教师的发展无疑具有极大的帮助和指导作用。① 实习支教生处于教师职业生涯的职前期,研究实习支教生教师专业身份建构过程,对于促进师范生尽快实现角色转变及角色定位有重要的现实意义。实习支教生对教师职业核心价值的把握,对于自己即将承担的实习支教工作意义的理解以及由此产生的使命感、责任感,会引发他们思索,"教师需要具备什么样的素质","实践场域中应注重哪些知识、能力的学习","如何向理想的教师自我意象迈进"等问题,从而不断寻求教师的意义和价值,最终做出承诺。

四、研究限制

(一)研究对象的限制

本研究以叙事研究的方法对实习支教教师进行深度访谈,并辅之以课堂观察和搜集反思日记的方法。由于本研究采取目的性抽样,并且研究访谈需要投入大量的时间,因此,在选择研究对象时,不得不顾及到研究对象的时间配合和受访意愿。加之深度访谈需要的时间和所搜集的资料庞杂,研究者无法选择太多研究对象,因此,在研究对象的选取和受访个案的数量上受到限制。并且研究时间的限制和资源相对有限,不能保证我找到的研究对象都是"值得信任、善于观察、时常思考、表达能力强和善于说故事"的人。② 另外,本研究选取的研究对象中仅有一名男性,并且这名男性研究对象还是学前教育专业的学生,原因是个案学校的女生居多,并且受到时间和意愿的限制。因而,研究对象在性别的面向上,也有一定的限制。

①李彦花. 中学教师专业认同研究[D]:[博士学位论文]. 北碚:西南大学,2009.
②Carbtree,B. F & Miller,W. L. 黄惠雯等译. 最新质性方法与研究[M]. 中国台北:韦伯文化国际出版有限公司,2007. 81－82.

（二）资料收集时间的限制

本研究以叙说的方式进行研究,属于质性研究取向。质性研究就其时间而言是相当费时的工作,并且本研究需要考察实习支教教师专业身份建构的整个过程,就涉及到实习支教前、中、后等整个实习支教阶段,为时半年。再加之各实习支教学校路途较远,需要大量的时间,本研究属学位论文,需限期完成,因此,在研究时间的规划上受到限制。

（三）研究者的限制

研究者作为主要研究工具,其角色描述以理解、解释和意义,用其眼睛、耳朵作为过滤器来收集、组织、理解来自多方的信息,包含在自然或社会的情境中对人的深度访谈和观察。[①] 也就是说,作为研究者的我是数据收集、分析和阐释的工具。因此,本人研究能力的限制可能使研究过程因为"我"选择性认知而失之客观,影响研究结果的概括和推论。不过质性研究最关注的是意义,重视从参与者的视角来了解不同的个体在日常生活实践中所建构的意义与方法,[②]其根本目的是为了理解和阐释社会互动,对人类的经验进行深度的描述和理解,而不在于验证假设或推广结论。[③] 因此,研究者力求研究过程的严谨,尽量避免研究者限制所造成的缺失。

（四）研究结果应用的限制

本研究的应用受到质性研究的特性以及上述各项限制的影响,所得结论就无法像量化研究结果一样,可以概括推论而加以应用。但本研究提供的是深度的分析和诠释,强调的是意义的探寻,从叙说的故事中应可以获得经验的表征和意义的理解。

---

①Lichtman, M. Qualitative research in education: A user's guide[M]. Sage Publications, 2005. 22.
②王文科. 质的教育研究法[M]. 中国台北:师大书苑有限公司,1994. 4.
③Lichtman, M. Qualitative research in education: A user's guide[M]. Sage Publications, 2005. 7 – 8.

五、相关概念界定

（一）实习支教生

实习支教生,在文中也称为实习支教教师,他们是由大学派往中小学完成实习支教的师范生,一般情况下,他们同时接受实习支教学校辅导教师(很大一部分边远农牧区学校并未配备辅导老师)以及大学指导教师的指导,一方面观察教学和学习教学,即实习,另一方面需要单独完成一定的教学任务和班主任工作以及行政辅助工作等。也就是说,实习支教教师是在教师教育阶段的理论学习基础上联系实际经验,长时间(一般为一学期)沉浸在实习支教学校的文化中,熟悉教学实践,发展教学技能,积累教学实践经验。总之,实习支教教师在理论与经验交相印证中修正对理论的认知,熟悉教学实践,融会贯通实践和经验的学习,完成支教的任务的同时,期望日后能顺利转换为新手教师。因此,本研究的实习支教生/教师是指在大学前三年修完相关教师教育课程,并取得实习支教资格①,被派往中小学、幼儿园进行为期一学期的实习支教的全日制本科师范生。因此,实习支教生或实习支教教师由于并未取得教师资格但又独立承担学校教师的任务,所以,他们既不同于实习教师,也不同于学校新教师,但实习支教生和实习支教教师并无差别,于是,在本书中交替使用实习支教生和实习支教教师。

（二）教师专业身份

1. 身份（identity）

DNA 决定了我们的样貌,身份决定了我们是谁。② 因此,身份问题的提出,源于个人对自身社会处境及生命意义的深刻追问。③ 在学术界,身份成了一个炙手可热的话题。

"identity"是一个非常复杂的概念,心理学、社会学、人类学和文化研究

---

①一般情况下,师范学院会对即将派往中小学实习支教的师范生进行一定的考核,通过考核才能取得实习支教的资格。

②Olsen, B. Introducing teacher identity and this volume[J]. Teacher Education Quarterly,2008,35(3):3-6.

③杨威. 身份的现代性意蕴[J]. 唯实,2006(7):11-14.

等都将其作为研究领域,已经成为了重要的"概念工具",①其中哲学家用以思考个人特质(personhood),心理学家研究自我(ego)、人格和自我实现,社会学家倾向于谈论社会身份(social identity),人类学家则沉迷于文化认同(culture identity),这些学科的研究者就如同瞎子摸象似的从不同学科来理解"identity",为理解"identity"提供了多元的学科视角。

对于"identity"而言,国内学者有翻译为"认同""身份""同一性""属性"的,但这些翻译各抒己见,莫衷一是,却又很难完全表达"identity"的原意。基于此,为了厘清其内涵,我先从词源及其发展来追溯其要义。

首先,就词源而言,"identity"的拉丁文为"identitas",原为"同一"和"超越时间的一致性或连续性的独特状态"的意思,在不同语境中它又可以指称自我(self),也可以指称相同(same)。直到今天,"self"与"same"在大部分文本中还具有相同的意义。

就个体概念缘起而言,探讨个体及其自我(itself)同一的议题,即个人的同一(personal identity),最早出现在洛克的思考中,他认为个人就是一个能思考理解的存在者视为自己,而在不同时空中拥有相同的思想,同时自我的同一性由意识所决定。然而休谟却对存于不同时间的自我是否相同提出质疑,认为"个人的同一"事实上是根据经验而不断地在时间当中变动。康德则将"个人的同一"描述为一种自我的不变,他从形而上学提供了解决此矛盾的途径,用理性取代经验概念,将个体视为思想上一种独立自主的实体。不过这种主客体在思想和经验上的二元区分,在19世纪中叶后受到来自社会现实与学术思想的挑战,尤其是19世纪90年代的美国,"思维与实体同位过程的组成部分"的命题被引入"identity"之中,因而理性概念从纯粹的哲学主体慢慢进入到社会过程,从单一主体中心转移到交互主体,"identity"渐渐成为社会学上较接近中文意义的身份或身份认同概念,特别是在詹姆斯的理论中,意识不再是关于外在世界印象的储存或保存,而是可依自我法则进行思考或情感流(stream),自我的组成被置于社会关系中加以思考,经验自我(empirical self)成为新的理论基础。在米德的行为主义理论中得到最明确的描述,他认为"identity"不是人一生下来就存在的,而是来自社会的经验与活动过程。

二战后,埃里克森在弗洛伊德心理分析的基础上将此议题引入欧洲的

<hr>

①Woodward, K. Identity and Difference[M]. London：Sage. 1997. 1.

社会学讨论中,1960 年又得到哈贝马斯等人的发展而呈现不同的讨论取向。与此同时,全球渐次进入所谓的后资本主义社会(post - capitalist)、后工业社会(post - industrial)或后福特主义社会(post - Fordist),全球化不仅带动经济资本的自由流通和时空距离的压缩,而且促进国际和地区间的相互联系和彼此依存,助长了政治和社会的整合(如欧盟的成立)。而在此的后现代社会中,传播科技主导下的咨询化与符号化新语言游戏使得社会传统与"identity"更加松动,从 20 世纪 60 年代到 70 年代,政治上以民族国家为核心的种种单一和稳固的"identity"面临严峻的挑战,至于社会文化上的自我(self),也存在于比以前还要复杂和多变的关系结构之中。

　　由此可见,"identity"原初语义为"自我的同一",而随着社会现实变化的冲击,学术上的个体概念从启蒙主体(enlightenment subject)转变为互为主体(intersubject)或社会学主体(sociological subject),最后进入后现代主体(postmodern subject),相应的"identity"也变得不确定、多样和流动,①诚如默瑟(Mercer, K.)所述,"这个概念不但出现危机且成为一个问题,原先被认为确定、连贯而稳固的事物,也被怀疑的经验和不确定性所取代。"②因此,个体更需要一个认同的过程去确认。基于此,本研究将"identity"译为"身份"③,既强调个体性又强调社会性;既注重外界赋予又强调主体意义生成;既取"身份"之意蕴又重"身份"之建构过程。

　　尽管身份这一概念在现有研究中是众说纷纭,却仍有一些共同点。身份是我们对我们自己是谁和他人是谁的理解,以及反过来,他人又是如何理解他们自己及其他人的。④ 也就是说,身份即人们对"某人是谁"的理解,是所赋予自己的以及他人所赋予的各种意义。⑤ 在此意义上,身份不是个人的固定属性而是一种关系现象,是一种相互主体性领域中且是持续的过程,一

①黄瑞祺主编,现代性、后现代性、全球化[M].台北:左岸文化,2003.127.

②Mercer, K. Welcome to the jungle:Identity and diversity in postmodern politics[ ]. R. Jonathan (Ed.), Identity:Community, culture, difference. London:Lawrence & Wishart. 1990. 43 – 71.

③在我国身份一词来源于对 identity 的翻译,可以将其翻译为"认同""身份""同一性""属性"或者"正身"。在本研究中,将其译为"身份",更多的是强调其名词属性,而当使用"认同"时,更多的是强调"身份"的动词属性,即强调建构过程。

④Jenkins, R. . Social identity [M]. New York:Routledge. 1996. 5.

⑤Beijaard, D. Teachers' prior experiences and actual perceptions of professional identity [J]. Teachers and Teaching:Theory and Practice, 1995(2):281 – 294.

种诠释自身为既定情境中被他者识别的特定类型的人的过程。① 因而,身份认同常常被人们用"我是谁?""或此刻我是谁?""我想成为谁?"这样的句子来表述,以此了解个人所处的位置(personal location),对此,维克斯(Weeks, J.)做出了详细的解释,"身份与归属(belonging)有关,即关于你和一些人有什么共同之处,以及关于你和他者有什么区别。就最为基本的方面而言,身份给人一种位置感(a sense of personal location),赋予个体稳固的核心。也是有关于你的社会关系,你与他者复杂地联系着。"② 由此我们可以看出,维克斯将身份分为了个人身份和社会身份。个人身份是指自我的建构,即我们对自己独特个体的自我感,以及我们如何认知我们自己与我们认为别人如何看我们自己;社会身份则是作为个体的我们如何将我们自己置于我们所生存于其中的社会的方式,以及我们认知他者如何放置我们的方式,它衍生自个人所参与其中的各类不同的生活关系。就如伍德沃德所指出,由于身份来源的旧有的确定性(old certainties)无法再获得,以及随着社会、政治和经济的变化,进而导致隶属于某个群体成员的稳定身份认同感崩裂,造成人们的"身份危机"(crisis of identity)。这些不同甚至相互冲击的身份来源使得人们所形成的"认同位置"相互冲击,导致人们的身份陷入挣扎之中。因而,身份研究越来越注重在社会层面,走向了文化身份(cultural identity),试图走出确定性基础。诚如霍尔(Hall, S.)所言,"身份不只是一种存在(being),更是一种成为(becoming)的过程。它并非既有之物,属于过去和未来,跨越地方、时间、历史及文化。身份有其历史,然也像任何历史的事物那样,不断地持续变化。它并非永久地固定在某一本质化的过去,而是受制于历史、文化与权力不断的激荡。它不是一种等待被发现或挖掘的过去,以为发现了就可永保我们的身份认同感,而事实上,身份是在叙说中建构的,我们在放置自己的同时也是在被放置。"③

　　总而言之,个人的身份不仅是隶属于个人的意向,也是源自集体的实践活动或道德政治秩序的社会建构结果。为此,我们认为,身份概念的特征主

---

　　①Gee, J. P. Identity as an analytic lens for research in education [J]. Review of Research Education, 2001,25(99 - 125).

　　②Weeks, J. The value of difference[C]. In: J. Rutherford (Ed.), Identity: Community, culture, difference. London: Lawrence & Wishart. 1990. 88.

　　③Hall, S. Introduction: Who needs identity [C]. In: S. Hall & Paul du Gay (Eds.), Questions of cultural identity. London : Sage. 1996. 222 - 237.

要有以下几个方面：

首先，身份是建构性的。身份是一个人在某种情境中建构其自我的认同。

其次，身份是关联性的。身份不仅是个体的建构，它必须置于与他者之间的关系之中。

第三，身份是叙事性的。身份是以叙事的方式存在。就是依据叙事的形式规则来选择能够显现我们特征的事件并组织他们，就像在谈论他人一样，为了自我再现的目的而将自己外显化。不仅如此，我们也从外在、他者的故事特别是其他角色的认同过程中，学得如何自我叙事。①

最后，身份是协商性的。身份建构历程不是趋于同一的过程，相对的是相互矛盾或冲突，需要不断协商，尤其反映在日常生活中，个人与集体间的认同常常存在于某种共同的文化背景，但却又存在极大差异的状态，这就需要人们在同一文化背景中接受其位置并涵化其身份。

2. 教师身份

近年来，"教师身份"（teacher identity）的问题在教育论述中受到相当的重视，②常被联系到教师的自我概念或意象，因而当代教育界一再出现教师自我（teacher self 或 self – as – teacher）的话题，同时伴随着专业自我（the professional self）、教师专业身份（teacher' professional identity）、教师主体性（teacher subjectivity）和个体性（individuality）等概念。③

教师身份即教师的职业身份，是指教师在课堂实践或学校社群的语境中，教师自己及社会他者对"教师是谁"的认识和回答，也就是说教师被自我和他人认为是某类教师。④ 这既包括社会、制度对教师的规定和角色期待，也涉及教师自身基于实践经历和个人背景而对工作和生活中什么是重要的确认。⑤ 实际上，教育理论中从来不乏对教师职业的论述。但长期以来，教

---

①Currie, M. Postmodern narrative theory [M]. New York: ST. Martin's Press. 1998. 17.

②Zembylas, M. Discursive practices, genealogies, and emotional rules: A poststructuralist view on emotion and identity in teaching[J]. Teaching and Teacher Education, 2005(21):935 – 948.

③Zembylas, M. Emotions and teacher identity: A poststructural perspective [J]. Teachers and Teaching: Theory and Practice. 2003,9(3):213 – 230.

④Luehmann, A. L. Identity development as a lens to science teacher preparation [J]. Science Education, 2007(10):822 – 839.

⑤Tickle, E., Brownlee, J., & Nailon, D. Personal epistemological beliefs and transformational leadership behaviours[J]. Journal of Management Development, 2005,34(8):706 – 719.

育学关于教师的话语,一直围绕着"教师应当如何"的规范性逼近,而相对忽视了"教师是怎样一种角色""为什么我是教师"的存在论逼近。[①] 职业社会化是教师成长的重要途径,并且遵循的是一种结构功能主义的思维框架,强调社会对教师的期待和教师应当担负的责任、社会结构对人的限制,而具有主动性与创造性、根植于具体历史与文化中的个人常被遮蔽了。[②] "成为一个教师"往往要成为别人眼中所期待的教师形象,突显的是作为"教师"的人,而不是作为"人"的教师,而教师身份则是作为"人"的教师与作为"教师"的人的统一体。[③] 可见教师角色与教师身份并不是彼此排斥,而是紧密相联的。国外有许多学者将教师角色和教师身份合并为教师角色身份(teacher role identity)来使用,是个体将自己视为一个教师的方式,即个体所塑造的教师形象。[④] 不过,身份与角色虽有交叉但不等同。教师角色包含教师的行为、地位,[⑤]也涉及教师的任务、形象和他者(尤其是父母、学生)的期待。因此,以角色来看待教师,总不脱离社会期望、规范所界定的教师标准。[⑥] 如果我们以角色期待要求一个人,这个角色就掩盖了人的真实自我。因此教师身份本身就意味着主体在一定的生存场景下,在与外界的互动中,对自己的生存状态、生存意义的持续、主动建构的过程,[⑦]它至少要包含三层意思:我认为自己是什么,我怎样看待与界定自己的社会角色,我怎样看待我与他人的关系;我为什么要认同自己的新身份;我是以谁的方式去认同"我们"。[⑧] 简言之,教师身份即为教师的职业身份,是教师自主建构的深层价值观,它是教师教学行为的深层指令,作为一种认知图式支配着教师的理解、判断和行为选择。

由此可见,教师身份是从存在论的角度去彰显作为"人"的教师,而教师

①[日]佐藤学著,钟启泉译. 课程与教师[M].北京:教育科学出版社,2003. 206.

②刘云杉. 文化政治工作者:从教师角色到教师认同[J].教育研究与实验,2008(1):23－27.

③李茂森. 教师"身份认同"的理性思考[J].湖南师范大学教育科学学报,2008(4):87－90.

④Knowles, J. G. Models for understanding pre－service and beginning teachers' biographies: illustrations from case studies[C]. In: I. F. Goodson. (Ed.). Studying Teachers' Lives. New York: New York Teachers College Press,1992. 99－152.

⑤黄甫全. 新课程中的教师角色与教师培训[M].北京:人民教育出版社,2001. 12.

⑥周淑卿. 我是课程发展的专业人员?——教师专业身份认同的分析[J]. 教育资料与研究,2004(57):9－16.

⑦张军凤. 教师的专业身份认同[J].教育发展研究,2007(4A):39－46.

⑧陈宏友. 新课程理念下教师身份认同的重新解读[J].合肥学院学报(社会科学版),2008(2):115－118.

角色是从规范论或工具主义的角度去规范作为"教师"的人,他们在研究视角和价值预设上都相去甚远。而在当前教育改革中,教师似乎只有角色而没有身份。教师对于自己身为教师的意义、价值与行动的界定,对自己的身份认同,都是不被关心的。①

3. 教师专业身份

长期以来,对工作角色和身份的研究忽视了角色和身份的专业层面。作为身份的一个次级概念,专业身份与专业角色的实践相关。教师专业身份受教师专业性所影响,维持并发展一种较强的专业身份也是突显教师知能的独特性,将教师与其他劳动者相区别,②在某种程度上说教师专业身份是教师专业性的一种实践结果,③因此不同于我国心理学界的教师专业认同,专业认同是对教师职业的认同,而专业身份关联到教师的成长和教师自我的演进。

长期以来,专业身份被视为局外人或教学团体的成员自己所强加的一系列稳定的专业特征,这些特征给群体成员提供了一套共同特征、价值观区分彼此。④ 这就将教师专业身份等同于教师的角色和功能了,过分依赖技术性的理论予以预先设定,如角色理论、教师效能论。集体的、固定的专业角色概念是非生产性的,受制于外来主导的控制框架,服务于国家或科层体制的目的。⑤

在社会变化迅速的时代,教师专业身份不再是教师所拥有的单一的、稳定的实体,而是一种人们根据他者与所处情景来揭示、证明和理解自我的一种资源。⑥ 教师专业身份本身也就具有了反思性和能动性两个维度,包含了教师个体的专业哲学和其公共行为。个体的反思和与他人的社会性交往被

---

① 周淑卿. 课程发展与教师专业化[M]. 北京:九州出版社,2006. 129.

② Sachs, J. Teacher professional identity: competing discourses, competing outcomes [J]. Journal of Education Policy, 2001,16(2):149 – 161.

③ Hilferty, F. Theoring teacher professionalism as an enacted discourse of power[J]. British Journal of Sociology of Education, 2008,29(2):161 – 173.

④ Sachs, J. Teacher Education and the Development of Professional Identity: Leaning to be a Teacher [C]. In: P. Denicolo and M. Kompf (Eds.), Connecting policy and practice: Challenges for teaching and learning in schools and universities. New York, NY: Routledge. 2005. 8 – 9

⑤ 周淑卿. 我是课程发展的专业人员? ——教师专业身份认同的分析[J]. 教育资料与研究, 2004(57):9 – 16.

⑥ MacLure,M. Arguing for yourself: Identity as organising principle in teachers[J]. British Educational Research Journal, 1993,19(4):3111 – 322.

视为是教师专业身份发展的关键,与此同时,专业身份也是教师协调并反思其角色的社会情境性的手段。① 个人与专业角色的融合产生了教师专业身份。迄今为止,教师专业身份也没有一个明确的定义,可谓仁者见仁,智者见智(见表0-1)。虽然这些概念或术语着重的内容和层面略有差异,但教师本就是一种高度自我涉入的职业,所以它指涉的意义颇为相似,多指教师个人对自己身为教师的整体看法,②且与教师的教学实践关系十分密切,不但是教师觉知工作情境,赋予意义并采取行动的核心,更强烈地决定教师教学及其发展成为教师的方式。

　　综上所述,教师专业身份表明了在制度框架和社会文化脉络下,在专业生活场景中,教师对作为教师的我是谁、我想成为什么样的教师、我怎样看待我作为教师的角色等问题的思考和追问。③ 教师角色是其专业身份中必不可少的一部分,正是教师角色促成了教师专业身份的形成。④ 尽管教师专业身份受到社会、文化、制度等外在结构的规约和限制,但教师专业身份建构中的主体性、能动性以及超越性也得到了彰显。

表0-1　教师专业身份的定义及其相关概念

作者和研究年份	定　义	相关概念
1. Moore and Hofman(1988)	一定程度上是指个人思考自己的角色与他者认可的角色的一致性	工作满意度
2. Siraj-Blatchford(1993)	教师对他们专业的感知	自我认知;角色;自我认同
3. Goodson & Cole(1994)	与对职业现实认识类似,现实的建构是一个人格和情境再现的过程	作为教师的自我;反思;个人与社会历史

　　①O'Connor, K. E. "You choose to care": Teachers, emotions and professional identity[J]. Teaching and Teacher Education, 2008 (1):117-126

　　②Kelchtermans, G. Teachers' emotions in educational reforms: Self-understanding, vulnerable commitment and micropolitical literacy[J]. Teaching and Teacher Education. 2005(21):995-1006.

　　③Korthagen, F. A. J. In search of the essence of a good teacher: Towards a more holistic approach in teacher education[J]. Teaching and Teacher Education, 2004,20(1):77-97.

　　④王夫艳. 中国大陆素质教育改革中的教师专业身份及其建构[D]:[博士论文]. 香港中文大学,2010.

作者和研究年份	定　义	相关概念
4. Antonek，McCor-michk & Donato（1997）Australia	在某种程度上,它是通过自我反思形成的	意象;传记;教学意象
5. Sugrue（1997）Australia	它是论述的一部分,不是一套对所有教师相同的特征,而是开放的、不断重新定义的	角色;自我;自我
6. Volkmann & Anderson（1998）	它是一个个体自我形象与教师必须扮演的角色之间复杂的、动态平衡的过程	意象;个体自我;专业自我
7. Holla,Cain,Lachicotte,and Skinner（1998）	是社会和文化的自我建构,在生活经验中形构的	生活经验;自我;他者
8. Coldron & Smith（1999）	它不是固定的或单一的,不是一个稳定的实体,而是对自己与他人或环境的意识过程	社会空间;传统;传记;社会结构
9. Connelly and Clandinin（1999）	用生活故事来反映,因为生活故事是教师个人知识、专业场景和身份的集中体现	转换自我
10. Samuel & Stephens（2000）	它是由关系到自我形成的生活实践中一系列竞争和有些矛盾的价值、行为、态度所预设和接受的	自我;文化情境;专业情境
11. Beijaad，Verloop and Vermunt（2000）	一般情况下是与教师教学有关,涉及到学科、教学和教育知识	自我意象;自我评价
12. Verloop 2003；Cattley 2007	是教师对自我作为教师的认知	自我
13. Akkerman & Meijer（2011）	它是指教师对作为一名教师和变成理想教师的认识	自我;专业
14. 魏淑华（2005）	指一种过程,也指一种状态。"过程"是说,教师专业认同是个体自我从自己的经历中逐渐发展、确认自己的教师角色的过程;"状态"是说教师专业认同是当下教师个体对自己所从事的教师职业的认同程度。	教师角色;过程;状态;教师职业

续表

作者和研究年份	定　义	相关概念
15. 李彦花(2009)	教师个人或群体在教育教学专业实践过程中逐步形成的对自己身为教师的理解与看法,是教师对自己"我是谁"、"我该怎么做"、"我为什么要这么做"的认知、思考和看法,并将这些认知、思考渗透内化到日常的教育教学价值观、教育教学专业实践行为中的过程	"我是谁";内化
16. 卢乃桂、王夫艳(2009)	是在课堂实践或学校社群的语境中,教师自己及社会他人对"教师是谁"这一根本问题的认识和回答,即被自我和他人认为是某类教师。	语境;自我;他人
17. 李茂森(2010)	教师对"我是谁"、"我何以属于某个特定群体"、"我将要成为谁"等问题的理解和确认	我是谁;我将成为谁

基于以上分析,研究者认为,教师专业身份(teacher professional identity)是教师个人对自己身为教师的整体看法,经由个人与社会之间的持续互动而影响教师的认知、行为、态度及投入教师专业的归属和情感承诺。基于此,本研究从"我是一位怎样的老师"、"想要成为怎样的老师"、"如何才能成为心中理想的教师"以及"我是否愿意投入教师职业"等问题中寻找实习支教教师专业身份建构的过程(如图0－2所示)。

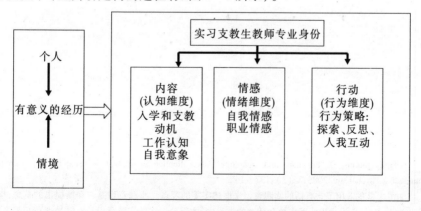

图0－2　实习支教生教师专业身份框架图

（三）叙事研究

叙事是创造故事的过程，而过程的结果，也可以称为"故事"、"神话"或"历史"，[①]以任何口语及书写等语言文字为媒介，由一连串的主题和时间及情境脉络结合的事件所组成，建构起解释自己与他人互动经验的意义功能。故事是真实的、情境性的，透过叙说的过程我们得以检视实习支教过程中的情感变化、反映出潜在的知识理念和实践意识（practice consciousness）[②]，并且找到自己身为教师的定位，建构自我作为教师的意象。

叙事研究（narrative inquire）是以故事的形式呈现实习支教生教师专业身份建构的过程，也就是从个人的实习支教生活中去产生经验，以一种有意义、基于情境来建构实习支教生活故事的一种方式。本研究的叙事是从主体建构的角度来研究经验的方法，叙说着同一所学校（某师范学院）的五位实习支教教师生活经验的故事，基于探索实习支教教师在个人自我概念和学校社会文化交互影响下，重新省思实习支教生对身为教师的整体看法及其背后所内隐的教育理念，从而了解实习支教生内心转折和身份建构过程。

---

①Polkinghorne, D. Language and meaning: Data collection in qualitative research[J]. Journal of Counseling Psychology. 2005,52(2):137–145.

②在这里我借用了吉登斯的实践意识来概述雯雯的观点。实践意识是吉登斯提出的概念，指的是非意识，而不是无意识。即在社会活动的进程中，大部分形式的实践意识是不能呈现在心智之中，因为它是隐默的，或被视为理所当然的，而使得行动者仅专注于手上的任务，未察觉其实践意识。

第一章 文献综述

本研究旨在探寻实习支教生在实习支教期间建构教师专业身份的过程,受到哪些因素的影响。于是,议题涉及到实习支教和实习教师专业身份建构两个领域的研究。因此,本章将从实习教师专业身份建构和实习支教两个方面对研究议题所涉及的相关研究进行简要述评,以此呈现研究的脉络和概貌。

一、关于教师专业身份的研究

正如温格所言,我们总是在努力成为某种人。① 我们每个人都梦想着成为某种人,这影响到我们生活的方方面面:我们寻找什么样的工作,我们定居在什么地方,我们和谁交往,甚至影响着我们未来的梦想。但是,想要知道我们想要什么和我们梦想成为什么样的人,首先得知道我们是谁,我们目前的处境,即我们的身份。明确我们的身份,能帮助我们设定目标,并规划我们未来的发展路径。如果我们没有理解我们的身份,我们是无法实现我们所希望的,因为我们不清楚我们应走向何方。于是,众多研究都强调身份认同在教师专业发展中的重要性。② 教师专业身份是分析教师教学的框架或棱镜,是教师专业生活的一个组织因素,甚至也可以用来解释、证明和理解与他者和世界关联中的自己。③ 并且,由于教师置身于学校和一定的专业

---

①Wenger, E. Communities of practice. learning, meaning and identity[M]. New York, Cambridge University Press. 1998. 1.

②Freese, A. Reframing one's teaching: Discovering our teacher selves through reflection and inquiry [J]. Teaching and Teacher Education, 2006(22):110-119.

③MacLure, M. Arguing for your self: Identity as an organising principle in teachers' jobs and lives [J]. British Educational Research Journal, 1993(4):311-323.

共同体中,专业身份建构会伴随教师整个职业生涯。然而,教师专业身份是一个复杂的概念,现有研究都试图去揭示教师专业身份的内涵及其重要价值,但始终未达成一致的理解。因此要完全理解专业身份的内涵是一个巨大的挑战。而要深入研究教师专业身份,理解其概念是逻辑起点。根据现有研究,尽管不能立即得到教师身份认同的确切含义,但是我们可以明晰围绕教师专业身份所探索的问题及其方法。我们尝试着理解教师专业身份,为我们进一步探究教师专业身份奠定基础。

(一)理解教师专业身份所面临的挑战①

尽管对身份的研究可以追溯到早期的人类学者和社会心理学家对自我的探索,而对教师专业身份的研究则是近 20 年来的事情。② 虽然进入研究者的视线较晚,但是教师专业身份已然成了当前研究的热点,也取得了丰硕的研究成果。然而,对教师专业身份的理解可谓众说纷纭。因此,如何将这些不同的观点相互关联以达成对专业身份更为系统而全面的理解是近年来教师专业身份研究者纷纷指出的问题③,也是我们理解教师专业身份认同面临的挑战。

1. 研究者所持的理论观点影响着对教师专业身份的理解

早期的身份研究大多持身份本质主义观,于是把角色等同于身份,随后,逐渐从本质主义走向了身份的社会建构观,从此对教师专业身份研究的理论基础呈现出多元化状态,有的从社会语言学的角度,将教师身份理解为教师对特定情境中的自己理解为"某种人",同时也被他人理解为"某种人";有的从学习的社会理论出发,将学习理解为身份;有的从叙事理论出发,将教师专业身份理解为教师自己的生活故事的独特表征,有的从文化历史活动理论出发,认为专业身份是个体参与实践活动的结果,而不是个体内在的固有属性。近一段时间以来,又受到后结构主义和后现代主义思潮的影响,教师专业身份又被看作是分裂的、流动的、碎片化的、开放的。可见,正是基于宏观脉络和理论资源的变化,研究者对教师专业身份内涵的理解也在不

---

①谢淑海,熊梅. 教师专业身份认同及其教师教育意蕴[J].教师教育学报,2015(6):21 – 31.

②Hong, J. Y. Pre – service and beginning teachers' professional identity and its relation to dropping out of the profession[J]. Teaching and Teacher Education, 2010(8):1530 – 1543.

③Beijaard, D. , Meijer, P. , & Verloop, N. Reconsidering research on teachers' professional identity [J]. Teaching and Teacher Education, 2004(20):107 – 128.

同时代有所变化。诚如贝贾德(Beijaard, D.)等人曾对 1988 - 2000 年关于教师专业身份的研究进行述评后发现,理论框架不一样,对身份的理解也不同,且仅有 9 篇论文对教师专业身份进行了明确的定义,而大多数研究对教师专业身份的界定是模糊的,甚至一部分研究将教师专业身份等同于教师实践性知识。①

2. 研究者所处的教育场域影响着对教师专业身份的理解

20 世纪 60 年代以来,研究者凭借着大规模的统计调查或历史分析,探讨教师在社会上的地位,关注的是教师的教学实践角色,认为教师应毫无疑问地回应社会的强大期待,扮演社会设定的角色。到 20 世纪 70 年代,教师研究从原来的"技术—认知"取向转变到关注教师本体,不仅关注社会脉络的变化对教师的影响,而且还通过关注教师的想法、工作生活、身份等来了解教师如何应对这些外部变化。于是教育界开始涌现教师自我(teacher self 或 self - as - teacher)②的话题,同时伴随着专业自我(the professional self)③、反思、教师主体性(teacher subjectivity)和个体性(individuality)以及能动行为(agency)等与教师专业身份有关的概念。④ 可见,教育场域的变化导致对教师专业身份研究主题的变化。例如,20 世纪 80 年代末英国的教育改革给教师带来巨大压力,教师角色上的彻底转变给他们带来了空前的压力,于是英国学者开始关注教师情绪与教师专业身份的关系问题。另外,当教育宏观政策发生变化时,研究者则将社会投射、话语、权力等概念引入到对教师专业身份的理解,并分析教师话语是如何受到宏观政策的影响。因此,教育场域内发生的事件也影响着对教师专业身份内涵的理解。

3. 研究者的研究视角影响着对教师专业身份的理解

从文献来看,正如比彻姆和托马斯所说,关于教师专业身份的定义,目前尚无一统,不同的研究视角仍然在不断地拓展这个方兴未艾的研究领域。概括起来,主要存在以下几种视角:有的基于自我概念的视角,将教师专业

①Beijaard, D. , Meijer, P. , & Verloop, N. Reconsidering research on teachers' professional identity [J]. Teaching and Teacher Education, 2004(20):107 - 128.

②Newman, C. S. Seeds of professional development in pre - service teachers: A study of their dreams and goals[J]. International Journal of Educational Research, 2000(2):123 - 217.

③Kelchtermans, G. . Getting the story, understanding the lives. From career stories to teachers' professional development [J]. Teaching and Teacher Education, 1993(9):443 - 456.

④Zembylas, M. . Caring for teacher emotion: Reflections on teacher self development [J]. Studies in Philosophy and Education, 2003(22):103 - 125.

身份理解为现实自我和可能自我,教师专业身份建构过程就是可能自我实现的过程;①有的研究者从教师专业身份构成的视角,将教师专业身份理解为教育专家、学科专家和教学专家;②有的研究者从教师专业身份建构的历程出发,认为教师专业身份是教师对自己的持续再造过程;③有的从建构教师专业身份的目的出发,认为教师专业身份认同是教师解释自己及其教学生活的工具;④有的则从身份的建构主体出发,认为教师专业身份是教师所参与和产生的不同话语;⑤有的从角色与专业身份的关系出发,认为教师专业身份是教师自己关于其角色的隐喻性理解;⑥更多的学者从专业身份的来源的角度强调各种情境因素对教师专业身份的影响。⑦ 由此可以看出,研究视角的不同,丰富了教师专业身份的研究,但也为我们理解教师专业身份带来了巨大挑战。

(二)教师专业身份的定义与相关概念解析⑧

近年来,不仅话语分析、实践共同体和巴赫金的语言哲学常常被作为理论基础来研究教师专业身份,而且交往理论、社会认知理论、符号互动论、活动理论和可能自我理论也被广泛应用于教师专业身份的研究。为了把握教师专业身份的内涵与外延,不少研究者根据发展阶段论、认知发展和教师社会化三种框架来建构教师身份认同的概念模型。

①Doug Hamman, Kevin Gosselin & Jacqueline Romano,etc. Using possible – selves theory to understand the identity development of new teachers[J]. Teaching and teacher education, 2010(26) :1349 – 1361.

②Douwe Beijaard, Nico Verloop, Jan D. Vermunt. Teachers' perceptions of professional identity: an exploratory study from a personal knowledge perspective [J]. Teaching and Teacher Education,2000(7): 749 –764.

③Mitchell, A. Teacher identity: A key to increased collaboration [J]. Action in Teacher Education, 1997(3) :1 – 14.

④Sfard, A. , & Prusak, A. Telling identities: In search of an analytic tool for investigatinglearning as a culturally shaped activity[J]. Educational Researcher, 2005(4) :14 –22.

⑤Alsup, J. Teacher identity discourses: Negotiating personal and professional spaces [M]. Mahwah, N. J. : Lawrence Erlbaum Associates. 2006:20.

⑥Hunt, C. Travels with a turtle: Metaphors and the making of a professional identity [J]. Reflective Practice: International and Multidisciplinary Perspectives, 2006(3), 315 –332.

⑦Day, C. , & Gu, Q. Variations in the conditions for teachers' professional learning and development: sustaining commitment and effectiveness over a career [J]. Oxford Review of Education, 2007(4) :423 – 443.

⑧谢淑海,熊梅. 教师专业身份认同及其教师教育意蕴[J]. 教师教育学报,2015(6) :21 –31.

弗罗瑞斯(Flores, M. A.)等人提出了一个概念模型(如图1-1所示)[1],该模型揭示了教师专业身份认同的复杂性、连续性及其影响因素。概念模型包括前-教学身份(内隐理论/图像)、教学情境(领导/课堂实践)、过去的影响(个人传记/教育/过去的做法)和重塑身份等四个要素,各要素的发展和持续变化以及个人和其他身份的相互作用形成了教师独特的世界观。

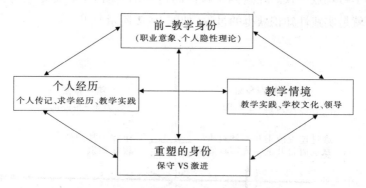

图1-1　教师身份形成的主要影响因素

弗雷德曼(Friedman, I. A.)建构了教师两极专业自我模型(the Teachers Bi - polar Professional Self)。[2] 该模型提供了一个理解教师专业身份的理论框架,表明教师专业身份的建构是出于两种动机:一种是为了权力、尊重和控制而产生的孤芳自赏的渴望,另一种是为了在教育教学中提供高质量的专业服务而产生的专门利他的渴望。作者还指出,教育技能、教学技能和课堂管理技能是这个模型的核心,是避免自我走向孤芳自赏和专门利他两个极点的需要。该模型直接影响着实践中的专业身份,因为它满足了教育的需求,排除了完全处在一个极点自我的风险,促进了其专业自我发展的平衡,从而降低了教学职业倦怠的风险。

在教师专业身份的研究中,贝贾德等人通过对1988—2000年间文献的系统分析后提出了教师专业身份的四个基本特征:教师专业身份建构是一个持续的经验诠释和再诠释的过程,与教师发展相符,是终身学习的过程,是动态的、非稳定的或不固定的过程;专业身份同时包含个人与情境,教师

①Flores, M. A., & Day, C. Contexts which shape and reshape new teachers' identities: A multi - perspective study[J]. Teaching and Teacher Education, 2006(2):219 - 232.

②Friedman, I. A. The bi - polar professional self of aspiring teachers: Mission and power [J]. Teaching and Teacher Education, 2006(6):722 - 739.

涵化此特征的方式取决于个人的价值观;教师专业身份是由相互协调的亚身份所构成,它与教师的不同背景和人际关系有关,这些亚身份相互联结且部分成为教师专业身份认同的核心,他们彼此之间如何适当的平衡而不冲突对教师而言是至关重要的;能动行为(agency)是专业身份的重要要素,意指教师必须在身份建构过程中采取主动,这种专业身份认同的要素与建构论的学习观点一致。在这四个特征的指导下,提出了教师专业身份的建构过程就是实践性知识获得的过程(如图1-2所示)。①

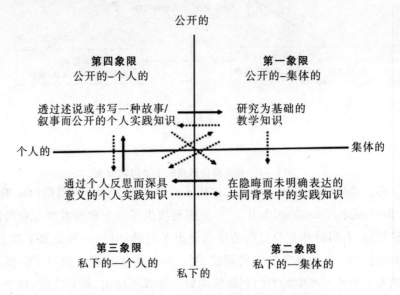

图1-2　教师知识观点的教师身份建构的关系图

实际上,根据贝贾德等人的概念模型,想要给教师专业身份下一个明确的定义也是无法实现的,但是他们至少阐明了教师专业身份是一个多面向的和动态的建构过程,是在内部因素(如情绪)和外部因素(如在特定情境下的工作和生活经验)共同影响下随着时间的推移而不断建构和重建的过程,这揭示了教师专业身份的本质特征。

除了以上概念模型外,吉(Gee, J. P.)等人回到更为基础的水平上来理解教师专业身份,认为专业身份表明了一定背景中的某类人,尽管一个人有其核心身份,但是可能存在多种身份。他将身份分为四种身份:自然身份、

①Beijaard, D. , Meijer, P. , & Verloop, N. Reconsidering research on teachers' professional identity [J]. Teaching and Teacher Education, 2004(20):107-128.

机构身份、议论身份和相似身份(见表1-3所示)。① 这种划分强调了身份的多种面向和影响身份形成的外在因素。

表1-3　吉的身份类型表

身份类型 (Four Ways)	建构过程 (process)	驱动力 (power)	动力源 (Source of power)
自然身份:状态 (a state)	身份归功于生物因素,具有自然性特征	力量(forces)	先天因素 (in nature)
机构身份:定位 (a position)	将一种制度赋予到个人;积极和消极	权威(authorities)	机构内部 (Within institutions)
议论身份:特征 (an individual trait)	人们如何看待个体特征和成就或归因	话语/对话(the dis-course/dialogue)	他人"合理"认知 (of/with "rational" individuals)
相似身份:经验 (experiences)	与群体分享共同的兴趣或经验	实践(the practice)	所属群体(of "affini-ty groups")

奥尔森(Olsen, B.)则将教师专业身份置于社会文化理论视域下去理解,认为教师专业身份既是结果(多种因素作用于教师的产物)又是过程(教师专业发展中的持续互动),这一观点表明了专业身份建构的动态性。诚如奥尔森所言,"我将专业身份视为一个标签,通过它能够发现这些影响因素,包括情境、先验自我、社会定位和意义系统。而这些因素又和教师的内部活动相互交织以促进教师在既定的时间和情境以及关系中重构和协商身份"。②

萨克斯指出,教师专业身份是教学专业的核心。它为教师建构"如何成为自己""如何表现自我"和"如何理解他们的工作和社会地位"的理想观念提供了一个参考框架。③ 这一观点不仅指出了身份在专业发展中的重要性,而且他提出了身份包括的"如何成为自己""如何表现自己"和"如何理解他

---

①Gee, J. P. Identity as an analytic lens for research in education [J]. Review of Research in Education, 2001(25):99-125.

②Olsen, B. Teaching what they learn, learning what they live [M]. Boulder: Paradigm Publishers, 2008. 78.

③P. Denicolo & M. Kompf. Connecting policy and practice: Challenges for teaching and learning in schools and universities [M]. Oxford: Routledge. 2005. 5-21.

们的工作和社会地位"等三个要素,这引起了广泛的关注。它也表明教师专业身份在经验中持续协商和重构的重要性。因此,当我们接受这个定义方式去理解身份时,我们就踏上了理解身份的意义和定义身份认同的路途。因此,要理解教师身份,除了理解其本身的含义外,还需要理解它与自我、情绪、叙事、反思等在专业身份形构中的作用及其关系,理解身份认同与能动行为之间的关联,探明促进或阻碍专业身份建构的背景性因素,明确教师教育在教师身份发展中的作用。

1. 自我和教师专业身份

在理解教师专业身份时遇到的一个最为复杂的问题是涉及到自我、自我概念及其相互关系。米德在探索自我与社会的关系时指出,教师专业身份发展涉及到教师对自我的理解、对外部情境中的自我的关注和对处于他者关系中的自我的检视。教师专业身份是在与他人交往中形成和重塑的。在现有的文献中,许多作者都把自我理解作为教师专业发展的核心构成要素,进而形成教师专业身份。罗瑞拉等人认为,身份和自我概念是同一的,只是身份认同术语更多的用于教师,自我概念更多的用于学生。并且,身份认同和自我概念是稳定的,同时也是动态的。于是,他们讨论教师专业身份时,呈现了一个自我概念形成的模型,在模型中,自我包括现实自我(actual self)、应然自我(ought self)和理想自我(ideal self),它们处于动态交往之中。[①] 波利琦利用米德的观点去讨论教师行为中的自我,强调自我知识是教师成功实践的关键。[②] 这些内在的教师自我观点明显的和教师专业身份认同有关联,更多的关注了自我的个体维度。

专业身份不仅需要关注自我的个体维度,也需要关注自我的专业维度。一些研究者通过教师需要拥有的专业知识和需要扮演的角色来理解专业自我。如贝贾德等人提出的学科知识、教育知识和教学知识。并且,从个体自我和专业自我两个维度来理解教师专业身份,有利于我们从专业发展的角度来思考教师身份。因此,将教师专业身份理解为个体自我和专业自我的一种平衡状态是非常重要的。事实上,这种平衡在发展教师专业身份时也是很必要的,这或许是在教学中个人的参与不可避免的会导致个人身份和

①P. Denicolo & M. Kompf. Connecting policy and practice: Challenges for teaching and learning in schools and universities [M]. Oxford: Routledge. 2005. 199 - 208.

②R. Lipka & T. Brinthaupt (Eds.), The role of self in teacher development [C]. Albany, New York: State University of New York Press, 1999. 189 - 228.

专业身份相互作用。①

　　斯科特等人在探索自我和身份时对个体身份和专业身份做了一个清晰的概述,他们同时关注专业身份形成的外在方面(情境和关系)和内在方面(经验和情绪),并且外在规范性的要求总是要遭遇内在的意义生成和教师的愿望,这似乎与前面提到的应然自我和理想自我有相似之处。于是,他们对关联到专业身份的自我做了如下定义:自我可以看作是意义生成者,身份可以看作是意义接受者,自我和身份认同随着时间的推移不断形成和转换。② 然而,自我不能被完全的理解。尽管自我存有非连续性和变化性以及难以理解的特性,但是,随着时间的推移,我们依然可以相信自我是可以被认知的。基于此,自我被归入了专业身份的范畴,将被理解为一种演进性存在,它在文化背景、机构和他人交互中有意或无意的建构和被建构、重构或被重构。

　　尽管斯法德(Sfard, A.)等人使用"生活经验中的话语个体"的叙事术语来定义专业身份认同,但他们所提及的实际的和设计的身份是与现实自我、应然自我相关联的。并且,他们指涉的是"我们自己的或他人的经验而不是像这样的经验"来形构教师专业身份。这进一步强调了自我与专业身份的关联。温格(Wenger, E.)进一步澄清了教师个体自我和专业自我之间的关系,认为专业身份更接近实践。他们"互为镜像",并且有五个基本特征:专业身份是自我协商的经验,关涉到集体成员;有一个学习轨迹;一种专业身份中包含了不同成员的特征;在地方和世界背景中认定。通过参与专业实践共同体,专业实践共同体会对教师专业身份发展产生影响。教师可能感觉到自己的专业身份是暂时性的,需要形成自己的身份。③ 为此,阿尔萨普(Alsup, J.)认为自我是嵌入到专业身份之中的,专业身份完全可以通过自我表达出来。因此,在理解教师专业身份时,需要考虑到个人自我和专业自我及其关系。

---

①Day, C., Kington, A., Stobart, G., & Sammons, P. The personal and professional selves of teachers: Stable and unstable identities [J]. British Educational Research Journal,2006(4):601–616.

②M. Cochran-Smith, S. Feiman-Nemser, D. J. McIntyre & K. E. Demers. Handbook of research on teacher education: Enduring questions and changing contexts [M]. New York: Routledge,2008. 732–755.

③Wenger, E. Communities of practice[M]. Cambridge: Cambridge University Press. 1998. 149.

2. 角色与教师专业身份

学者在对专业身份进行理解和界定时,常常通过与角色的对照进行理解。教师的角色和实践成为理解教师专业身份认同的途径之一,[①]因为以角色来看待教师,不会脱离社会期望、规范所界定的教师标准。[②] 由此可以看出,角色与专业身份认同是关联性的存在,但二者分属于不同的范畴。一般认为,角色是社会分工的结果,是他人所期待某个人的行为方式。[③] 作为被社会机构和组织所结构化了的规范,角色在影响人们行为中的相对重要性取决于个体和这些机构、组织之间的协商与约定。而专业身份是通过个体化的过程建立,是个体意义的来源,[④]也是个体用以协调自我主观性的手段。[⑤] 角色可以被赋予、被指派,专业身份则需要个体的涉入。也就是说,专业身份组织意义,而角色组织功能。[⑥] 巴里(Barley,S. R.)认为,专业身份与角色是一体两面:角色向外,专业身份向内,对角色的践履即产生角色身份。[⑦] 也有学者将角色认同作为个体认同的重要组成部分,认为角色认同主要是一种对社会期待的一套行为模式的认可,强调的是个体身份的的社会建构性和制约性。[⑧] 角色影响个人对专业身份的认识,但角色并不等于专业身份,因为自我附着于角色的程度并非总是一致的。[⑨]

3. 情绪和教师专业身份

在教师专业身份建构的讨论中往往把情绪作为自我的一个方面,情绪成为影响专业身份表达和形构的一个因素。情绪可能改变与专业有关的教师身份,也能被专业的某些方面所改变。就教学性质而言,情绪是影响教师

①Cheung,H. Y. . Measuring the professional identity of Hong Kong in – service teachers [J]. Journal of in – Service Education,2008(3):375 – 390.

②周淑卿. 我是课程发展的专业人员?——教师专业身份认同的分析[J]. 教育资料与研究,2004(57):9 – 16.

③Gerth,H. H. , & Mills, C. W. Character and social structure:The psychology of social institutions [M]. London:Routledge & K. Paul,1954. 83.

④Castells,M. The power of identity[M]. Malden, Mass:Blackwell,2004. 6 – 7.

⑤O'Connor, K. E. "You choose to care":Teachers, emotions and professional identity [J]. Teaching and Teacher Education, 2008(1):117 –126.

⑥Castells, M. The power of identity[M]. Malden, Mass:Blackwell. 2004. 6 – 7

⑦Barley , S. R. Careers, identities, and institutions:The legacy of Chicago School of Sociology[C]. In:M. B. Arthur, D. T. Hall, & B. S. Lawrence . Handbook of career theory. Cambridge, U. K. :Cambridge University Press,1989. 41 – 65.

⑧班建武. 符号消费与青少年身份认同[M]. 北京:教育科学出版社,2010. 27 –28.

⑨乔纳森·H·特纳. 社会学理论的结构[M]. 杭州:浙江人民出版社,1987. 454.

专业化和教师专业身份形成的重要因素。① 就教学关怀而言,情绪被这些刚入职的教师赋予很高的价值,专家型教师也证明情绪对专业身份认同有着非常重要的意义。除此之外,在教师专业生活的特殊时期(如教育改革时期),由于情绪的高水平涉入,情绪可能会对教师专业身份造成极大影响。②

从更深层次说,教师所体验的情绪在某种情况下可能会是积极或消极的,这可能会增强或限制教学效能。③ 因此,在理解教师专业身份认同中有很多重要的论述,并且这种论述越来越多,将来可能还会更多。于是,有研究者指出,教学是一项情绪性的实践。因为教学涉及到人与人之间的互动;教师将自我投入工作,这就意味着教室和学校成为实现自尊和自我满足感的场所;教师对教学投入很多的感情和所信奉的价值,对其专业有强烈的个人承诺。因此,在课堂教学和学校情境中,教师会经历大量的乃至相对的情绪,这些情绪会影响教师对教学和学习的态度,引导其专业身份形成。④ 甚至可以说教师是带着情绪进行自己的专业身份建构的。⑤

4. 叙事与教师专业身份

叙事是教师专业身份研究中的一个重要讨论主题,专业身份在叙事中形成或被形成,保罗·利柯还明确提出了"叙事身份"(narrative identity)这一概念。很明显,关于教师自己和实践的叙事为探索和揭示自我提供了机会。故事是身份表达的一种方式,许多研究都非常重视含有身份的教师故事和叙事。在不断变化的专业知识图景中,教师叙事的目的就是清晰的表达他们工作的故事,这些故事可以被理解为教师在变化情境中的专业身份。简言之,我们生活在故事世界中,虽然我们帮助型塑这些故事,但是我们也在被这些故事形构。⑥ 甚至有研究者指出,个人叙事并不是简单的反映身

---

① Hargreaves, A. Emotional geographies of teaching [J]. Teachers College Record, 2001(6):1056 – 1080.

② van Veen, K., & Sleegers, P. How does it feel? Teachers' emotions in a context of change. [J] Journal of Curriculum Studies, 2006(1): 85 – 111.

③ Zembylas, M. . Caring for teacher emotion: Reflections on teacher self development[J]. Studies in Philosophy and Education,2003(22):103 – 125.

④ O'Connor, K. E. . "You choose to care": Teachers, emotions and professional identity [J]. Teaching and Teacher Education,2008(1):117 – 126.

⑤ Zembylas, M. . Discursive practices, genealogies, and emotional rules: A post – structuralism view on emotion and identity in teaching [J]. Teaching and Teacher Education, 2005(21):935 – 948.

⑥ Connelly, M., & Clandinin, J. Shaping a professional identity: Stories of educational practice[M]. London, ON: The Althouse Press,1999. 120.

份,相反,他们本身就是人们的身份。①所以,当我们叙说生活故事时,也就是在恢复经验中的重要事件;当我们追问这些故事的意义时,也就是在故事中建构自己的意义。②

在关于教师专业身份的故事中,能够反映出教师专业身份建构的过程。通过收集到的故事来表现专业身份,这说明关于个体的叙事是有意义的。作为叙事的专业身份的定义也得到了回应。因此,讲述故事具有重要的意义,是专业身份运作的过程。③ 叙事不仅仅包括讲述故事,而且故事的讲述者将他者也引到了故事讲述者的身份之中。换句话说,"集体讲述的故事"形构了身份。④ 这表明个体自我与社会背景之间有着非常紧密的联系。因此,教师专业身份认同的自我构建也就是在叙事过程中得以追寻与建构。⑤

5. 教师知识与教师专业身份

贝贾德等人指出,教师专业身份形成过程同时也是教师个人实践知识形成的过程,⑥"关于自我的知识"是教师实践性知识的一个重要内容,⑦教师对其专业身份的认识影响着他们的效能感和专业发展,也影响他们应对教育变革、创新教育实践的能力和意愿。⑧ 可见对教师而言,知识与专业身份密不可分,知识甚至是教师专业身份的核心。⑨ 克莱迪宁和康奈利研究指出,教师知识是倾听教师实务工作者的生命故事,归纳出分析教师专业身份、身份的形构、维持和改变的理论架构。⑩ 在这个理论架构下,康奈利与克

---

①Søreide, G. E. Narrative construction of teacher identity: Positioning and negotiation [J]. Teachers and Teaching: Theory and Practice, 2006(5):527 – 547.

②周淑卿. 课程发展与教师专业[M]. 北京:九州出版社,2006. 112.

③Watson, C.. Narratives of practice and the construction of identity in teaching[J]. Teachers and Teaching: Theory and Practice, 2006(5):509 – 526.

④Sfard, A., & Prusak, A.. Telling identities: In search of an analytic tool for investigating learning as a culturally shaped activity[J]. Educational Researcher, 2005(4):14 – 22.

⑤李茂森. 在教师叙事中追寻身份认同[J]. 现代教育管理,2011(7):69 – 71.

⑥Beijard, D., Meijer, Paulien C. & Verloop, N. Reconsidering research on teachers' professional identity [J]. Teaching and Teacher Education, 2004(20): 107 – 128.

⑦陈向明等. 搭建实践与理论之桥——教师实践性知识研究[M]. 北京:教育科学出版,2011. 70.

⑧Beijard, D., Meijer, Paulien C. & Verloop, N. Reconsidering research on teachers' professional identity [J]. Teaching and Teacher Education, 2004(20): 107 – 128.

⑨王安全. 教师自我知识身份误解的生成与消解[J]. 国家教育行政学院学报,2011(3):52 – 55.

⑩Clandinin, D. J., & Connelly, F. M. Teachers' professional knowledge landscapes[M]. New York: Teachers College Press,1995. 4 – 5.

莱迪宁以"个人实践知识"（personal practical knowledge）与"专业知识地景"（professional knowledge landscape）两个概念来讨论。以教师"个人实践知识"而言，包括教师过往的经验，当前的发展状况及未来的计划和行动。也就是说，在教学实践中，老师会以特殊的方式重新建构过去和未来的意向以因应当前急迫情况。教师"专业知识地景"是由人、场域和事物的关系组成的。换言之，在学校教室内与教室外的场域脉络所形成与表达的知识。例如：教室外是一个充满知识的场域，这些知识像透过漏斗般流入学校系统，是一种充满了其他认为对孩子怎样才是对的强加规范知识。那么，教室内就可以是教师自由实践的地方，这些真实的生活故事本质上是秘密的。当这些秘密的现场故事被叙述，都是在其他秘密场域说给其他老师听，有时当老师走出教室，进入教室外场域中，通常过着的和叙说的是封面故事。① 而这些教师各种的生命故事，无论是教室内外的"学校的故事"、"教师的故事"、"秘密的故事"或"封面故事"，组成教师专业实践。康奈利与克莱迪宁进一步指出，教师个人各有一套对制度化情境所产生的反映方式，在其专业知识的景观中以相当不同的方式观看课堂外（out – of – classroom）与课堂内（in classroom）之间关系，而每个人也依据其故事创造了特别空间和方向，持续建构其专业身份。② 诚如吉登斯所言，个体在与专业知识接触之后，才反思性地选择与组织生活、建构专业身份。③ 换言之，教师专业知识是建构教师专业身份的重要核心概念之一。据此，贝贾德等人根据构成教师知识的核心和基础的不同，则可能形成教育专家、学科专家和教学专家的教师专业身份。

6. 反思在型塑教师专业身份建构过程中的作用

反思是形成自我感和理解自己定位的重要手段，因此，在考虑教师发展时，反思对其自我定位和自我概念的建构是非常重要的。换言之，反思是形成其专业身份的重要条件。

反思在教师发展中的作用已经被广泛认可，并被认为是有效教学的核

①Connelly，F. M. & Clandinin，D. J 著，刘良华、邝红军译. 教师成为课程研究者——经验叙事（第版）[M]. 杭州：浙江教育出版社，2004. 4 – 5.

②Connelly，F. M.，& Clandinin，D. J. Curriculum making and teacher identity[C]. In：F. M. Connelly，D. J. Clandinin（Eds.）. Shaping a professional identity：Stories of educational practice. New York：TeachersCollege Press，1999. 83 – 93.

③[英]安东尼·吉登斯著，赵旭东、方文译. 现代性与自我认同[M]. 北京：生活·读书·新知三联书店，1998. 21.

心。科瑟根等人提出的指向身份和使命的核心反思是自我需要达到的最高境界。因此,当我们思考教师身份发展时,我们必须把反思作为发展的核心要素。[①]

除此之外,反思不仅可以回溯思想和实践,也具有预测未来的价值和效用。它可以促使教师展望未来,从而促进教师专业身份的建构和发展。[②] 它也为建构教师专业身份提供了一条新途径,有利于建构期待的专业身份,也有利于发挥"理想自我"在建构教师专业身份中的重要作用。

卢腾博格(Luttenberg,J.)等人对教师的反思进行了深入的研究和发展,他们将反思分为务实的(pragmatic)、伦理的(ethical)和道德(moral)的反思。每一种反思在反思的性质(深度)和反思的内容(广度)方面有所不同。除此之外,反思是开放的还是封闭的取决于它与反思自我之间的分离或联接。在伦理维度的反思可以促发教师反思"什么是好的"的价值观,这会触及到教师的自我理解、身份和生活方式。[③] 然而,有研究者指出,与现代背景下的持续运动、变革、不确定性相比,这种反思性实践是静态的,需要重新定义。因此,尽管反思仍然被认为是职前教师和在职教师建构教师身份的有效方式,但也需要重新思考形构教师身份的新的有效反思方式。[④]

7. 能动行为与教师专业身份建构

能动行为与自我效能以及自我概念的心理建构是相互联系的,因此,教师专业身份的形塑与建构都需要能动性的发挥,强调教师专业身份认同实质上就是体现能动行为。

教师作为独特的个体,有自己的生命体验、专业哲学和价值追求,是其专业身份建构的积极参与者,不管这种参与行动是消极还是积极的,其教师专业身份认同总是属人性的。正是教师专业身份的属人性,使得同一情境对不同的教师有不同的意义,从而使其身份建构呈现诸多差异。诚如迪拉

---

①Korthagen, F., & Vasalos, A. Levels in reflection:Core reflection as a means to enhance professional growth [J]. Teachers and Teaching:Theory and Practice,2005(1):47－71.

②Conway, P. F. Anticipatory reflection while learning to teach:From a temporally truncated to a temporally distributed model of reflection in teacher education [J]. Teaching and Teacher Education, 2001(1):89－106.

③Luttenberg, J., & Bergen, T. Teacher reflection:The development of a typology [J]. Teachers and Teaching:Theory and Practice,2008(5):543－566.

④Lesnick, A. The mirror in motion:Redefining reflective practice in an undergraduate fieldwork seminar[J]. Reflective Practice,2005(1):33－48.

邦(Dillabough,J.)所言,教师受制于社会,但也是教育变革中能动的反思主体,主体性与能动性是教师专业身份的重要组成部分。[①] 并且,教师认为自己是谁、应该成为什么样子,各有自己的思考。[②] 尽管不同时期会有不同的规范、角色论述以界定"专业教师"的内涵,但是教师可以依据自己对教育的理想与期望、对教师专业工作内容的再界定,不断探索自己的专业身份定位。[③] 于是,戴维斯等人基于教师叙事视角的研究表明,将教师专业身份建构理解为一种叙事的过程,本身就是视教师为能动的主体,将教师专业身份的建构视为动态变化的活动。[④] 在此意义上,教师专业身份建构的过程同时是教师个人实践知识形成的过程,也是发挥个体能动性的过程。[⑤]

8. 情境与教师专业身份建构

教师专业身份建构必定涉及到情境,教师是相对于其所处的诸多关系和情境来解释自己的,因此,我们可以说身份建构本身就是情境性的。专业身份暗含着个人和情境。[⑥] 因为在重塑教师对教学的理解、促进或阻碍教师的学习和发展、重建教师专业身份中起着至关重要的作用,[⑦]情境是由特定的教学环境、文化、组织领导和课堂交往所构成,会对专业身份认同产生影响,不同的情境可能会导致教师身份的变化。反过来,教师所具有的身份,常常也能展示不同情境中教师的不同侧面。[⑧] 学校环境、学生的人口学特征、大学和学校管理者等因素会影响职前教师和新教师的身份形成。一些研究文献也表明教学科目也会影响身份认同,很多教师甚至将学科身份视

---

①Dillabough,J. Gender politics and conceptions of the modern teacher:Women, identity and professionalism[J]. British Journal of Sociology of Education,1999(3):373 – 394.

②周淑卿. 课程发展与教师专业化[M].北京:九州出版社,2006. 133

③周淑卿. 我是课程发展的专业人员?——教师专业身份认同的分析[J]. 教育资料与研究,2004(57):9 – 16.

④S. Taylor, M. Wetherell, & S. Yates. Discourse theory and practice:A reader[M]. London:Sage,2001:261 – 271.

⑤Beijaard, D. , Meijer, P. , & Verloop, N. Reconsidering research on teachers' professional identity[J]. Teaching and Teacher Education, 2004(20):107 – 128.

⑥Beijaard, D. , Meijer, P. , & Verloop, N. . Reconsidering research on teachers' professional identity[J]. Teaching and Teacher Education, 2004(20):107 – 128.

⑦Flores, M. A. , & Day, C. . Contexts which shape and reshape new teachers' identities:A multi – perspective study[J]. Teaching and Teacher Education, 2006(2):219 – 232.

⑧Connelly, M. , & Clandinin, J. Shaping a professional identity:Stories of educational practice[M]. London, ON: The Althouse Press, 1999. 120.

为其首要的身份,[①]因为学科可能有特别的教学文化。于是,斯科力博尔
(Scribner,J. P.)将影响教师身份建构的情境划分为三种:由学生和学科构
成的课堂为核心情境;核心情境之外的校内因素为中间情境,如多重角色之
间的张力、学科组和校长领导;学区和国家则是外围情境。[②] 这些不同的情
境既体现在不同的场域中,也同时蕴含了不同性质的关系和互动模式,于
是,这些情境可能会导致教师的身份冲突。王夫艳则基于教师专业身份建
构的情境性划分了影响教师专业身份建构的外围情境(国家和社区,如政
策、社区及家长的干预)、中间情境(学校的文化、组织与校长)和核心情境
(学生和学科)三个维度,三者同时和教师主观因素共同作用教师专业身份
的建构,而外围情境也会影响到中间情境进而影响核心情境。[③] 而教师面对
不同的情境,都会有不同的身份,也就是说教师要在这些身份之间游移。因
此,为教师形构专业身份而需要提供一个什么样的情境则引发了研究者之
间的广泛争论,教师教育也在为发挥情境对身份建构的积极作用而努力。

综上所述,自我是教师身份建构的核心;情绪和教师知识既是教师专业
身份建构的构成部分,又影响着教师专业身份的建构;情境和能动行为说明
教师专业身份建构体现了"结构"与"能动性"之间的张力;反思是教师专业
身份建构的有效途径之一。

(三)实习教师专业身份建构的理论取向

教师专业身份不断变换,即便对深具经验的教师而言,亦可能于教育变
革或在其工作环境变化中体验到身份冲突[④],为厘清看待教师自我的观点,
兹简略回顾发展研究取向和社会文化取向的身份建构观点,亦即发展心理
学的身份认同理论和研究,以及植基在维果茨基的作品及沃茨等人将其运
用于教育上的身份建构观点,再进一步说明奠基于福柯和巴特勒等人的作
品上的后结构主义取向之身份建构观点,前两者代表身份论述中所熟悉的

---

①Enyedy,N. ,Goldberg, J. , & Welsh, K. M. Complex dilemmas of identity and practice[J]. Science Education, 2006(1):68 - 93.

②Scribner,J. P. Teacher learning in context:The special case of rural high school teachers[J]. Education Policy Analysis Archives,2003 (12):1 - 2.

③王夫艳. 中国大陆素质教育改革中的教师专业身份及其建构[D]:[博士学位论文]. 香港:香港中文大学,2010.

④Clandinin, D. J. & Connelly, F. M. Stories to live by:Narrative understandings of school reform [J]. Curriculum Inquiry, 1998,28 (2):129 - 164.

传统,其中心理学/哲学的身份认同传统主要聚焦于个体的人性本质写照及其自我反思的过程,而社会学/人类学观点旨在探讨个体和文化间互动所形成的差异,至于后结构主义取向则在探寻论述于身份认同问题中所扮演的规训角色①。通过研究的理论取向的回顾,可以为我们说明某种特定因素和生活故事提供新的视角②。并且,通过探索当前身份研究的多种理论观点,不仅可以提高我们的认识,而且为我们更为全面的理解教师身份奠定良好的基础③。

1. 发展心理研究取向

此类研究基于西方传统心理学视域来研究身份认同和学习者自我,主要关注个体的发展。克拉克提倡通过发展一种独立、理性、自主、连贯的自我意识和社会责任感。④ 身份认同的发展目标在于发展个体自我,并将外部世界整合到自我之中。基于此,教师是能够理性的观察和反思外部世界并有力改变世界的个体。由此可以看出,尽管社会影响被承认,但是交往和社会关系已被学生在课堂中内化。为了发展个体自我,研究者们提出了大量的心理学模式,包括认识论发展模式和埃里克森的身份发展理论。这些模式都是基于发展顺序的,将个体看作是建构知识的积极参与者而不是被动接受者。他们假定人的发展阶段在本质上是没有方向性的,是建立在过去发展阶段上且有一个最终的发展终点⑤。认识论发展模式是建立在佩里(Perry,W. G.)的智力和道德发展结构基础之上。

(1)认识论发展模式

认识论发展模式通常建立在佩里的认知发展阶段的基础上,包括柯登伯格的女性认知方式和认识论反思模式。下面我们简要评述这三个发展模式。

---

①Zembylas, M. Emotions and teacher identity: A post – structural perspective[J]. Teachers and Teaching: theory and practice, 2003(3):213 –238.

②Clark, M. C. , & Caffarella, R. S.. Theorizing adult development[C]. In: M. C. Clark & R. S. Caffarella (Eds.). An update on adult development theory: New ways of thinking about the life course. San Franscisco: ossey – Bass. 1999. 51 –76.

③Varghese, M. , Morgan, B. , Johnstone, B. , & Johnson, K. A. Theorizing language teacher identity: Three perspectives and beyond[J]. Journal of Language, Identity & Education, 2005(1):21 –44.

④Clarke, M. The ethico – politics of teacher identity[J]. Educational Philosophy and Theory, 2009, 41(2),185 –200.

⑤Miller Marsh, M. Examining the discourses that shape our teacher identities[J]. Curriculum Inquiry, 2002(4):453 –469.

第一,智力与道德发展模式

佩里的智力与道德发展模式是基于访谈哈佛大学一群男性白人大学生而研究其认知发展,他认为,他们知识发展经历四个时期,即二元论期(dualism)、多元论期(multiplism)、相对论期(relativism)和托付对应期(commitment)。在二元论期,学习者认为知识是可知、可传递的,知识是绝对的真理,知识要么是正确的,要么是错误的,不存在"灰色区",因此是"一分为二"地看待问题的意义建构模式:好与坏、对与错、是与非;在多元论期,学习者认为,知识包括个人的观点和真理,大多数知识是可知,但有一部分知识不能被确定性的感知,较少依赖权威,趋向于一切都可能是正当的意义建构模式。在相对论期的学习者认为,知识是主动建构的,纯粹的真理并不存在,因为真理被视为个体经验的解释。在托付对应期,相对的思维方式仍然是一个重要特征,尤其是学习者的信念更多的是价值负载的,但是相较于其他时期,学习者的信念更加多元。[①]

第二,女性认知方式

贝兰吉在佩里的智力与道德发展模式和吉利根的女性道德推理发展基础上,通过对 135 名女性进行深入调查研究后提出了女性认知方式发展的五种认识论立场(position)。即沉默、接受性认知者、主观认知者、程序性认知者和建构性认知者。沉默,是指女性经历的"无知、无声和服从外部权威"的阶段。接受性认知者,与佩里的二元论期相类似,是指女性将自己看做能够接受和复制知识,但不能自己创造知识。那些坐在教室里拿着笔试图记下老师所说的每一句话的学生就可以被视为接受性认知者。[②]主观性认知者类似于佩里的多元论期,是指女性认为知识和真理是个人化的、主观化的或私人化的。那些将成绩归因于教师的积极或消极评价的学生则属于主观性认知者。[③]程序性认知者与佩里的相对论期相似,作为程序性认知者,她们认为知识获得需要学习怎样和学科嬉戏(game),作为程序性认知者的存在就应该知道怎样运用目标程序来作出判断和怎样使用这些标准来写作。然

---

①Perry, W. G. Forms of intellectual and ethical development in the college years[M]. New York: Holt, Rinehart, & Winston,1970. 21.

②Bain, K. What the Best College Teachers Do[M]. London, England: Harvard University Press, 2004. 43.

③Bain, K. What the Best College Teachers Do[M]. London, England: Harvard University Press, 2004. 43.

而,令人感兴趣的是,在今天的课堂中,这类学生往往被认为是较为聪慧的学生,因为他们不会因为外界的干扰而改变自己的立场。最后一种立场是坚定的学习者,她们认为知识是情境性的,她们是知识的建构者,也看重知识获得的主客观策略,更注重她们一直使用的思想和思维方式。此外,当她们意识到她们的思维需要修正时,她们也能及时的修正思维①。

第三,认识论反思模式

巴克斯特(Baxter Magolda)的认识论反思模式是对佩里和贝兰吉的认识论模式中的性别差异的回应,他也提出了相似的知识获得的四个发展阶段,即绝对的知识、过渡的知识、独立的知识和情境相对论。② 绝对的知识阶段,与佩里二元论期相似,是指知识是确定的或绝对的;过渡的知识是指知识是部分确定的或不确定的,类似于佩里多元论期;独立的知识是指学习者开始质疑专家阐释的真理,认为自己拥有的观点同样有效,类似于佩里的相对论期;情境相对论表明知识是在情境中的基于证据的判断。那就是说,学习者通过分析个人的信念、经验和理论来建构知识。但巴克斯特的研究表明,男性和女性的知识获得方式尽管非常相似,但女性认知方式更倾向于个体间的或客观的知识获得方式,是更开放的、灵活的,而男性的知识获得方式充满了客观性和逻辑理性。③

以上所描述的三种认识论发展模式,都开始于客观主义知识观和二元主义知识观,随后是多元化立场,个体允许不确定性,然后,他们承认不同的观点和能力,以区分证据在支持个人立场中的作用。最后,认知者主动建构知识,知识和真理也不断演进,知识获得方式也与其协调一致。④

(2)认识论信念的发展

认识论信念的发展是一个过程,在这个过程中,个体的知识信念和知识获得方式的信念经历序列化的发展阶段。⑤ 例如,许多学生的认识论信念发

---

①Bain, K. What the Best College Teachers Do[M]. London, England: Harvard University Press, 2004. 43.

②Baxter Magolda, M. B. Knowing and Reasoning in College: Gender – related patterns in undergraduates' intellectual development[M]. San Francisco: Jossey – Bass, 1992. 49.

③Bownlee, J., Purdie, N., & Boulton – Lewis, G. Changing epistemological beliefs in preservice teacher education students[J]. Teaching in Higher Education, 2001(2):247 – 268.

④Hofer, B. K. Personal epistemology research: Implications for learning and teaching[J]. Journal of Educational Psychology Review, 2001(4):353 – 383.

⑤Whitmire, E. Epistemological beliefs and the information – seeking behaviour of undergraduates[J]. Library & Information Science Research, 2003(25):127 – 142.

展始于对知识的正误的信念,这属于浅层学习。大学生经历了课堂内外的经验后,他们不再关注知识的正误,而开始认识到知识的不确定性。当他们获得足够自信和对知识更进一步理解后,他们或许发展到更为复杂的阶段,在这个阶段中,他们认为知识在本质上是相对的,需要基于证据的建构。①然而,研究发现,达到这个复杂的、深入的和对知识持批判意识的立场的程度远远超过了预期。② 此外,研究还指出,学生同时抱持多个竞争性的信念和思想,并不像前面所描述的线性发展模式。大多数实习教师对教学的认识论信念都是在教师教育阶段开始建立。③ 这些一般的信念也许是以先前的学习经历和回顾他们印象中的教师为基础,因此,这些认识论信念是"顽固且强大",④并且很难受到挑战。然而,在另一方面,布朗利(Bownlee, J.)认为,如果教师教育课程不解决此问题,他们的认识论信念则是极其稀少的。⑤ 布赖恩和阿特沃特也认为,对于知识和知识获得方式的传统信念所面临的挑战,学教过程中明确教学的信念是至关重要的。⑥ 事实上,理查兹(Richards, J.)等人认为,要成功挑战实习教师关于教学的传统信念,他们必须有机会去审视、反思和讨论他们的认识论信念,更为重要的是,他们应该去探索他们的认识论信念发展的源头。然而,理查兹等人发现,实习教师不是去证实他们的信念,而是去证明哪些认识论信念有用或没用,然后尽可能的去选择修正一些认识论信念。⑦ 但是,尝试新的和创新的教学方法并不一定能改变认识论信念。例如,一项对 29 名职前幼儿教师的纵向研究表明,尽管大多数的职前教师最初都坚持建构的知识信念,但是,随着时间的推移,

---

①Chai, C. S., Khine, M. S., & Teo, T. Epistemological beliefs on teaching and learning: A survey among pre – service teachers in Singapore[J]. Educational Media International, 2006(4):285 – 298.

②Hofer, B. K. Personal epistemology research: Implications for learning and teaching[J]. Journal of Educational Psychology Review, 2001(4):353 – 383.

③Mayer, D. Preparing Secondary Teachers: Building professional identity within the context of school/university/community partnerships [EB/OL]. http://ultibase.rmit.edu.au/Articles/may99/mayer1.htm. 2015 – 8 – 20.

④Holt – Reynolds, D. Personal history – based beliefs as relevant prior knowledge in course work[J]. American Educational Research Journal, 1992,29(2): 325 – 349.

⑤Brownlee, J. Changes in primary school teachers beliefs about knowing: a longitudinal Study[J]. Asia – Pacific Journal of Teacher Education, 2003,31(1), 87 – 98.

⑥The compounding challenges of middle – school and multi – age classes for beginning teachers[EB/OL]. http://www98.griffith.edu.au/dspace/bitstream/10072/13072/1/35568.pdf. 2015 – 08 – 09.

⑦Richards, J., Gallo, P., & Renandya, W. Exploring Teachers' Beliefs and the Processes of Change [J]. The PAC Journal, 2001,1(1):41 – 62.

他们的信念没有任何变化。① 萨顿(Sutton, R. E.)等人调查了32名职前教师的认识论发展,结果表明,多余一半的实习教师发展了复杂的认识论信念。② 这表明,实习教师逐渐发展自己的认识论信念,但也有研究指出,实习教师却继续抱持教学是一种简单的传递知识的信念。③

(3)阶段理论

大量的研究结果指出,学习成为一名教师需要经历不同的阶段,从不切实际的教学认知到现实震撼,最后到现实的课堂管理过渡。因此,根据教师发展,经典的阶段理论将教师成长概念化为一个阶段到下一个阶段的进程。④ 卡根(Kagan, D. M.)回顾了40项研究,以帮助构建一个教师专业发展模型。卡根发现,在第一年的教学中,新手教师的主要任务是建构关于学生的知识,然后利用这方面的知识重构和修正自我教师意象。⑤ 例如,实习教师在教师专业身份建构的早期阶段,需要经历基本的生存需要,尔后的发展阶段将联系到个性化学生的学习和追求他们自己的专业发展。所以,斯特如特(Stroot, S.)等人认为,经典的阶段理论的优点在于,它们可以直接应用于所有职前教师学教的经验和关注。⑥ 然而,"人的发展不能简单的分类,它很少一帆风顺,也绝不是无冲突的,它常常伴随着倒退"。⑦ 正如已经注意到的,成人发展的心理模型的目的是探索个人的内在经验。

尽管阶段理论和年龄分段模式都是成人发展的一般心理模式,⑧但埃里

①Brownlee, J. Changes in primary school teachers beliefs about knowing: a longitudinal study[J]. Asia – Pacific Journal of Teacher Education, 2003,31(1):87 – 98.

②Sutton, R. E., Cafarelli, A., Lund, R., Schurdell, D., & Bischel, S. A developmental constructivist approach to pre – service teachers' ways of knowing[J]. Teaching and Teacher Education, 1996,12(4):413 – 427.

③Richardson, V. The dilemmas of professional development[EB/OL]. http://www.pdkintl.org, 2014 – 09 – 23.

④Grudnoff, A. B. Becoming a Teacher: An investigation of the transition from student teacher to teacher[M]. NZ: Waikato University,2007. 99.

⑤Kagan, D. M. Implication of research on teacher belief[J]. Educational Psychologist, 1992,27(10):65 – 70.

⑥Stroot, S., Keil, V., Stedman, P., Lohr, L., Faust, R., Schincariol – Randall, L., Sullivan, A.,Czerniak, G., Kuchcinski, J., Orel, N., & Richter, M. Peer assistance and review guidebook[M]. Columbus, OH: Ohio Department of Education,1998. 1.

⑦Bullough, R. V. First – Year Teacher: A case study[M]. New York: Columbia University Press, 1989. 17

⑧Merriam, S. B., Caffarella, R. S., & Baumgartner, L. M. Learning in Adulthood. A comprehensive Guide[M]. San Francisco: Jossey – Bass,2007. 312.

克森指出,阶段理论是逐步向上发展的过程,但未必受到年龄束缚或是线性的,而年龄分段模式则说明什么年龄做什么事。在此基础上,许多教育者提出需将适龄的任务和行为与学习活动发展相联系。[①] 然而,心理发展观被提及的最常见的限制是,它只关注个体的内部经验,忽视了社会因素对成人身份发展的影响。因此,埃里克森提出了极具影响力的心理社会发展阶段理论,试图解决此问题。他提出的八个发展阶段分别是信任、自主、主动、勤奋、认同、亲密、生育和自我调整,这些阶段代表了一系列的危机或生活中要处理的问题。前五个阶段解决从婴儿期到青春期的有关问题,而亲密、生育和自我调整是成人共同面临的问题。为了进入下一个阶段,人要成功地解决前一阶段的危机或问题。个体解决每个危机的方式都会持续影响个人的自我形象和社会观。[②] 埃里克森认为,作为成年人,我们可能需要重新审视我们处理、解决或重新解决早期生活阶段的冲突的不同方式。基于此,斯特如特等人注意到,改变个人和专业因素会影响教师自我。例如,一个教师去一个学校时,她可能需要借鉴过去的知识以支持她过渡到新的学校文化,或者当一个教师经历了像家庭成员(如,配偶、父母、兄弟姐妹或孩子)死亡等重大生活危机后,他们为了应对危机,可能会退回到较低的发展阶段,同时还需应对创伤。然而,斯特如特等人也提醒到,不要将教师多年的经验直接联系到教师发展的阶段和年龄,因为个体教师的发展速度是因人而异的。[③]于是,根据主体问题,许多研究调查职前数学教师的焦虑后发现,要成功应对对数学的焦虑,需要认识和重新解决焦虑的源头之后才能再次学习数学。这意味着需要追溯焦虑事件发生的时间(when)和地点(where),然后才能重新解决。这种解决焦虑的方式还没有运用到解决教师身份问题,这也导致了许多实习教师在各级学校教育中的数学教学不尽如人意。[④]

---

①Merriam, S. B., Caffarella, R. S., & Baumgartner, L. M. Learning in Adulthood. A comprehensive Guide[M]. San Francisco: Jossey - Bass, 2007. 308.

②Woolfolk, A. Educational Psychology[M]. Sydney, NSW: Allyn & Bacon. 2001. 64.

③Stroot, S., Keil, V., Stedman, P., Lohr, L., Faust, R., Schincariol - Randall, L., Sullivan, A., Czerniak, G., Kuchinski, J., Orel, N., & Richter, M. Peer assistance and review guidebook[M]. Columbus, OH: Ohio Department of Education, 1998. 1.

④Uusimaki, L., & Nason, R. Developing maths - confidence in sixteen maths - anxious preservice student teachers. Australian Association for Research in Education conference (AARE). Melbourne, Australia. 2005. 21.

2. 社会文化研究取向

与发展心理学研究取向相反,社会文化取向认为身份认同应定位在个体与个体之间的交往,通过社会和文化实践来发展。那就是说,该理论驳斥了基于发展阶段的个体发展理论,认为自我只能通过社会实践来发展,也就是说,个体的心智功能仅能藉由检视个人被建构的外在社会和文化过程而进行理解。事实上,维果茨基认为内在心智(intramental)(个体的)功能的特定结构和过程可溯及心智层面间(intermental)(群体)的发展,因此重点在于人类行动及其受工具与符号所调节的言说,亦为一种行动的形式。对维果茨基而言,这些工具和符号不仅是再现的系统,亦为促进、限制或转变行动的资源。[①] 基于此,达夫(Duff, P. A.)等人认为实习教师建构自己的教师身份离不开"同事"和学生的支持,与他们一起共同建构自己的教师专业身份和实践共同体。[②] 温格则依次介绍了实践共同体的三个特征,即,参与者参与和相互协商、参与到"合作企业"和共享式的参与。温格解释说,实践共同体中的参与者有各种相互依赖的方式,这成为建构专业身份的"素材"(material)。参与者利用这些素材有助于他们参与到企业化社群(the enterprise of the community)和周边其他企业化社群之中。事实上,大多数的学习发生在校外,这不仅是对成年人而言,对儿童亦是如此。我们都在追求一种具有社会意义的事业,我们的学习也在为此服务。而专业身份和学习相互作用是将参与作为教育经验的重要之所在。[③]

温格指出,实践共同体能够对教师生活和专业身份发展产生深远影响,因为教学共同体的一部分构成了具有变革性的学习。从社会文化视角来看,文化规范和价值影响自我的发展和决定了个体成为谁。文化也影响"人们思考什么、获得什么技能、什么时候参与特定活动、允许谁参与活动"[④]。诚如米勒(Miller, P.)所言,这是因为不同文化强调不同的工具(例如口头或非口头的)、技能(如阅读、数学、空间记忆)和社会交往(正规教育或非正

①Wertsch, J. V. Adult - child interaction as a source of self - regulation in children[C]. In: S. R. Yussen (Ed.). The growth of reflection in children. Academic Press. 1985.

②Duff, P. A. , & Uchida, Y. The negotiations of teachers' social - cultural identities and practices in postsecondary EFL classrooms[J]. TESOL, Quarterly, 1997(31): 451 - 486.

③Wenger, E. Communities of practice: Learning, meaning, and identity[M]. Cambridge. UK:Cambridge University Press. 1998. 271

④Baumgartner, L. Four adult development theories and their implications for practice[EB/OL]. http://www. ncsall. net/? id = 268. 31 ,2015 - 03 - 13.

式的学徒)。① 例如,佘和毕晓普(Seah, W. T., & Bishop, A. J)分析了来自罗马利亚和斐济移民而来的两位数学老师在澳大利亚课堂上的价值观的差异和冲突,他们发现,两位老师在课堂上都经历了认知失调,他们都使用一系列不同的教学策略来协商文化差异或冲突,但他们都重视各自的本国文化或个人身份嵌入到自己的课堂教学实践中的价值。②

这与弗洛里斯和戴伊(Flores, M. A., & Day, C.)的研究结果形成了鲜明的对比,弗洛里斯和戴伊调查学校文化形塑和重塑毕业于澳大利亚的14位新老师的教师专业身份的方式,他们发现,尽管学校文化与他们个人的信念和价值观不同,但他们大多数都接纳了学校的价值和规范以适应学校文化。他们还注意到,这些教师从最初的对教学充满热情逐渐转向保守和顺服。这些研究结果表明,学校文化和领导对教师对教学的理解起着关键作用,在这种情况下,阻碍了他们作为教师的专业学习和发展。③ 美国的一项研究也发现,许多实习教师也经历了适应学校文化的困难,这主要是因为他们缺乏文化导向和四年教师教育课程的失败。④ 从以上研究可以看出,学校文化是实习教师社会化过程中的催化剂。与教师教育课程相比,学校文化对实习教师的信念、价值和教师身份感的发展影响更大。⑤ 因此,导致许多实习教师采用违背自己的价值观和信念以适应学校文化。于是,坚持学校文化规范和价值观也成为录用教师的标准之一。例如,许多隶属于宗教的私人学校和独立学校要求教师坚持其宗教价值观和信仰。⑥ 此外,种族、阶级、性别、性向等社会文化因素也影响成人身份发展和对教师身份发展产生影响。这些社会文化因素在不同社会也产生不同的影响。例如,西方社会更看重"白人、瘦、年轻、男性、异性恋、基督教"的"神话规范"(mythical

---

①Miller, P. Theories of Developmental Psychology (3rd ed.)[M]. New York：W. H. Freeman, 1993. 390.

②Seah, W. T., & Bishop, A. J. Values, Mathematics and Society：Making the connections[M]. Brunswick, Victoria：Mathematical Association of Victoria,2002. 12.

③Flores, M. A., & Day, C. Contexts which shape teacher identity and reshape teacher identities：A multi－perspective study[J]. Teaching and Teacher Education, 2005,22(2)：219－232.

④Allen, S. The missing link in alternative certification：Teacher Identity Formation[EB/OL]. http://www. umbc. edu/llc/llcreview/,2015－03－13.

⑤Stanulis, R. N., Campbell, P. E., & Hicks. J. Finding her way：a beginning teacher's story of learning to honour her own voice in teaching[J]. Educational Action Research,2002,10(1)：45－65.

⑥Skilbeck, M., & Connell, H. Attracting, developing and retaining effective teachers[EB/OL]. http://www. oecd. org/dataoecd/63/50/3879121. pdf, 2015－03－13.

norm)。由于刻板效应和稳定的社会地位的缘故,许多人都认为,教师职业比较适合于女性。①

因此,社会文化理论学者都认为,个人和集体有着千丝万缕的联系,不能孤立地研究个体或集体,而应该将他们置于实践的情境中研究。② 就此而言,专业身份发展充当个体和社会的枢纽。因此,专业身份和社会实践就成了一枚硬币的两面,每一个人都认为他们自己和他们做什么和已经做的是融为一体的。③ 这说明专业身份受到社会结构和个人能动性的影响。此外,维果茨基亦提及,其理论是"文化历史的"理论,个人行动取决于文化历史的发展,他将研究焦点置于行动上,意指专业身份形构涉及个体选择及其与特定脉络中采用的文化工具两者间的交会,专业身份是关系技巧、情绪、身体能力等的总和,这些特性与一个人所展现的行动有关,包括人际关系、生涯、意识形态,并产生了混合的身份。④ 然而,社会文化理论因为没有回答社会结构如何约束个人的问题而遭到批判。帕克(Packer, M. J.)等人指出,共同体成员从来都不是一个毫无疑问的文化适应者或者简单的适应文化。因此,尽管社会文化理论学者承认存在顺服社会的压力,但他们又没能找到协调个体和共同体以及共同体内部冲突的方法。实习中的指导教师和实习教师之间的权力差异表现得更为明显,尽管能被熟练者接受,成为合法化的学习参与者,但也被视为是愿望和识别的复杂统一体(complex dialectics of desire and recognition)。⑤ 因此,社会文化取向固然着重于社会文化对专业身份建构的影响,但显然对权力关系在调节个体选择及其与文化符号交会中所扮演的角色亦未赋予太多关注。

3. 后结构主义研究取向

后结构主义者(例如奥尔克夫、巴特勒、福柯等)则以社会和政治观点取代前述社会心理观点,挑战埃里克森和维果茨基的专业身份建构的两个主

①Alsup, J. Teacher Identity Discourses. Negotiating Personal and Professional Spaces[M]. N. J: Lawrence Erlbaum Associates and National Council of Teachers of English,2006. 6.

②Sawyer, K. Unresolved tensions in sociocultural theory: Analogies with contemporary sociological debates[EB/OL]. http://lchc. ucsd. edu/MCA/Tensions. pdf, 2015 – 07 – 12.

③Wenger, E. Communities of practice: Learning, meaning, and identity[M]. Cambridge. UK: Cambridge University Press. 1998. 145.

④Zembylas, M. Emotions and teacher identity: A post – structural perspective[J]. Teachers and Teaching: theory and practice, 2003,9(3):213 – 238.

⑤Packer, M. J. , & Goicoechea, J. Sociocultural and constructivist theories of learning: Ontology, not just epistemology[J]. Educational Psychology, 2000,35 (4):227 – 241.

张,亦即,专业身份建构是个体的或社会的现象,无关个人行动发生的政治脉络。[①] 因此,在后结构主义研究取向中,自我的本质与人文主义者之本质自我观不同,而是如同真理般流动的,形同不连续和冲突的场域,总是权力关系中开展与被建构,同时运用"主体性"取代"自我身份认同"(self-identity)来描述个体被历史地构成的多样方式。[②]

后结构主义假定主体性是透过语言而被社会地生产,也就是说,个人既是一系列主体性之可能形式的场域,亦是任何特定时刻思考或言说的一个主体,受制于特定的话语意义系统,并被迫依其行动……语言及其所提供的一系列主体位置总是存在于历史的特定话语中,而这些话语是固存于社会机构或实践中。[③] 这说明后结构主义主体性建构的双重性:一则藉由涵化可用的话语于文化实践以建构自身,进而呈现能动的主体,再则同时受制于这些话语与实践而被迫进入主体性。这种后结构主义取向的身份建构观点,特别关注自我的社会/历史建构,并质问其中的语言和权力关系,认为语言是种有力的媒介,尤其是蕴含知识/权力关系的论述,形同常规化的理念和实践——不管是说出的或未说出的——构成了我们的认知。[④] 基于此,自我的组构于贯穿经验的历史意义架构中去探寻,自我既是经验的客体与主体,因为自我及其经验的分析焦点是经验的论述而非经验本身。经验本身是无法独自构成自觉(self-knowledge),它无法告诉我们是谁或我们看到什么,其总是透过解释的过滤。换言之,我们是经验的叙述者,且我们重述的可能性是受话语的情境左右,被我们自身的历史、承诺,以及构成真理、权力、权威和知识的规范性见解所调节,因为专业身份建构往往受制于社会结构和话语实践,但也会受制于创造性的能动行为(agency),当话语实践转变时,专业身份则会随之改变。也就是说,专业身份是于主体性和文化叙事遭逢的变换空间中被形构的。[⑤]

---

①Zembylas, M. Emotions and teacher identity: A post-structural perspective [J]. Teachers and Teaching: theory and practice, 2003, 9(3): 213–238.

②Ross, H. Relational theories to comparative and international education [J]. Comparative Education Review, 2002, 46(4): 407–432.

③Weedon, C. Feminist practice and poststructuralist theory [M]. Cambridge, MA: Blackwell, 1997. 34.

④Cammack, J. C. & Phillips, D. K. Discourses and subjectivities of the gendered teacher [J]. Gender and Education, 2002, 14(2): 123–133.

⑤Zembylas, M. Emotions and teacher identity: A poststructural perspective[J]. Teachers and Teaching: Theory and Practice, 2003, 9(3), 213–238.

因此,话语构成了包括教师身份在内的身份。在这个理论框架中,"话语"不是"使用中的语言或语言的延伸",而是"在'恰当的'地点,'恰当的'时间,按照'恰当的'目标(可以把一个人确定为某一具有社会意义的组织或'社会网络'的成员)使用语言的方法,以及思考、评价、行动和交流的方法所形成的被社会接受的关系"。① 后结构主义者认为,我们有多重自我,我们的专业身份根据不同的话语而改变和转变。也就是说,专业身份形成被看做是一个持续成为(becoming)的过程。② 在这种意义上,专业身份发展是持续建构的,从来都没有完成,没有完全的一致性,也没有完全集中在经验中。③ 例如,当两种相反意义和期望的身份同时出现时,就会产生压力,为了克服这种压力,个体经常会选择对他们最具归属感的身份。④ 这种归属感是建立在每种身份的承诺水平基础上的,他可能被社会关系的广泛性和关联性所决定,个体一旦关联到某种身份,广泛的社会关系就成了个体的角色伙伴。科尔贝克(Colbeck, C. L.)认为,个体一旦接受和内化期望的角色成为其身份的一部分,那么,这种身份就会成为他们解释经验的认知框架。⑤ 当个人面临身份意义和认知社会环境相冲突时,他们则会退出这种角色。⑥ 这或许能解释为什么新教师很容易离职。因此,实习教师可能面临的挑战就是如何管理、整合和协调自己的教师专业身份。

罗泊思－惠尔曼(Ropers－Huilman, B.)提出了女性后结构主义分析方法,认为个人主体性的形式始终是相互冲突的场域,当我们习得语言之时,我们学习将声音——意义——赋予我们的经验,并依据思考的特定方式以及我们进入语言之前便存在的特定话语来理解我们的经验,这些思考方式构成了我们的意识,而我们藉以身份的位置组构了我们对自身的感知、我们的主体性。这种方法能够揭示变化的身份如何与教师专业身份建构关联的权威协商。在她对22位自我认定为女性教师的经验研究中发现,当她们建

①詹姆斯·保罗·吉. 话语分析导论:理论与方法[M]. 重庆:重庆大学出版社,2011. 28.

②Grootenboer, P., Smith, T., & Lowrie, T. Researching identity in mathematics education:The lay of the land[EB/OL]. http://www. merga. net. au/documents, 2015－05－20.

③[法]福柯著,余碧平译. 性经验史(增订版)[M]. 上海:上海人民出版社,2005. 89.

④Stryker, S., & Burke, P. The past, present and future of an identity theory[J]. Social Psychology Quarterly, 2000(63):284－297.

⑤Colbeck, C. L. Professional identity development theory and doctoral education. [J] New Directions for Teaching and Learning, 2008(113): 9－16.

⑥Cast, A. D. Identities and behaviour. In: P. J. Owens, R. T. Serpe and P. A. Thoits (Eds.). Advances in Identity Theory and Research. New York: Kluwer Academic/Plenum,2003.

构教师专业身份时,建立课堂权威与教师专业身份紧密相连。对这些参与者而言,管理行为与教师的个性、专业背景、年龄、隶属关系和其他文化身份定位息息相关。因此,她指出,教师的背景、地位、种族、性别、阶级和性取向影响他们建构课堂实践的方式。①

后结构主义观也承认情绪是专业身份建构中的重要部分。柏勒(Boler,M)认为,情绪具有合作建构性和历史情境性,而不仅仅是位于内在自我的个性化现象。② 这对理解教师专业身份建构大有裨益,因为通过探索情绪来理解教师自我,为教师的自我认知和自我关怀提供了可能,为实现教师的专业身份转换提供了空间。扎莫拉斯(Zembylas, M.)则强调,从后结构主义视角关注教师的情绪和教师专业身份,能够颠覆本质主义教师专业身份的论断和传统的公私二分法。③ 然而,拉瑟(Lather, P.)注意到,后结构主义视野下的专业身份发展有以下几个缺陷:首先,后结构主义可能使得注意力集中在现代社会中财富和机会不均方面;其次,有可能导致特殊群体沦为一般的群体,而否定了群体间的多样性和差异性;第三,后结构主义话语无法顾及到边缘性的群体和个体。并且,后结构主义理论的另一个局限在于它反对许多女性主义话语坚持的个体能动行为。④

后结构主义理论认为,个体对我们是谁确实没有什么选择,因为,德里达和福柯提醒我们,在社会现实中,个体动机和意图是零或几乎为零。我们是建构物,即我们的主体性的体验超越了个体的控制,是由社会话语协调。⑤ 因此,后结构主义研究取向的身份建构有三个要点:(1)使我们注意到在变换的文化和政治脉络中研究身份的重要性;(2)一种统整的身份概念取代了埃里克森的个体心智运作或维果茨基的社会文化过程间的区分;(3)后结构主义取向的专业身份建构观点为个体在其生活中发展能动性(sense of agen-

①Ropers – Huilman, B. Constructing feminist teachers: Complexities of identity [J]. Gender and Education, 1997,9(3),327 – 343.

②Boler, M. Feeling Power: Emotions and Education [M]. New York: Routledge,1999. 6.

③Zembylas, M. Emotions and teacher identity: A post – structural perspective [J]. Teachers and Teaching: theory and practice, 2003,9(3):213 –238.

④Lather, P. Feminist research in education: Within/against [M]. Geelong, VIC: Deakin University Press,1991. 11.

⑤Alcoff, L. Cultural feminism versus post – structuralism: The identity crisis in feminist theory [J]. Signs, 1988,13(3):405 –436.

cy），并为建构权力和反抗的策略开创了可能的空间。①

综上所述，通过对以上研究取向的分析和比较，我们可以将三种研究取向的核心要点摘录如下（如表1-2所示）。当然，我们分析和比较以上三种研究取向，并不是要用一种研究取向去反对另一种取向，而真正的目的在于我们更好的理解教师专业身份。因为探索多元化的理论取向不仅可以加深我们的理解，还可以为我们理解和研究教师专业身份提供新的视域。②

表1-2　三种理论取向视域中的身份

	发展心理取向	社会文化取向	后结构主义取向
身份的核心	个体；内部世界；自我；自我概念；自我效能；心理认知结构；情绪；能动性；自主	关系自我；外部世界；关联；他者；具身化；归属；	非代理；政治制度；主体性；立场；归属；权力关系
身份建构	内化；行为技能；自我管理功能（监控、决策）；寻求内在完整性、自主性和能力；	建构性和情境性；共同意识和辨识；社会文化再生产和框定	内部自我被他者占据；持续的形成过程；受社会与历史牵制的主体存在

（四）实习教师专业身份建构的相关研究

鉴于教师专业身份建构的意义，已有大量研究探讨了实习教师专业身份建构的策略。研究者认为，"成为一名教师内在地包含着身份的建构，而这实际上是实习教师身份的历时性的转换（transformation）"，③换言之，实习教师从一名接受职前教育的学生到一名学校教师，必然要经历一个身份的转变（shift）。④为此，研究者使用了不同的调查工具探索实习教师专业身份的建构，如反思性写作、自传、协同反思和行动研究，同时，研究者也在不断探索实习教师在建构教师专业身份时可能涉及到的一些变量，如情境、动机和学生经验等。每个变量对实习教师专业身份的建构都有积极或消极的影

①Zembylas, M. Emotions and teacher identity: A post - structural perspective［J］. Teachers and Teaching: theory and practice, 2003,9(3):213 - 238.

②Varghese, M, Morgan, B. , Johnston, B. , & Johnson, K. A. Theorizing language teacher identity: Three perspectives and beyond［J］. Journal of Language, Identity, and Education, 2005,4(1), 21 - 44.

③Danielewicz, J. Teaching selves: Identity, pedagogy, and teacher education［M］. Albany: State University of New York Press, 2001. 12.

④Beauchamp, C. , & Thomas, L. Understanding teacher identity: an overview of issues in the literature and implications for teacher education［J］. Cambridge journal of education, 2009,39(2):175 - 189.

响,都在一定程度上增强或降低实习教师的自我效能感、能动性和独立性。

虽然有研究者对教师专业身份进行了综述和评析,[1]但还是有必要特别关注实习教师的专业身份建构。因为,了解实习教师专业身份可以更好的帮助教师教育者理解实习教师专业身份的建构过程和明确哪些因素对实习教师建构教师专业身份起着积极或消极的影响。反过来,实习教师也将受益于这些评论,他们可以认识到建构教师专业身份的重要性,明白影响他们建构教师专业身份的因素,可以认识到他们的经验在身份建构过程中的影响是变化着的。当然,通过概述国内外的研究现状,也有助于研究者寻找到研究的切入口和研究的问题。

为了全面了解国内外对实习教师专业身份建构的研究概况,我们在ERC 和 ERIC 等数据库中以"student teacher identity""student teacher professional identity""student teacher"为关键词进行了搜索,经过筛选,29 篇文献符合我们的研究主题。然后我们对所选的 29 篇文献从研究背景、参与者、数据收集工具,研究的持续时间和主要调查结果等维度进行了分析。最后发现,29 篇研究主要涉及到四个研究主题:(1)反思活动(有 11 篇论文),(2)学习社区(有 5 篇论文),(3)情境(有 8 篇论文)和(4)经验或前经验(有 5 篇论文)。研究者在中国知网(cnki)数据库中以"教师身份"为题进行了搜索,共搜索到论文 560 篇(含硕博论文),随后,研究者进一步以"师范生教师专业身份"为主题词搜索到论文 15 篇,以"实习教师专业身份"为主题词搜索到论文 12 篇,以"职前教师身份"为主题词搜索到论文 10 篇。现将其概述如下。

1. 基于反思性活动的实习教师专业身份建构研究

表 1-3　实习教师专业身份发展及其参与反思活动研究一览表

作　者	收集资料的主要工具	研究持续时间	主要发现
1. Weber and Mitchell (1996) Canada	实习教师的描绘和反思日记	未说明	导致教师身份发生微妙的变化
2. Antonek et al. (1997) USA	实习教师的反思日记	1 年	实习教师通过逐渐的自我反思建构教师专业身份;

①Beauchamp, C., & Thomas, L. Understanding teacher identity: an overview of issues in the literature and implications for teacher education[J]. Cambridge journal of education, 2009,39(2), 175 – 189.

续表

作　者	收集资料的主要工具	研究持续时间	主要发现
3. Estola(2003) Finland	自传故事	未说明	自传故事是实习教师建构教师道德身份的有效工具;
4. Webb (2005) Australia	两个周期的反思会议	12周	反思研究团体是一个相互启发和达成共识的有效方式;
5. Walkington (2005) Australia	实习教师对自己入职动机和信念的反思日记	1学期	实习教师的反思影响学教和建构教师身份;
6. Cattley (2007) Australia	反思性写作日志	8周	写反思日志有助于建构教师专业身份;
7. Maclean and White (2007) Australia	视频反思	未说明	实习教师对自己教学实践视频的反思有助于建构教师专业身份;
8. Poulou (2007) Greece	反思日记	1学期	实习教师致力于道德、伦理和教育的思考,有助于实习教师认知方式、情感、动机和专业身份的发展;
9. Vavrus (2009) USA	自传叙事	3周	呈现出不同程度的批判意识;
10. Chitpin And Simon(2009) Canada	访谈、课堂讨论和反思日记	8个月	能从反思中获利,能清楚的表达自己的成长和获得新的视野;
11. Sutherland et al. (2010) Australia	在线小组研讨会	12周	从第2周到第10周主要表现在认知过程和专业立场的改变。

在关于实习教师专业身份研究的文献中,反思在建构教师专业身份过

程中起着关键性的作用,①也是实习教师学习的重要手段,是实习教师的学生信念、先前知识和经验交互作用的催化剂。如表1－3所示,研究者利用反思性论坛、反思性写作、日记、民族志、自传和绘画等不同的反思形式来探究实习教师专业身份的建构过程。

所有的研究都表明,实习教师通过反思自己的价值观、信念、情感和教学实践经验来建构他们的专业身份。韦伯(Webb,M.)、麦克莱恩和怀特(Maclean,R. & White,S.)、萨瑟兰(Sutherland,L.)等研究者使用反思性论坛作为一种反思工具。麦克莱恩和怀特研究了四个实习教师通过观看自己拍摄的教学实践的视频进行反思,在行动反思中建构教师专业身份。即,实习教师通过观看自己的教学实践和反思会议录像,然后进行反思,研究人员记录实习教师在教学实践中的变化,如专业语言的使用的变化,通过这些变化来揭示实习教师专业身份的发展变化。② 韦伯通过合作反思来分析实习教师实习之前后的态度、行为和情感,从而寻求新的发展策略。通过几个周期的合作反思,他们发现影响他们建构教师专业身份的主要因素有教师教育和学校情境。③ 同样,萨瑟兰等人通过分析学生在线学习论坛中的"教师话语"的涌现来探求其对自己作为教师的认知。④

反思性实践的影响也通过另一种方法进行了进一步的研究,即反思性写作。卡特里(Cattley,G.)通过研究8名实习教师在反思日常教学实践、教研室活动和家长联络后发现,影响专业身份建构的主要因素有自己和重要他人尤其是与同侪和家长的关系以及对宏观社会政治背景的认识、寻求同事的支持和帮助的意识、对未来的角色定位等。⑤ 沃尔汀顿(Walkington,

---

①Sutherland, L., Howard, S. & Markauskaite, L. Professional identity creation:examining the development of beginning pre－service teachers' understanding of their work as teachers[J]. Teaching and Teacher Education, 2010(26):455－465.

②Maclean, R. & White, S. Video reflection and the formation of teacher identity in a team of pre－service and experienced teachers[J]. Reflective Practice, 2007(8):47－60.

③Webb, M. Becoming a secondary－school teacher:the challenges of making teacher identity formation a conscious, informed process[J] Issues In Educational Research,2005, 5(2):206－224.

④Sutherland, L., Howard, S. & Markauskaite, L. Professional identity creation:examining the development of beginning preservice teachers' understanding of their work as teachers[J]. Teaching and Teacher Education, 2010(26):455－465.

⑤Cattley, G. Emergence of professional identity for the pre－service teacher[J]. International Education Journal, 2007,8(2):337－347.

J.)同样认为职前教师反思自己的认知和信念有利于教师专业身份的建构。[①]

自传和绘画等其他反思方法也被用于探究实习教师专业身份建构。他们也有一些相似的发现,如有利于构建作为一个教育工作者的自我和建立自信等,有利于促发实习教师对理所当然的习惯或观点的质疑,有利于揭示他们的专业身份和工作之间的张力。[②]

上述研究一致显示,反思对实习教师的自知、认知和情感的自我、能动行为、作为教师的自信等方面的积极影响,然而,在这些研究中尚未提及反思带来的消极影响和面临的挑战。

2. 基于学习共同体的实习教师专业身份建构研究

温格认为,个人建构一种专业身份就是要变成一个实践共同体的有效成员,在共同体中学习与他人合作以及共同活动。因此,在对实习教师专业身份建构的研究中,许多研究都是依据温格和吉的身份概念论为基础,通过话语和实践共同体理论来概念化教师专业身份,研究表明,实习教师参与不同学习共同体的积极成果。

如表1-4所示,弗朗扎克(Franzak, J. K.)的研究表明,通过参与关键朋友组(critical friends group)增强实习教师的信心、独立性和专业承诺。在关键朋友组中,实习教师会探讨教学策略、相互观摩教学和共同分析学生的成长与表现。弗朗扎克认为关键朋友组的合作为实习教师提供了持续协商专业身份的机会,参与其中的实习教师通过反思他们的教学实践而促使他们改变其教学实践。[③] 同样,阿萨夫(Assaf, L. C.)探讨了专业化阅读课程对实习教师专业身份建构的贡献。例如,他要求学生参与课堂教学实习,并写下个人对课堂教学的反思。研究证实了在学习共同体中学习有利于实习教师构建专业身份,并且有利于参与者作为教师的教学决策和表达自己的情感和积累丰富的经验。[④]

①Walkington, J. Becoming a teacher: encouraging development of teacher identity through reflective practice[J]. Asia - Pacific Journal of Teacher Education, 2005,33(1):53 - 64.

②Antonek, J. L. , Mccormick, D. E. & Donato, R. The student teacher portfolio as autobiography: Developing a professional identity[J]. Modern Language Journal, 1997(81):15 - 27.

③Franzak, J. K. Developing a teacher identity: the impact of Critical Friends Practice on the student teach[J]. English Education,2002,34(4):258 - 280.

④Assaf, L. C. Exploring identities in a reading specialization programme[J]. Journal of Literacy Research, 2005,37(2):201 - 236.

表1-4　实习教师参与学习社群与教师专业身份建构研究一览表

作者	收集资料的主要工具	研究持续时间	主要发现
1. Franzak (2002) USA	访谈、观察专业活动和反思性写作	1学期	正式的合作实践能促进学生教师对专业的认知;
2. Assaf (2005) USA	观察、反思性写作、电子档案袋	3学期	通过协商学习社群中的多种话语,影响实习教师的教学决策和专业身份建构;
3. Seidl and Conley USA	实习教师的叙事	1年	实习教师对文化的独特性、结构的不平等有了新的认识,开始关注教学应用;
4. Trent (2010) Hong Kong	访谈	1年	行动研究计划有助于改变实习教师的教育信念,并且与他们的教学密切相关;
5. Farnsworth (2010) UK	叙事性访谈、民族志	未说明	基于学习共同体的学习有助于实习教师协商自己的教师专业身份,实习教师身份受到群体身份的影响。

与塞德尔和康利(Seidl, B. L. & Conley, M. D.)通过合作研究改变了实习教师的认识和批判意识的结果相似,特伦特和法恩斯沃思(Trent, J. & Farnsworth, V.)认为,通过参与行动研究和实践学习小组可以概念化实习教师的教学信念。这些研究表明,在学习共同体中创设合作和反思氛围的重要性以及对实习教师建构专业身份的重要影响。

3. 基于情境的实习教师专业身份建构研究

文献显示,专业身份是在与他人和环境的互动中形塑的。[1] 换句话说,诚如活动理论所言,人类发展包括教师专业身份建构都是在社会情境中发生的,并且体现了社会情境的社会实践功能。[2] 一些研究(见表1-5)证实,情境的变化会导致实习教师专业身份的变化,揭示了情境因素对建构教师

①Beijaard, D., Meijer, P. C. & Verloop, N. Reconsidering research on teachers' professional identity [J]. Teaching and Teacher Education, 2004(20):107-128.

②Smagorinsky, P., Cook, L. S., Moore, C., Jackson, A. Y. & Fry, P. G. Tensions in learning to teach: accommodation and development of a teaching identity [J]. Journal of Teacher Education, 2004 (55):8-24.

专业身份的重要作用。

表1-5　情境与实习教师专业身份建构一览表

作者	收集资料的主要工具	研究持续时间	主要发现
1. Samuel and Stephens(2000) South Africa	课堂观察、集体焦点访谈、反思性日记和反思性写作	1年	个人期望和实际存在张力,实习教师认为他们能够成为一名名合格教师,同样,他们的学生经验影响他们教师专业身份建构;
2. Smagorinsky et al. (2004) USA	访谈、概念图	未说明	当实习教师遇到影响其身份建构的张力时,他们既不会走向自己的预期目标,也不会朝指导教师设定的身份迈进;
3. Larson and Phillips(2005) USA	研究者的反思性日记、观察、访谈	5个月	竞争性和权威性话语之间的张力创造了阻力和变化的空间;
4. Findlay (2006)UK	对实习指导教师、实习教师的深度访谈	未说明	实习教师的愿望和他们观察到的学校现实生活之间存在张力;
5. Flores and Day(2006)Portugal	半结构式访谈、问卷	两年	工作场所的影响(正面或负面)在他们理解教学方面发挥了关键作用,从而促进或阻碍了他们的专业学习和重构他们的专业身份;
6. Liu and Fisher(2006) UK	半结构式访谈、问卷、自我反思日记	9个月	实习教师的专业身份和课堂表现一直处于变化之中;
7. Schepens et al. (2009)Belgium	问卷	未说明	人格特质、动机能很好的反应实习教师的自我效能,教学承诺和职业取向;
8. Lamote and Engels(2010) Belgium	问卷	未说明	课堂实践经验能促使实习教师转变:较少关注学科问题,更多的关注课堂秩序、长期的教育目标,自我效能感降低。

　　研究者认为,实习教师在亲历教学实践后会改变对自己教学专业产生的消极或积极的认知和态度。这些变化在一定程度上要归因于情境因素。例如,拉蒙特和英格尔斯(Lamote, C. & Engels, N.)将教师专业身份理解为专业取向、任务取向、自我效能和教学承诺,然后进行了为期三年的调查研究,发现每项指标均有所变化,最后他们提出变化的原因在于实习教师形成了新的价值观、拓展了视野、搜集到了关于自身能力的新的信息和熟悉了实践场域中的任务和实践等。

　　拉尔森和菲利普斯(Larson, M. L. & Phillips, D. K.)等人探讨教师教育形塑的理念和实习学校的理念之间的冲突和张力。这两个案例研究都是以一名女教师为研究对象,都发现实习教师的专业身份会随着情境的变化而变化。例如,拉尔森和菲利普斯等人观察到大学形塑的建构主义教学观与实习学校的传统教学观之间的冲突。他们发现,模拟方法(即,学习如何去教模仿教师方法)和实习指导老师的严格指导并没有给实习教师(个案对象)提供成长的空间,也没有给实习教师留下使用在大学学会的教学观念的机会。同样,在拉尔森和菲利普斯的研究中发现,权威性的阅读教学方法与大学的综合阅读教学法完全相悖。因此,这些研究最后口得出结论,实习教师在实习期间会经历各种冲突,正是这些冲突发展了学生的抗压力,激发了学生教师处理冲突的能动行为,这些冲突似乎有利于教师专业身份的建构。

　　芬德莱(Findlay, K.)通过探索学习因素(例如信心,承诺,反馈和支持)和环境因素(例如,分配工作和遭遇,人们在工作中的关系结构)对五个实习教师的专业身份发展的影响的研究也验证了上述研究结论。她观察到,从教师教育到没有关键反馈或评价的真实学校环境的过度对学生教师的专业身份建构具有重要影响。考虑到这种冲突可以作为激发能动行为和抗挫力的动力,芬德莱同样赞同萨缪和斯蒂芬斯(Samuel, M. & Stephens, D.)提出的希望他们成为一个什么样的教师和他们自己感觉自己能成为一个什么样的教师之间的张力。[1] 可见,这些研究一致认为,情境因素在实习教师建构教师专业身份中起着重要的作用。

---

①Samuel, M. & Stephens, D. Critical dialogues with self: developing teacher identities and roles a case study of South African student teachers[J]. International Journal of Educational Research, 2000(33): 475-491.

4. 经验与实习教师专业身份建构

五项研究都强调了先前的学习和经验对教师专业身份建构的重要性（如表1-6所示），他们提出，实习教师带入到教师教育中的价值观、信念和以前的学习和经验在很大程度上塑造了他们的课堂实践和身份，因此，教师教育应高度重视实习教师先前的学习和经验。

奥尔森（Olsen, B.）研究了实习教师进入教师教育的动机对他们的身份建构和专业发展的影响。性别和自己对教学工作的适应性的认知成为了进入教师教育的两大主要原因，因此，进入教师行业的原因架起了先前经验和将成为一个什么样的教师之间的桥梁。因此，他鼓励教师教育者知晓实习教师选择教师的原因，让他们成为一个什么样的教师的意象清晰可见，并引导实习教师明晰从过去的经验中学习什么和怎么学习。① 阿基安蓬和斯蒂芬斯（Akyeampong, K. & Stephens, D.）也提出了类似的建议，他们通过对学生教师的背景特征、经验、信念和期望进行探究后提出，在教师培养过程中应该更多的关注学生教师的自我意象和对教学的理解，让他们能够清晰可见，这有利于促进实习教师更深层次的反思专业知识和课堂教学实践，这样才能产生对教学的个性化理解。②

表1-6 经验与实习教师专业身份建构研究一览

作者	收集资料的主要工具	研究持续时间	主要发现
1. Akyeampong and Stephens（2002）Ghana	问卷、自传、集体访谈	未说明	实习教师在进入实习之前有着不同的教师意象、教学意象和教学信念
2. Olsen （2008）USA	半结构式访谈	1年	专业实践成了先前经验和实习教师的理想教师身份协商的桥梁
3. Andersson and Hellberg Sweden	半结构式访谈	1年	先前经验和学习对实习教师专业身份建构起着重要影响

①Olsen, B. Reasons for entry into the profession illuminate teacher identity development [J]. Teacher Education Quarterly, 2008,35(3):23-40.

②Akyeampong, K. & Stephens, D. Exploring the backgrounds and shaping of beginning student teachers in Ghana: Toward greater contextualisation of teacher education[J]. International Journal of Educational Development, 2002(22): 261-274.

续表

作者	收集资料的主要工具	研究持续时间	主要发现
4. Cook（2009）USA	半结构式访谈	1 年	通过反思自己的经验,实习教师认识到意义的不一致
5. Daly（2009）New Zealand	问卷、自传、集体访谈	1 年半	实习教师认识到教与被教的不一致

安德森和赫尔贝格(Andersson, P. & Hellberg, K.)为了探索先前经验对实习教师专业身份发展轨迹的影响而访谈了大量的实习教师,他们发现,先前的学习和经验对身份的转变和发展具有积极的影响。库克(Cook, J. S.)对英语实习教师的研究发现,经验为教师提供了学习的机会,他们通过反思经验,认识到自己定位失衡、维持平衡和设立新的努力方向,从而获得新的发展,这似乎印证了杜威的观点,"我们不是从经验中学习,我们是从反思中吸取经验"。

5. 基于社会互动的实习教师身份建构研究

叶菊艳提出了教师身份建构的一般模型(如图 1 - 2 所示),她指出,教师身份中的共性来自自我,人际群体及制度政策所赋予的教师角色之间的协商,并在多方共享的角色期待中形成自我概念。[①] 也就是说,教师专业身份是在自我、人际群体和制度/政策互动中建构的。魏戈和陈向明借用美国当代社会学家兰德尔. 柯林斯(R. Collins)的"互动仪式链"(interaction ritual chains)理论为基本分析框架,以自编的《实习生与指导教师互动现状调查问卷》为主要工具,结合质性方法,对全国 7 个省市近 2000 名实习生进行了调查,结果发现,实习生与指导教师的互动与其身份认同有显著相关性,互动越好,教师身份认同度就越高。然而,现实中师生互动的普遍情况却表现为次数少、时间短、以课后指导为主、指导内容聚焦学科知识与教学法、个性化交流不足等问题;而另一方面,指导教师认真的态度、师生民主的交流氛围则调动了双方的情感能量,在一定程度上有助于实习生的问题解决与整体收获。据此,他们建议,需要进一步规范实习指导制度,为实习生提供更多情感支持,以实习生的积极参与化解认同悖论,是实习生建立教师身份认同

---

① 叶菊艳. 叙述在教师身份研究中的运用——方法论上的考量[J]. 北京大学教育评论,2013(1):83 - 94、191.

的有效途径。① 刘强则从互动中的实践性知识转化和话语在职前教师专业认同过程的作用的角度分析了职前教师专业身份建构的路径。②

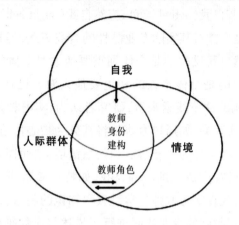

图1-2 教师在自我、人际群体、情境中协商建构身份示意图

(五)实习教师专业身份的构成的研究

在当前国内外的研究中,对实习教师专业身份的研究因研究取向和方法的不同,而对实习教师专业身份的操作性定义则截然不同。

就量的研究而言,实习教师的专业身份由入学动机、自我效能、教学承诺、角色认知、专业取向等构成。例如,斯切佩恩斯(Schepens, A.)等人认为实习教师的专业身份应包括自我效能、教学承诺和专业取向,他们以此编制问卷对比利时的实习教师进行了问卷调查,③尔后,拉蒙特和英格尔斯则将教师专业身份理解为角色认知、任务取向、入学动机和自我效能。④ 而美国学者鸿(Hong, J. Y.)则将实习教师的专业身份理解为核心价值观、专业承诺、情感、知识信念和微观政治等六个要素。⑤

就质的研究而言,贝贾德通过文献的回顾,认为教师专业身份含有"亚

①魏戈,陈向明. 社会互动与身份认同——基于全国7个省(市)实习教师的实证研究[J]. 教育学报,2015(8):55-66、76.

②刘强. 话语在实习教师职业认同中的作用[J]. 教育学术月刊,2014(6):66-69.

③Schepens, A., Aelterman, A., & Vlerick, P. Student teachers' professional identity formation: Between being born as a teacher and becoming one[J]. Educational Studies, 2009,35(4):361-378.

④Lamote, C., & Engels, N. The development of student teachers' professional identity[J]. European Journal of Teacher Education, 2010, 33(1): 3-18.

⑤Hong, J. Y. Pre-service and beginning teachers' professional identity and its relation to dropping out of the profession[J]. Teaching and Teacher Education, 2010, 26(8):1530-1543.

身份"(sub – identity),但由于研究者的研究视角不同,构成实习教师专业身份的"亚身份"也有所差异。从身份建构的历时线索来看,研究者认为实习教师身份包括真实自我(actual self)、应然自我(ought self)和理想自我(ideal self),真实自我是个体对其实际专业品性的自我表达,容易随时空和情境的变化而改变,应然自我反映的是个体和重要他人对个体的责任和义务的要求,理想自我反映的是个体本人的和重要他人对自己作为教师的希望、愿望。① 从身份建构的情境线索来看,研究者认为,实习教师专业身份的建构是在具体情境中实现的,如斯科力博尔将其分为核心情境、中间情境和外围情境,也有研究者将其分为任务情境和关系情境,从而探寻课堂教学中的教师自我和作为教师社群成员的教师自我,如特拉弗斯则从自我在实习教师与他人的关系、自我在实习教师与学科教学知识的关系、自我在与专业的关系三个方面对实习教师的专业认同进行了描述与诠释研究。从身份建构的问题线索而言,科瑟根提出,实习教师专业身份主要包括三个问题的答案,即"我是谁""我想成为什么样的老师""我如何看待自己的教师角色",纽曼则认为需要四个问题的答案,即"我是一个什么样的老师""我的教学信念是什么"" 我要和学生在我的课堂中做什么""在学生和家长眼中,我是怎样的老师"。

综合量化研究和质性研究对实习教师专业身份的操作性定义,实习教师专业身份主要涉及到"我是一位怎样的教师""我要成为一位怎样的老师""怎样才能成为理想的教师"等问题,即实习教师对作为教师的自我的理解和对教学实践的理解。

(六)实习教师专业身份建构的影响因素

实习教师专业身份的建构必须得到三个方面的支持,首先是内在满足感,即对教学的投入、真正的喜爱和教学动力来自于教学中的快乐和满足感,其次是外在肯定,即来自于学生或同事的肯定所获得的成就感,最后是社会的支持,即个人对教学的投入可以由相互尊重和理想的教师共同体获得增强。因此,实习教师专业身份的建构是基于个人内在特质和外在情境相互影响而趋向于理想教师的持续建构和重构的过程。正如纽曼所言,实

①Lamote, C., & Engels, N. The development of student teachers' professional identity[J]. European Journal of Teacher Education, 2010, 33(1):3 – 18.

习教师专业身份的建构,与个人特质、个人在专业准备期间的经验、个人过去当学生的经验有密切关系,并且受到周围人、事、物的环境刺激或互动的影响。所以,概括起来,影响实习教师专业身份建构的因素主要有个人因素和社会因素。个人因素主要包括实习教师个人成长经历以及教师教育阶段的学习经历。研究发现,见习和实习情境中的经历是实习教师专业身份建构的关键,早期的求学经历以及在求学过程中的重要他人往往为实习教师建构其专业身份提供行为典范和激发从教动机。[①] 社会因素主要体现为以角色脚本的方式规定实习教师如何思考和行动的专业文化,主要包括教育政策、学校环境与文化、教育现场实践的经验、与他人互动等因素。

(七)实习教师专业身份建构的研究方法

身份是一种潜伏的心理机制,其作用和表现都令人难以觉察。因此,为了能够探析身份的流变性、多元性、情境性、关系性,研究者将身份理解为一种意义的经历,主要采用质的研究方法,综合而言,学者现有研究方法概念化为话语中的身份(identity – in – discourse)和实践中的身份(identity – in – practice),话语中的身份强调人们如何应用语言文字工具来表达自己,语言文字是身份建构的重要部分,而实践中的身份则强调将身份置于具体的情境和活动中,从中介的行动来分析个体的身份,当然也有学者倡导将两者有机的整合来捕捉和描述个体内在的身份感,从而更为准确地把握身份本身。[②] 而就研究者所搜集到的文献来看,虽有部分学者采用定量研究,例如斯切佩恩斯等人利用 CIPP 模式(初始变量、情境变量、过程变量和结果变量)作为调查框架,对身份发展的初始变量、情境变量、过程变量和结果变量进行了界定并展开了调查,但当前对实习教师专业身份的研究大多采用小样本的定性研究方法,收集数据的时间从三个星期到四年不等。虽然研究的持续时间有所不同,但是在研究结果方面没有明显的区别。换句话说,用相同的方法和不同的研究持续时间进行的同一类别的研究得到的结果是极为类似的。例如,一个三周和八周的研究项目都同样证实反思性实践对教师专业身份建构的积极作用。

---

①Flores, M. A. , & Day, C. Contexts which shape and reshape new teachers' identities: A multi – perspective study[J]. Teaching and Teacher Education, 2006, 22(2):219–232.

②Varghese, M. , Morgan, B. , Johnston, B. , & Johnson, K. A. Theorizing language teacher identity: Three perspectives and beyond [J]. Journal of Language, Identity & Education, 2005, 4(1):21–44.

研究发现,反思性论坛、自传、叙事等反思性实践主要被用做收集资料的工具,反思性实践也同时用于测量其他变量的研究中。这表明,反思性实践是研究实习教师专业身份建构的有效工具,能够清楚地说明实习教师专业身份建构的过程。半结构化访谈也广泛应用于研究者的研究之中,在大多数的研究访谈中还伴随着反思日记,以此来促进实习教师反思专业身份的建构过程。总之,仅有少数几项研究使用了大规模的纵向的问卷调查。

虽然大多数的研究为质的研究,但观察法则缺少应有的关注,仅有少数研究将其作为搜集数据的工具。温格认为,教师专业身份和实践有着密切的联系,并且,"如何教"和"他们是谁"会直接对话。① 教师专业身份的变化外在体现于他/她的教学实践和行为的改变,在其他关于教师专业身份建构的研究中,研究者主要依靠他们的反思日记和访谈中所提到的自我认识来说明其变化。这表明,与其他方法相比,使用课堂观察法来收集数据较为困难。例如,当研究者观察他们的课堂时可能会使他们不安和不舒适,因此,在教师专业身份的研究中,观察法的操作性和通用性不强。

分析现有研究的理论框架后发现,近一半的研究没有明确的理论框架。在其他的研究中,不同的理论被用于探讨学生教师专业身份。例如,有的研究采用了活动理论和社会文化论述方法,有的研究使用了批判理论与批判教育学与其他理论的结合,有的研究使用了现象学的理论。

在我国,大多数学者的研究主要偏向于社会学的视角,具有明确的理论分析框架,多数采取问卷调查为主要手段,部分研究采用质性研究方法对个案深入研究。例如,魏戈和陈向明以"互动仪式链"理论为基本分析框架,以《实习生与指导教师互动现状调查问卷》为主要工具,结合质性方法,对全国7个省市近2000名实习生进行了调查;张玉荣通过一个实习生的个案,探讨实习生在与重要他人互动的过程中如何理解教师工作并形成自己的教师身份认同。

二、关于实习支教的相关研究

"实习支教",又称"顶岗实习"、"顶岗支教实习"、"顶岗实习支教"、"顶

---

①Cook, J. S. Coming into my own as a teacher: identity, disequilibrium and the first year of teaching [J]. New Educator, 2009(5):274-292.

岗置换"等,从中国知网数据库获悉,对实习支教的研究最早可以追溯到四平师院学报 1975 年 12 月刊载的《为发展农村教育事业做贡献——数学系"顶岗"实习调查报告》,该文系统回顾了四平师院数学系师生破旧立新,采取了到农村中学去"顶岗"实习的教育实习办法,为发展农村教育事业做出了贡献。2002 年,西南大学率先试点顶岗实习支教模式,尤其是 2007 年教育部下发了《教育部关于大力推进师范生实习支教工作的意见》以后,实习支教工作得以在全国推广,实习支教也成了研究的热点话题,我们以"顶岗实习"、"实习支教"为主题词在中国知网上搜索,截止到 2015 年 10 月,中国知网收录的相关论文多达 4000 余篇,不仅是数量多得惊人,而且在"质"的方面也有长足的发展。可见,实习支教研究取得了丰硕的成果。因此,本文试图对这一研究进行梳理,为今后相关研究和持续推进师范生实习支教工作搭建平台。

(一)对实习支教的广泛认可

1975 年,四平师院数学系从"培养什么样的人"的立场出发,破旧立新,采取了到农村中学去"顶岗"实习的教育实习方法。到了 1987 年,西南师范大学(现为西南大学)为了提升重庆和四川的老少边穷地区的教育教学质量,开展了青年教师支教活动,并开始探索"3.5 + 0.5"的本科生教育实习模式改革。但实习支教真正进入公众和官方视野则是在西南大学张诗亚教授 2002 年向教育部提交的《高师教育实习"改制"与农村师资"更新"一体化工程建设方案》之后,西南大学也率先试点,并取得良好效果。至此,实习支教模式被正式提出,而后,实习支教模式被广泛认可则表现在以下两个方面。

1. 实习支教实践的持续推进,规模不断扩大

顶岗实习支教模式的提出,是基于"双向培训、双向受益"的旨在实现教育扶贫和解决师范院校教育实习问题的"双赢"目的而提出的,也就是说,一方面师范生需要实践场域,提高实践能力;另一方面,农村师资短缺,需要师范生到基础教育薄弱的山区学校"顶岗实习",将这些薄弱学校变成"铁打的营盘",而师范实习生则成为"流水的兵",就这样每年源源不断地输送优秀的实习教师,从而根本上解决贫困地区农村学校师资长期缺乏、农村教育发

展滞后的问题。① 李建强认为，实习支教有利于高师院校、师范生、农村基础教育与在职教师专业发展的多方共赢，②是促进教育均衡发展为责任的一种新型教师教育模式。③ 因此，2007 年教育部下发了《教育部关于大力推进师范生实习支教工作的意见》以后，实习支教工作得以在全国推广，各高师院校和各省市政府陆续开展实习支教。例如，河北师范大学于 2006 年 5 月，一次就动员 600 名学生下去实习。到 2007 年已有 18 个专业的 3005 名学生完成了支教任务，覆盖了河北省 10 个地市 31 个县(市、区)的 168 所中学。④ 山西忻州师范学院从 1997 年以来，至今已组织近 6000 名本、专科生到忻州市所辖的 6 个县市的农村学校实习支教，该学院还将在 6 年内组织 12000 名本科生进行实习支教。⑤ 在新疆维吾尔自治区教育厅的推动下，截至目前，已有 13 批疆内外院校的 4.2 万名大学生赴全疆 11 个地州农村学校，年均实习支教规模逾万人，预计在未来五年，继续实施"自治区大学生实习支教计划"，每年从区内外 20 所高校选派 1.2 万名大学生赴各地州基层学校开展实习支教，其中南疆四地州每年选派实习支教学生 5000 人，今后还将逐步增加各院校南疆四地州实习支教学生规模。⑥ 并且，教育部在 2016 年颁布的《教育部关于加强师范生教育实践的意见》中明确指出，"要积极开展实习支教和置换培训，鼓励引导师范生深入薄弱学校和农村中小学，增强社会责任感和使命感。"⑦这充分说明当前实习支教模式受到社会、高师院校和师范生的高度认可。

2. 实习支教研究的跟进与解读

经过学者们不断深入研究，对实习支教的理论基础、必要性、可行性、重

---

①张诗亚，吴晓蓉．"顶岗实习"：来自农村教育的日志[C]．见：丁钢．中国教育：研究与评论(第七辑)．北京：教育科学出版社，2004：154－2007．

②李建强，刘森，李庆达．实习支教：高师院校"有为有位"的现实选择——河北师范大学开展师范生实习支教工作的实践探索[J]．河北师范大学学报(教育科学版)，2007(5)：75－77．

③李建强．实践的教师教育——河北师范大学顶岗实习支教工作初探[J]．教师教育研究，2007(6)：67－71．

④李建强．实践的教师教育——河北师范大学顶岗实习支教工作初探[J]．教师教育研究，2007(6)：67－71．

⑤李思殿．扶贫顶岗支教：师范教育服务新农村建设的好形式[J]．中国高等教育，2007(10)：36－37，34．

⑥王瑟．新疆：把最好的教育资源送到最偏远的地方[N]．光明日报，2015－01－04(6)．

⑦教育部．教育部关于加强师范生教育实践的意见[EB/OL]．http://www.moe.gov.cn/srcsite/A10/s7011/201604/t20160407_237042.html.

要意义、价值、目标、特征、保障措施等方面已经有了充分的认识,这也使得人们更加认可实习支教。

(1)进一步澄清了实习支教的价值,显示其必要性

随着实习支教的持续推进,对实习支教的研究文献可谓汗牛充栋。许多学者分别从师范生、实习学校以及社会等角度来阐释其价值和意义。例如,易连云和卜越威认为,顶岗实习支教有利于提高农村基础教育质量,能够促进师范生培养改革,提高师范生的专业化素质,有利于打破西部农村贫困地区教育的封闭状态,能够成为一条联系教育学术与教育实际的重要纽带。[①] 赵新平和王福应认为,乡村教育包括乡村的基础教育、职业教育和成人教育。实习支教的"教"即指上述的"三教"。实习支教既直接服务于乡村基础教育,也促进和推动着乡村职业教育和成人教育的发展。实习支教是乡村教育的助推器,在社会主义新农村建设中发挥着重要作用。[②] 陆健认为,顶岗实习支教是新时期我国教师教育专业学生实习工作的一次"革命",它既是农村基础教育的需要,也是高师人才培养的需要。事实也证明:顶岗实习支教是教师专业能力养成的新路径,对提高人才培养质量、转变政府职能、深化教学改革起到了重要作用。[③]

(2)探寻了实习支教的理论基础,增强其说服力

为了深化实习支教的研究,不少学者深入剖析了实习支教的理论基础。马文秀认为,扶贫顶岗支教具有马克思主义哲学深厚的理论基础,体现了马克思主义哲学与时俱进的理论品质、认识论的观点、实践性的品格、关于以人为本和人的全面发展的观点。[④] 李思殿则认为,顶岗实习的认识论基础是大学生认知规律和实践第一的观点;顶岗实习的教育理论基础是陶行知先生所倡导的教学做合一理念和师范教育下乡思想;顶岗实习的教师教育理论依据是师范院校培养合格基础教育师资的办学目标;顶岗实习的社会学基础是城乡教育均衡发展理论和构建和谐社会的迫切文化教育需求;顶岗

---

①易连云,卜越威. 探索与实施"顶岗实习支教"模式,促进农村中小学师资更新[J].西南大学学报(社会科学版),2008(2):113–117.

②赵新平,王福应. 实习支教:乡村教育的助推器 ——以忻州师范学院为例[J].河北师范大学学报(教育科学版),2010(4):44–47.

③陆健. 顶岗实习支教:教师专业能力养成的新路径——兼谈安庆师范学院实习支教工作[J].忻州师范学院学报,2009(8):119–121.

④李思殿. 贴近基础教育服务新农村建设———师范院校扶贫顶岗实习支教的理论和实践探讨[J].爱满天下,2007,(Z1).

实习的德育论基础是德育的实践性本质;顶岗实习实现了师范院校与基础教育关系的突破,构筑了师范院校与基础教育密切联系的桥梁和合作平台,为师范院校参与、研究和引导基础教育提供了现实可能。① 刘茗、李春晖还认为,顶岗实习是以教育史、教育法规、建构主义学习理论和教师专业发展为理论依据的。② 乔荣生和程浩通过对实践性培养思想在古今中外的产生、确立与发展的整理分析,梳理了实践性培养思想作为实习支教思想基础的脉络,为实习支教的发展提供理论支撑。③

(3)探析了实习支教的特征,体现其独特性

为了更为清晰的认识实习支教,有学者将实习支教与原有的教育实习相比较来彰显实习支教的特征。刘本固认为,与原有的教育实习相比,顶岗教育实习具有四个明显的特点:顶岗教育实习具有全方位性、实习生扮演的角色具有双重性、顶岗教育实习具有"实战"性、实习生与实习校的关系具有一体性。④ 莫运佳、张巧文还认为,顶岗支教实习与普通的实习在实习要求上有所不同,顶岗支教实习要求学生在实习之前必须具备教师的基本知识与技能,要能基本上担负起正常的教学及教学管理任务⑤。

也有学者根据实习支教实践的总结出实习支教的特点。徐翠先认为,扶贫顶岗实习支教具有以下几个特点:实习人数多,时间长;地域广大,布点分散;活动的自主性;工作的义务性;生活的艰苦性。⑥ 李娟琴认为,顶岗支教实习具有双赢性、开放性、实践性和人文性特征,并具有实习前的准备充分、实习时间长、实习内容丰富、实习管理较为严格、实习效果显着等优势。⑦ 李纯武认为顶岗实习的特点有:时间的连续性、工作的独立性、任务的多重性、服务的义务性。"顶岗实习"是一种纯粹的奉献,不拿工资,学校的考核

①马文秀. 扶贫顶岗支教的哲学思考[J]. 忻州师范学院学报,2007(6):11-13.

②刘茗,李春晖. 河北师范大学顶岗实习支教刍议[J]. 河北师范大学学报(教育科学版),2007(4):76-82.

③乔荣生,程浩. 实习支教的实践性培养思想溯源[J]. 河北师范大学学报(教育科学版),2010(2):64-67.

④刘本固,赵明春. 谈高师教育实习的改革——顶岗教育实习[J]. 吉林教育科学,1990(4):26-27、47.

⑤刘茗,李春晖. 河北师范大学顶岗实习支教刍议[J]. 河北师范大学学报(教育科学版)2007(4):76-82.

⑥徐翠先. 扶贫顶岗实习支教的特点、管理及重要意义[J]. 教育理论与实践,2010(6):46-48.

⑦李娟琴. 山西师范大学顶岗支教实习模式刍议——教师专业发展视野下的实习支教模式[J]. 现代教育科学,2009(2):41-42、71.

与在职教师一样,考核结果作为实习成绩鉴定的依据①。赵夫辰和杨军认为实习支教工程具有按县组队、支部建在县上、多兵种联合、双重管理、双导师制、地方支持等特征。②

(二)看见实习支教的主体——实习支教生

回顾国内有关实习支教的研究,研究主题大多集中在实习支教的过程、质量、理论基础、价值、特征、问题、策略等,我们可以发现许许多多加诸于实习支教教师的期待和责任,却很少发现对于实习支教教师的实习支教历程内心世界的关怀。不过,部分研究则正趋向实习支教教师身份议题的探究,逐渐看到实习支教的主体。

1. 实习与支教:孰轻孰重抑或两者并重

进行实习支教,第一,有利于加强师范生教育实践环节,促进教师培养模式的改革,从根本上逐步提高教师培养质量;第二,有利于直接缓解农村师资紧缺的矛盾,改善农村师资队伍结构,提高农村教育的质量。③ 由此,实习支教的目标包括提高师范生的实践能力和解决农村师资问题两个方面,但从国家教育事业的长远目标和教师专业发展的途径来讲,实习应该是首要目标,支教是次目标④。然而,当前很多研究认为,实习支教不仅限于这两个目标,张海珠将实习支教目标分为初级目标、中级目标和高级目标,初级目标在于提高师范生的实践能力和解决农村师资问题,中级目标在于加强与基础教育的联系以服务基础教育和加强与高校的联系以提高基础教育质量,高级目标在于在高校和中小学校之间建立互利共赢、和谐共生、共同发展的合作研究共同体模式。⑤ 甚至有研究指出,实习支教是创新和强化高校思想政治教育实践育人的有效路径。⑥ 所以,有学者对此提出了一些担忧,

①莫运佳,张巧文. 民族地区顶岗支教实习的保障需求分析与运行机制设计[J]. 高教论坛,2007(5):18-20,17.

②赵夫辰,杨军. 深化顶岗实习支教工程,提高师范大学生能力素质——从河北师大看师范院校教师实践培养模式的未来走向[J]. 河北师范大学学报(教育科学版),2008(9):74-77.)

③管培俊. 积极推进实习支教,提高教师培养质量和农村教育水平[J]. 人民教育,2006(15-16):10-12.

④姜玉琴. 理想与现实之间——对实习支教政策的逻辑分析与现实思考[J]. 当代教育科学,2013(9):27-28,31.

⑤张海珠. 顶岗支教实习模式构建研究[J]. 教育理论与实践,2012(35):30-32.

⑥韩泽春、王秋生. 实施扶贫顶岗实习支教,开拓思想政治教育新路[J]. 中国高等教育,2012(24):32-35.

认为实习支教未能从根本上解决高师教育实习问题，①双重目标的实现无论从逻辑还是现实来看都很难达成②。因此，可以看出，我们加诸于实习支教太多外在的目标，却有弱化实习支教本质的目标的嫌疑。

2. 实习支教生/教师是影响实习支教质量的关键因素

有学者通过关键成功因素法，经专家咨询，最后得出，参加实习支教的学生是否具备一名教师应有的基本能力和综合素质，是"顶岗实习支教"顺利实施的关键。③ 也就是说，尽管实习支教生还未取得教师资格④，还是师范院校在读的学生，仅仅修完相应的课程，但是他们必须具备一名真正教师所应有的基本素养，这样才能胜任实习支教的任务。因此，一方面，有许多研究开始关注实习支教教师(参加实习支教的师范生)自身的素质、角色转变与适应、⑤自我管理能力、实习支教的心路历程⑥以及他们在实习支教中的困境等问题；另一方面，许多研究者开始关注实习支教对实习支教生的影响，有研究者认为实习支教对实习支教生的实践性知识的获得、实践能力的提升、教学管理技能等方面都大有益处。由此可以看出，学者们的逻辑则是师范院校能够在师范教育阶段将师范生培养成一名合格的教师，基本具备教师的素养，能够为实习支教生完成实习支教任务奠定良好的基础。也就是说，师范院校着重强调师范生的教师知识和技能，认为提高这两方面就能保证实习支教生更有效地传授知识给学生。在此观点的影响下，为了保障实习支教，师范院校可能更多的关注实习生知识和技能的培训，鲜少关注实习支教生对自我作为教师的认识以及实习支教生对自我作为教师的意义的追寻。据此，许多学者为了保障实习支教的质量和提升实习支教生的实践能

①王艳玲."实习支教"热的冷思考——兼议高师教育实习改革[J].教育发展研究,2009(4):74-77.

②姜玉琴.理想与现实之间——对实习支教政策的逻辑分析与现实思考[J].当代教育科学,2013(9):27-28、31.

③刘福来."顶岗实习支教"质量控制机制研究[J].中国大学教学,2012(8):76-78.

④这里所说的教师资格是指教育行政部门颁发的教师资格证书，当然，许多师范院校在师范实习支教之前将对师范生进行相应的培训和考核，通过考核者方可参与实习支教。

⑤贾志民、王新.论顶岗实习支教中大学生向教师角色的转变——基于积极心理学方法的应用[J].河北师范大学学报(教育科学版),2015(3):116-120.

⑥赵夫辰、李占萍.顶岗实习支教新进展研究——河北师范大学第16期顶岗实习支教教学总结分析[J].河北师范大学学报(教育科学版),2013(8):74-77.

力,提出了一些保障措施。有学者提出需要建构"3.5 + 0.5"的人才培养模式,①改革师范课程体系,建构适合顶岗支教实习学生开展学习的培训课程体系,②建立以实习学校为主的教学指导体系,③建构基于合作教学的师范生实习支教模式,④构建"三位一体"的师范生实习支教指导模式,⑤采用参与式管理模式以加强对实习支教的管理,⑥建立大学与中小学合作培养教师的制度⑦等。

综上所述,国外关于实习教师专业身份建构的研究取得了一定的进展,也拥有了大量的研究成果。但仔细梳理可以发现在对实习教师专业身份建构现状、影响因素等方面有大量的重复研究,而对实习教师专业身份建构过程等方面的研究却涉及较少。同时,国内关于实习支教师范生教师专业身份建构的研究屈指可数,而从动态的、生成性、个体自我的角度对实习支教生的教师专业身份建构研究才刚刚起步,这正是本论文的立足点和出发点。本论文改变了过去从制度层面和"规范"的角度来分析师范教育,而转向关注实习支教生在"成为教师"过程中对自我作为教师的感知、理解、和想法以及对教师专业的承诺,注重倾听他们的心声,让他们发声和叙说成为教师的过程。

---

①张爱华、宋萍、刘兆丰.高师院校人才培养模式探索——河北师范大学"3.5 + 0.5"顶岗实习支教模式研究[J].教育研究,2009(11):101 - 104.

②张海珠."顶岗支教实习"岗前培训课程体系的建构——聚焦高师学生的知识结构和教学技能[J].教育理论与实践,2010(4):36 - 37.

③高志敏、孙彤.教学指导:师范生成长的有效途径——河北师范大学顶岗支教实习教学指导效果分析[J].河北师范大学学报(教育科学版),2015(1):130 - 133.

④杨挺、覃学健.基于合作教学的师范生实习支教模式改革的思考[J].西南大学学报(自然科学版),2011(4):197 - 2.

⑤李斌强、王慧珍.构建"三位一体"的师范生实习支教指导模式[J].教育评论,2014(4):104 - 106.

⑥张朝珍、赵建立、由龙涛.参与式管理模式:顶岗实习支教的现实选择[J].现代教育管理,2010(10):60 - 62.

⑦王艳玲."实习支教"热的冷思考——兼议高师教育实习改革[J].教育发展研究,2009(4):74 - 77.

第二章　研究方法

　　人类是通过叙说来理解他们的世界和生活事件。[①] 珀金霍恩(Polking-horne, P.)认为,我们为了理解我们的生活,我们通过叙事来联结我们的行动和建构意义。教师的叙事帮助他们理解他们的生活,也为研究者理解教学的社会性和文化性提供了丰富而有价值的信息和视角。[②] 克兰迪宁和罗斯克认为,叙事研究是通过人们分享他们的经验故事的经验研究。[③] 叙事研究者在故事中思考经验,在故事分享中进行研究。具体到本研究,我们描绘实习支教生的故事的目的在于理解他们如何解释他们的教学生活和什么影响他们的教师专业身份建构过程。叙事成了收集资料的一种方式,同时,叙事研究也是我研究的方法选择。

一、教师专业身份研究的方法论选择

(一)研究的"叙事转向"

　　布鲁纳(Bruner, J.)指出,人具有两种截然不同、互补但无法相互化约的组织经验方式。这两种方式是"典范的或科学逻辑的模式"(paradigmatic or logic - scientific mode),导向清楚的主张,要透过严密的分析,逻辑证明,完善的主张及理性假设下的实证发现。另一种是"叙说的模式"(narrative

---

①Bruner, J. . Actural mind, possible worlds[M]. Cambridge: Harvard University Press, 1986. 11 - 14.

②Sikes, P. & Gale, K. Narrative approaches to educational research [EB/OL]. http://www. edu. plymouth. ac. uk/resined/narrative/narrativehome. htm. 2015 - 02 - 26.

③Clandinin, D. , Pushor, D. , & Orr, A. Navigating sites for narrative inquiry [J]. Journal of Teacher Education. 2007, 58(21):21 - 35.

mode)，导向真实的故事，追寻的是令人信服的生动性(lifelikeness)。① 然而，近年来，在叙事研究的相关文献中，许多研究者都认为，已经发生或正在发生"叙事转向"(narrative turn)。所谓叙事转向是社会学家和研究者意识到人们的故事的价值而提出的一种从定量研究到个人叙事研究的研究趋势。伯杰和昆尼(Berger, R. & Quinney, R.)认为，这种转向发生在后现代社会时期，叙事转向的原因在于定量研究忽视了人们的生活经验。其实，由于20世纪60年代的民权运动、妇女权利运动和其他边缘化群体组织及其演说，社会学家就开始认识到在这些运动中的个人故事的力量，开始将叙事作为一种方法去研究。来自于妇女运动和民权运动中的个体故事变成了这些草根运动的基础，并为整个运动服务。这一研究方法的变革被伯杰和昆尼及其他学者称为叙事转向。② 克莱迪宁对叙事研究的"转向"也进行了四个方面的说明。第一，研究者和被研究者之间的关系发生了变化，他们是相互学习和相互了解的关系，彼此关注的焦点在于解释和寻求意义；第二，这次转向意味着是从数据资料(numbers as data)转向语言资料(language as data)。因为，通过数据和统一的标准去捕捉人类的经验存在许多问题，并且，许多研究者也开始质疑数据在深入理解人们交往的能力。在研究中使用数据时，无法扩展所收集的数据的意义。叙事研究结果的真实性则表现在参与者分享的观点和他们自己的声音之中。第三，研究的叙事转向意味着从"一般到特殊"的研究趋向。"特殊"主要表现在研究者对特定情境中的特定人们的特定经验的价值的理解。也就是说，叙事研究主要关注特殊经验的独特价值。第四，这种转向意味着研究者们承认，认识和理解世界的方式是多种多样的，叙事研究者能接受和认可叙事研究所得出的不同观点的价值。③

(二)教师专业身份研究的方法论启示

叙事研究(narrative inquiry)是一种广义名词，囊括跨学科领域的研究，涉及引申和分析生命经验的故事，例如，生命史、叙说访谈、日志、日记、回忆录、自传和传记等的研究报告；叙事研究同时包含对个人叙事和自我研究形

---

①Bruner, J. Actural mind, possible worlds[M]. Cambridge: Harvard University Press,1986. 11 – 14.

②Berger, R. & Quinney, R. Storytelling sociology: Narrative as social inquiry[M]. oulder, CO: Lynne Rienner Publishers,2005. 26.

③Clandinin, D. Handbook of narrative inquiry: Mapping a methodology[M]. Thousand Oaks, CA: Sage Publications. 2007. 22.

式的方法与目标的检视。① 近年来,用叙事研究法进行教育相关的研究越来越多。艾斯纳(Eisner, E. W.)指出,以教师陈述教学的故事,可以更深切了解教师在教学行动中的知识。② 因为,用叙说的方法,故事中所能呈现的理解形式是无法用量化或化约成科学的解释来达成的。除此之外,鲍尔和古德森(Ball, S. J. & Goodson, I. F.)提出利用故事作为教师研究还具有三个方面的优势:首先,教师对教学的看法和方式受到经验的影响;其次,教师的生活与文化的认同,对教师的工作有重要的影响,最后,透过教师叙说故事的研究,将教师个人的经验置于大环境的历史脉络中,提供丰富的情境信息,了解社会文化与教师个人的互动关系。③ 而且,在教师专业身份的研究中,专业身份意在体现一个人所持的信念和专业承诺:一个人想依靠成为怎样的人、想要做一个怎样的教师才能建立有意义的人生;换言之,教师专业身份建构是教师在教学实践的场域中如何活出自己的生命进程。这其中涉及了身份认同的政治,具有比较私密的本质。④ 本哈比指出,以叙说研究去研究身份最能贴近差异的观点。康奈利和克莱迪宁长期以叙事的方法研究教师,倾听教师的声音和故事,发现从故事叙说分析教师专业身份的建构过程,可获得非常丰富的资源。这些资源说明了成为一个教师的学习历程,也可以说明教师的思想、信念和他们实际教学中所得的经验之间错综复杂的关系。所以,应用质性技术搜集资料和解释分析的方法已经成为过去十年以来研究教师和教学最重要的方法。⑤ 因此,采取该研究方法的研究者认为,叙事不仅仅是用来理解身份的工具,而且是人类赋予其经历以意义的根本手段。⑥ 具有传记性或故事性的叙说,不仅是个体表述其身份的工具,

---

①Schwarz, G. Using teacher narrative research in teacher development[J]. Teacher Educator, 2001 (1):37 - 48.

②Eisner, E. W. The kind of schools we need: Personal essays. Portsmouth, NH: Heinemann, 1998. 208.

③Ball, S. J. & Goodson, I. F. Understanding Teachers: Concepts and Contexts[C]. In: Ball, S. J. & Goodson, I. F. (Eds.), Teachers' lives and careers. London: The Falmer Press. 1985. 1 - 26

④Kelchtermans, G. Telling dreams: A commentary to Newman from a European context[J]. International Journal of Educatonal Research, 2000(33):209 - 211.

⑤Kelchtermans, G. Telling dreams: A commentary to Newman from a European context[J]. International Journal of Educatonal Research,2000(33):209 - 211.

⑥Alsup, J. Teacher identity discourses: Negotiating personal and professional spaces[M]. Mahwah, N. J.: Lawrence Erlbaum Associates,2006. 20.

更是个体建构身份的过程。① 因此,叙事的方法就同时解决了以上两个问题,即通过叙事的手段来帮助教师觉知其专业身份,而研究者也由此捕捉和理解教师的专业身份。目前越来越多的研究者尝试在其他的研究方法和设计中,融入叙事的元素,因为,讲述故事具有重要的意义,是专业身份运作的过程。② 如,特伦特采取叙事取向(narrative approach)对实习教师进行半结构访谈,要求实习教师回顾其个人成长经历,进而通过其故事来探寻其身份建构的过程。③ 斯腾伯格(Stenberg, K.)则利用反思日志和刺激回忆的方法来帮助实习教师进行身份叙事。④ 所以,叙事和故事在教育领域中广泛使用,尤其在教学和教师教育的研究中频繁出现。尽管学者们对叙事研究的概念尚未达成一致的意见,但是他们都认为必须从多维度和多角度理解教师的工作和生活,而叙事研究则是最好的方法选择。这也引发了我以叙事研究的方法研究实习支教教师专业身份建构问题的愿望。

二、叙事研究:教师专业身份研究的有效方法

(一)叙事研究作为一种研究范式

20 世纪 80 年代以后,本体论、知识论与方法论研究典范发生了转向,从实证研究方式"统计"教师,转而以质性研究倾听教师的故事。因为,生命的重构是来自叙事,我们不能直接理解自己,只有以间接的绕道(detour)方式,透过各种类型的文化符号,把每日生活的叙事及行为,透过其中的象征性进行传递与连接,从而产生自我诠释。⑤ 本书,采用叙事研究作为研究方法,如康奈利和克莱迪宁所言,探讨教师专业身份的研究一方面是个人的,因为它们反映了个人生命史,一方面也是社会的,因其反映了教师所在的社会文化

①Sfard, A. , & Prusak, A. Telling identities: In search of an analytic tool for investigating learning as a culturally shaped activity[J]. Educational Researcher, 2005(4):14－22.

②Watson, C.. Narratives of practice and the construction of identity in teaching[J]. Teachers and teaching: Theory and Practice, 2006(5):509－526.

③Trent, J. Teacher education as identity construction: insights from action research[J]. Journal of Education for Teaching, 2010,36(2):53－168.

④Stenberg, K. Identity work as a tool for promoting the professional development of student teachers [J]. Reflective Practice: International and Multidisciplinary Perspectives, 2010,11(3): 331 －346.

⑤Ricoeur, P. Narrative Identity[C]. In: D. Wood (Ed.), On Paul Ricoeur: narrative and interpretation . London ; New York: Routledge,1991. 198.

环境与脉络。① 基于此,探究实习支教生教师专业身份的建构过程,藉由叙说故事经验,可以促使实习支教教师有意省思其行动,建构其个人的经验意义、社会脉络与特殊情境,并意识到教师专业身份的意涵与未来发展的可能性。

(二)叙事与教师专业身份

1. 叙事是理解、探究教师专业身份的有效方法

康奈利和克莱迪宁是最早应用叙说方式于教师专业身份研究的学者,他们认为叙说是呈现及了解经验的最佳方式。由于叙事是经验的一种关键形式,也是书写及思考经验的一种重要方法。通过叙说,能提供一个入口让教师认识自我及理解她的世界,帮助他们反思并改变日常生活,并以此为契机了解和理解自我,表达自我,重构自我。② 因此,在某种程度上,教师专业身份是一个"理解自我的过程",教师专业身份建构是一个持续的动态过程,并不存在特定的形态、种类等既定的模样。叙说是一个探究教师专业的工具,因为它能展现身份,与此同时叙说也是形塑身分的方式。因此,使用叙说探究理解教师专业身份是适合的研究方法。③

2. 叙事能呈现教师专业身份建构过程

寻找身份或自我是一个非常个人、涉及高度私隐的活动。因此,只有教师自己的叙说才能为探索和揭示自我提供机会。于是,保罗·利柯明确提出了"叙事身份"(narrative identity)这一概念。这样,透过叙说,教师从理解过去经验,理解教师专业身份的形成,明白自己如何理解、演绎自己的存在。这样才能让教师觉醒,在建立其主体性的同时,也是摆脱意识形态的宰制。并且,教师专业身份经过时间的累积而形成,而且是一个不会终止的过程。因此教师专业的形塑过程必然会在他们叙说的生命故事中显现出来。持续及有效的记录教师的生命故事,就能把被形容为"黑箱"(black box)的教师教育展示出来。所以,范梅南指出,叙说具有把教师专业身份形塑过程呈现

①Clandinin, D., & Connelly, F. M. Stories to live by: Narrative understandings of school reform[J]. Curriculum inquiry, 1998(2):149-164.

②陈向明. 质的研究方法与社会科学研究[M]. 北京:教育科学出版社,2000.209.

③Clandinin, D., & Connelly, F. M. 叙事探究:质性研究中的经验与故事[M]. 台北:心理出版社股份有限公司,2003.26.

出来的能力。①

总之,在理解教师专业身份的建构时,就如同在追寻教师的故事。故事是展现教师专业身份的途径之一。故事及叙说能表现教师专业身份的同时,也是在建构及重构教师专业身份。

(三)叙事研究之于本研究的适切性

1. 叙事研究可以揭示作为"人"的教师的"属人"性

套用"教师并没有被当作'人'来看待"②的话说,在实习支教研究中,实习支教教师也没有被当作"人"来看待,也就是说,实习支教研究还没有完全触及到实习支教教师内在的"声音",看见实习支教生的主体性。呼应着古德森(Goodson,I. F.)的研究,即,教师专业发展模式应重新概念化,从视"教师为实务"(teacher – as – practice)转变为"教师作为一个人"(teacher – as – person)。③ 事实上,实习支教生在实习支教过程中,并非照单全部接受学校或政策给予的角色规范,实习支教生/教师往往会因为对教师职业、自我概念、教学实践的观点不同,再加上所处的情境各异,产生与外在规范的教师角色内涵或有差异。如同克切曼斯(Kelchermans,G.)所言,教师知识的建构是一个身置于教育实践场域中的思考过程,在这历程当中,教师会慢慢地厘清并调整自己教师专业身份的概念,亦建构其教师专业身份。④ 所以,在实习支教生活中强调实习支教生的教师专业身份建构,是对实习支教模式实施以来的实习支教教师的主体性的观照。也就是说,实习支教生/教师是一个特别的主体,有着特殊的情感、认知和行为,就如同哈贝马斯所言,当我们追问一个人"想要过什么样的生活"时,也就是在追问他"是一个什么样的人"、"想成为一个什么样的人"。这种对生活本身的优先考量不可避免地涉及到一个人的自我理解、生活方式和生存状态,这与个人的认同是相互

---

①Van Manen, M. Pedagogy, Virtue, and Narrative Identity in Teaching[J]. Curriculum Inquiry, 1994,24(2):135 – 170.

②明庆华,程斯辉. 论作为"人"的教师[J]. 课程·教材·教法,2004(11):83 – 86

③Goodson, I. F. Teachers' lives and educational research[C]. In: I. F. Goodson, & R. Walker, (Eds.). Biography, identity and schooling: Episodes in educational research. London: The Falmer Press. 1991. 141 – 145.

④Kelchtermans, G. Telling dreams: A commentary to Newman from a European context[J]. International Journal of Educatonal Research. 2000(2):209 – 211.

交织在一起的。① 因此,这不是在理性分析的主轴下,以科学实证的思考模式所能深入探明的,它需要基于实习支教教师作为一个独特的人的观点和对人性关怀的立场出发,避免与真实经验脱节的现象,让实习支教教师以自己的语言发声来分析其实习支教生活中的一切。而叙事研究则能从实习支教教师个人的生活事件中搜寻经验,透过故事的叙说,将实习支教教师从过去和现在的经验中再现,以序列的方式来组织故事情节中获得知识。就如康奈利等人所言,"收集并说出关于生命的故事,并将经验写下,就是叙事"。② 所以,叙事研究就是实习支教教师以自我经验述说自己的故事,研究者从社会化的脉络中诠释故事的意义,追寻实习支教生在实习支教场域活出自己的生命历程。

2. 叙事研究可以揭示教师专业身份建构过程的持续性

教师专业身份建构过程是一个十分复杂的过程,涉及先前经验和新理念的整合过程,在这个过程中往往是在无意识情况下发生的动态过程,经历一次身份危机就经历一次新的建构过程,也就是说专业身份建构过程是一段时间的专业学习与再学习,所以有学者指出,专业身份的建构过程就是"进入专业领域 – 专业学习 – 专业身份建构"三者间的互动关系,是教师生命历程中经验的诠释与再诠释的持续过程。③ 总之,教师专业身份建构就是自我与情境、他人不断互动下经验累积的结果,在危机中寻求意义和承诺的动态过程,而将身份建构运用在实习支教教师学习成为教师的专业发展过程中,许多的价值观念或想法因为不同事件的刺激或实践经验的累积而有不同的改变和发展,实习支教教师所扮演的每一种角色都呈现出独特的自我,以此区分自己与他人及所属的教师共同体定位的方式,从主观出发来建构其学习历程的内容。所以,实习支教教师专业身份建构的过程并不是一件容易或一帆风顺的事情,必须经历一连串的身份危机、质疑、探索学习、反思、整合、意义寻求、承诺的过程,但这个过程并不是停滞的,而是会一直持续的过程。而叙事作为一种研究范式、一种质性研究取向、一种了解与结合

①[德]尤尔根·哈贝马斯著,沈清楷译. 对话伦理学与真理的问题[M].北京:中国人民大学出版社,2005. 56 – 67.

②Connelly, F. & Clandinin, D. Stories of experience and narrative inquiry[J]. Educational Researcher. 1990,19(5):2 – 14.

③周淑卿. 我是课程发展的专业人员? ——教师专业身份认同的分析[J]. 教育资料与研究,2004(57):9 – 16.

组织经验的方式,可以用来引出和分析个人的叙说,并强调个体的生命历程、多元观点的重要性、实际的情境脉络、社会实体的建构和研究者在研究过程中受到的冲击。[①] 因此,透过故事,实习支教教师整合过去、现在和未来,建构起生命意义并使其有统整及目标感,呈现所觉察的世界,组织各种经验成为一个有时间顺序、有意义的情节。

3. 实习支教教师的自我叙说可以揭示教师专业身份内涵的丰富性

教师专业身份涵盖的是一个人所抱持的信念和承诺;一个人想要成为怎样的人,想要做一个怎样的教师才能建立有意义的人生,这其中涉及了政治身份(politics of identity),具有比较私密的本质(intimate nature)。[②] 因此,如同前述的相关研究,很难用量化的研究工具来搜集资料,更多的是以口述历史、深度访谈、自传等自我叙说形式的质性研究取向,来探究实习教师的专业身份建构问题。就像克莱迪宁与康奈利所说,叙说(narrative)是呈现及了解经验的最佳方式,因为生活充满了故事的片段,必须透过叙说来反思与了解。[③] 所以,这种回到实习支教教师身上,让其自我叙说的研究方式,可以让他们透过反思,来了解其自我知识与自我发展,[④]而我们也才能够走进实习支教生的整个生活,理解其生活经验,从而看到他们的教师专业身份建构过程以及专业身份的丰富内涵。

自我叙说不仅是探讨教师专业身份建构的方法,事实上,自我叙说本身就充满了丰富的专业身份的内涵。康奈利与克莱迪宁在探讨一群学校教师和行政者的知识、情境(context)与身份之间相互关联性的研究时,就发现教师的叙说内容充满了有关专业身份建构的问题。研究者让这些教师相互对话、倾听和回应彼此的故事,并且让他们执笔将自己的故事写下,研究者再另辟章节分析这些叙事。研究者发现在这些教师的对话与故事中,时常出现有关"在这个教学故事中,我是谁?""在学校里,我是谁?""在孩子们的故事中,我是谁?""在家长的故事中,我是谁?"等身份认同议题,教师关心的不

---

①Crabtree, B. F., & Miller, W. L. Doing qualitative research (2 ed.)[M]. Thousand Oaks, Calif: Sage,1999248.

②Kelchtermans, G. Telling dreams: A commentary to Newman from a European context[J]. International Journal of Educatonal Research. 2000(2):209 – 211.

③Clandinin, D., & Connelly, F. M. Stories to live by: Narrative understandings of school reform[J]. Curriculum inquiry, 1998,28(2):149 – 164.

④Mitchell, A. Teacher identity: A key to increased collaboration[J]. Action in Teacher Education, 1997,19(3):1 – 14.

是他们拥有哪些实践知识,而是他们的身份,即使研究者的问题已经不关乎教师专业身份的课题,他们还是以"我是谁?"的架构来回答。① 在布鲁克(Brooke, G. E.)有关教师专业身份的自传式研究中,她也是以这种不断探讨"我是谁?""我变成怎样的老师?"的方式,来记录身为一位幼稚园教师的专业发展。② 可见,教师的自我叙说充满了丰富的专业身份的内涵,康奈利和克莱迪宁将这个由反思性自我叙说所产生出来的教师专业身份,称之为"奉行的故事"(stories to live by)。他们认为透过教师自我叙说,就可以知道教师的知识与情境,了解教师"奉行的故事",也就是教师专业身份的内涵与意义。③

安托尼克(Antonek, J.)等人的《实习教师的自我传记档案:建构教师专业身份》(The Student Teacher Profolio as Autobiogrphy: Developing a Professional Identity)研究,也是透过让教师自我叙说、自我传记的方式,来看两位教外国语的实习教师的专业身份建构历程。研究者认为,自我概念是在反思中建构,教师对于自己身为教师的概念及教师专业身份建构,也都是透过反思来建构。而传记式个人档案则是非常方便、有效且适当的工具,不仅可以让教师记录自我的成长与发展,还可以促进教师反思,让他们有更熟练的教学实践,并且也可以从这些个人档案,看到实习教师的专业身份建构过程。因此,安托尼克等人进一步主张要发展教师的反思技巧,因为反思能力的加强,可以促进教师专业成长。④

这种反思的自我叙说,不仅可以呈现教师专业身份建构过程、促进教师专业成长,还富有积极的解放价值。萨克斯在提出"行动主义式专业身份建构"时,就强调要真的做到行动主义式身份建构的解放(emancipatory)目的,必须透过"自我叙说"时的"反思"作用。他认为教师建构的自我叙说,是和他们所处的社会、政治及专业连结在一起,这些自我叙说是他们生命故事里的精华,是教师自我反思的结果,却经常是隐默的、被视为理所当然的。因

①Connelly, F. M., & Clandinin, D. J. . Knowledge, context, and identity[C]. In: F. M. Connelly, D. J. Clandinin (Eds.). Shaping a professional identity: Stories of educational practice . New York: Teachers College Press. 1999. 23 - 45.

②Brooke, G. E. My personal journal toward professionalism[J]. Young Children,1994(6):69 - 71.

③Connelly, F. M., & Clandinin, D. Jean. Shaping a professional identity: Stories of educational practice[M]. New York, NY: Teachers College Press, 1999. 4.

④Antonek, J., McCormick, D. & Donato, R. The student teacher portfolio as autobiography: Developing a professional identity[J]. The Modern Language Journal,1997(81):15 - 27.

此,我们要鼓励教师藉由反思来自我叙说,并且让这些自我叙说被彰显、被看见,还要被公开分享出来,作为未来教师专业发展的资源,让老师有机会可以彼此相互沟通,而教育议题也可以有更积极、生气勃勃的讨论,这样才能达到行动式身份建构的解放目的。①

总而言之,教师专业身份建构、反思与自我叙说是互为一体的辩证关系:我们必须透过实习支教生的反思与自我叙说,才能了解专业身份建构过程;教师的专业身份建构过程,也是在他们的反思与自我叙说中形构而成的;而实习支教生的反思与自我叙说,都是围绕着教师专业身份建构的主题发展,并进而形成其"奉行的故事"。

因此,本研究采用质性研究取向中的叙事研究方法,藉由实习支教教师访谈叙说、个人反思日记及访谈札记等资料搜集,以深入探究五位男/女实习支教生教师专业身份的内涵,期望以不同性别、背景、教学场域脉络的实习支教生的参与,来呈现实习支教教师的"工作生活"与"声音",了解实习支教教师的专业身份以及了解专业身份的建构过程。前文提及,从自我叙说的角度可看出实习支教生教师专业身份建构过程,更具体且重要的是能触及到实习支教生先后经历的学习经验或前身份、教师教育情境与实习支教学校,实习支教生可能面临的现实震撼或转换危机,使之建构教师专业自主地位,引导教师认同自身角色,对教师工作产生热忱,进而超越职业的局限,发展出专业的自我要求,进一步贡献实习支教教师专业论述,以帮助其专业发展。

三、研究对象的选择

在确定使用叙事研究来探讨实习支教教师专业身份建构问题之后,就必须得思考研究对象的选择问题,即抽样内容和抽样策略。为了确保抽样的适当性,应该考量样本是否适合研究对象与研究目的,而抽样策略也应和研究类型一致。② 而质的研究的目的是就某一个研究问题进行比较深入的探讨,因此样本比较小,采取的是"目的性抽样"的原则,即抽取那些能够为

①Sachs, J. Teacher professional identity: Competing discourse, competing outcomes[J]. Journal of Educational Policy, 2001(2):149-161.

②Carbtree,B. F & Miller,W. L. 黄惠雯等译. 最新质性方法与研究[M]. 台北:韦伯文化国际出版有限公司,2007:50.

本研究问题提供最大信息量的人或事。① 并且,教育叙事研究的特点决定了其需要采用综合抽样策略,即以目的抽样方式为主,兼顾就近和方便的方式选择研究个体,将能够为研究问题提供丰富信息的个体作为研究对象。② 因此,就抽样对象和抽样内容而言,本研究主要探讨实习支教生在支教过程中教师专业身份及其建构问题,于是,实习支教教师个体是抽样对象,实习支教教师在实习支教过程中对作为教师的自己的所思所想理应成为抽样内容。就抽样策略而言,质的研究的效度、意义、洞察和所选个案的咨询丰富性的关联比较大,因此,抽样的标准是:所选择的样本本身能否保证完成研究任务,所以,根据本研究的问题和研究目的,本研究将采取目的性抽样方式为主的策略,旨在从个案中获得详细而丰富的描述,即关注的是从个案获得信息的丰富程度和愿意接受深度访谈与跟踪研究,而非其可推广的能力。

为实现上述目标,本研究的抽样分为如下两个步骤。

(一)研究学校的选择

虽然我国教师的培养已经不仅限于师范院校,但还是以各级各类师范院校为主,尤其是对边远的欠发达的少数民族地区而言,地方师范院校则充当主干力量。因此,本研究选择了我国最西部的一所师范学院作为研究场域。具体而言,选择该校主要有如下四个方面的原因:一是该校于 1980 年 5 月,经国务院批准升格为全日制普通本科高等师范院校,该校一直致力于教师教育的改革,积累了丰富的教师教育经验。并且,在面对新的形势和要求下,从 2011 年开始,该校在进一步明确"用得上、下得去、留得住"的培养目标和走内涵式发展之路后,着力提升教师教育培养质量,并先后邀请北京师范大学石中英教授、朱旭东教授、东北师范大学饶从满教授、陕西师范大学郝文武教授等亲临该校指导教师教育改革;二是该校从 2007 年开始担任了伊犁和阿勒泰地区的实习支教任务,积累了丰富的经验;三是方便性原则,本人在该校担任教育类教师教育课程的教学,对该校有深入的了解,也方便寻求研究对象;四是该校为边疆教育的贡献是其他任何师范院校都无法替代的,因为该校位于我国最西部,所培养的教师能够适应当地基础教育的需要,并愿意扎根农牧区。据该校迎接教育部本科教学水平评估时的不完全

①陈向明. 质的研究方法与社会科学研究[M]. 北京:教育科学出版社,2000. 93.
②傅敏,田慧生. 教育叙事研究:本质、特征与方法[J]. 教育研究,2008(5):36 - 40.

统计,该校所在的北疆地区的中小学、幼儿园教师和校长以及园长,有70%都是毕业于该校,并且该校每年还在源源不断地为周边地区输送教师。

(二)个案对象的选取

因为本研究主要采用追踪性的深度访谈收集研究资料,加之实习支教学校分散,并且实习支教点学校之间的距离较远,因此,每个个案的资料收集的工作量较大。另外,研究的设计也限定了每次访谈的最佳时间段,如实习支教前的访谈最好在实习支教出发前两天完成,因此个案的数量不宜太多,先后追踪了12名个案,但最后考虑到实习支教教师的学科、支教学校的分配情况(地域、学段、类型等)、性别以及实习支教教师个人意愿等要素,进行前期跟踪访谈后,最终选定了丽丽(化名)、雯雯(化名)、天天(化名)、蓉蓉(化名)和燕燕(化名)作为个案,他们的具体情况如表2-1所示。

表2-1　个案的基本情况统计表

个案	情境因素		个人因素		
	实习支教学校	指导教师	性别	专业	任教学科
丽丽	市里一所中学	只有大学指导教师	女	思想政治	高中政治
雯雯	一所乡村小学	只有大学指导教师	女	思想政治	小学语文
天天	一所乡村小学	只有大学指导教师	男	学前教育	幼儿全科
蓉蓉	位于县里的小学	只有大学指导教师	女	小学教育	小学数学
燕燕	一所乡村小学	只有大学指导教师	女	小学教育	小学语文

四、资料的搜集

本研究主要以深度访谈法进行资料的搜集,配合以访谈札记和反思日记的搜集,以下分别就各种搜集资料的方法加以说明。

(一)研究者的定位

与其他研究不同,在叙事研究中,研究者个体的定位在收集资料过程中也是一个关键点。尽管我使用的是开放性的问题,经常允许和鼓励参与者率先进入话题。因此,访谈提纲也总是能引出故事,但为了避免访谈局限于我的问题和作为研究者的我的意图中,作为研究者的我意识到,我的定位不是去寻找叙说,而是参与到故事的创造之中。基于这种定位,我发现实习支教教师总是很热切和真诚地讲述他们的故事,我也是满怀希望和兴趣地倾听这些故事。这似乎表明谈论他们课堂所发生的事情成了实习支教教师的需要,而我们的谈话刚好为他们检视课堂经验提供了一个机会。就如莱斯曼所言,我正在寻找实习教师对他们课堂经验和自我生命历程的描述,共同叙说着他们的经验。所以,在为期半年的跟踪研究中,讲故事与听故事也是我们经历的一部分,是故事中的故事,是对故事的反思。在经历中、在故事中、在反思中,我们成长着。①

(二)访谈法

本研究基于目的性搜集研究参与者的想法,针对研究者无法参与的过去发展脉络,研究者不易也不便参与的地点事件,为了和其他资料交叉确认或是不容易从外部观察到的部分,亦即针对特定的被研究者。例如:组织领导者、课程方案设计者或学习者之个案可以进行访谈。② 因此,本研究针对实习支教教师专业身份建构过程的探究,必须了解实习支教生的发展历程、知觉、感受、想法和经验,及其对事件赋予的意义,这些面向都无法观察,需要透过访谈来搜集资料,发挥以言表意、以言行事和以言取效的言语作用③,所以,访谈则为适切的方法。

巴比(Babbie,E.)指出,访谈需要经历:订出主题、设计、访谈、改写、分析、确证和报告等七个步骤,访谈者和受访者相互作用、共同建构"事实"和"行为",针对研究的主题和访谈提纲互动,而不是一组必须使用固定方式来问特定的问题。访谈提纲保证了对话方向,研究者再根据受访者所提出的特殊问题而进一步追问。访谈期间必须观察记录,阅读搜集的资料,重写笔记,分析资料。因此,巴比认为质性研究最大的优点是资料分析的交互作用,产生其他研究所不及的弹性。但是也可能会造成研究者选择性的认知现象,并建议研究者必须时时注意研究过程中的相互主体性、保持敏锐的观察力、时常反思,以检视自身想法与感觉。④

基于巴比对访谈的论述,本研究主要使用访谈法搜集资料,藉由五位实

---

①鞠玉翠. 教师个人实践理论的叙事探究[D]:[博士学位论文]. 上海:华东师范大学,2006.

②Scott, D. & Usher, R. Research Education: Data, Methods and Theory in Educational Inquiry. London and new York: Continuum,2000. 21.

③陈向明. 质的研究方法与社会科学研究[M]. 北京:教育科学出版社,2000. 168.

④Babbie, E. The practice of social research[M]. CA: adsworth Pub. Co,1998. 455 - 466.

习支教生具有教师专业身份建构的经验,着重每个研究参与者的主体性与
独特性,将叙说的经验组合具有意义的生命历程,形成文本之后,发现实习
支教生支教过程中乃至整个教师专业身份建构中内在和外在的关键因素,
及社会文化脉络之间彼此连结,进一步寻找研究对象在面对个人、教师工作
与大环境时可能面对的困境或挑战,并依循发展出实习支教教师专业身份
建构过程的"可传递性"。

1. 对五位实习支教教师的访谈

本研究以滚雪球的方式,自2014年2月开始进行实习支教教师的访谈
工作,先后访谈了12位实习支教教师,由于研究者的时间、资源相对有限,并
且不是每一个参与者都是"值得信任、善于观察、时常思考、表达能力强和善
于说故事的人",①所以,研究者最终选定了5位实习支教教师进行跟踪
访谈。

第一位访谈的个案是丽丽,2014年2月开始第一次访谈,到2014年7
月间,一共进行四次访谈,每次访谈历时约2~3小时。基于研究问题和五位
实习支教老师的时间与安全考虑,对每位实习支教教师的第一次(实习支教
出发前)和第四次(实习支教结束)访谈是在某师范学院完成的,其余两次访
谈都是在五位实习支教教师支教学校完成的。研究者亲自进行访谈,全程
使用录音笔录音,并通过现场笔记记录访谈中的非语言行为以及访谈者个
人的领会。

2. 访谈的进行

记忆的展现必须透过语言的叙说、文字的纪录。于是,本研究采用回溯
式访谈,进行半结构式访谈及非正式访谈资料来搜集实习支教生的语言叙
说。并且,实习支教教师的专业身份是在社会中建构的,在实习支教学校中
"我是谁,成为一个怎样的老师,受到个人特质和生命经验的影响"。② 因此,
本研究依据实习支教教师丰富的经验故事拟定访谈提纲,生命历程回顾依
照时间序建构主干线,于每一阶段的横轴线代表着历程中与之互动之生命
故事,而访谈流程将以纵轴和横轴线两条轴线交织进行。具体说明如下:

横轴是将个案的生命史依时间顺序分成:学生时代、教师教育(包括见

①Carbtree, B. F & Miller, W. L. 黄惠雯等译. 最新质性方法与研究[M]. 台北:韦伯文化国际出版有限公司,2007. 81 - 82.

②Newman, C. S. Seeds of professional development in pre - service teachers: A study of their dreams and goals[J]. International Journal of Educational Research, 2000,33(2):123 -217.

习)、实习支教前、实习支教中和实习支教后的教师经验叙说。

纵轴以文献探讨所归纳的相关因素,如,家庭、重要他人、个人特质、学校情境、性别结构等,每一阶段的交叉线以实习支教教师专业历程中与学生、家长、同事互动形成的故事。访谈架构图如下(图2-2所示)。

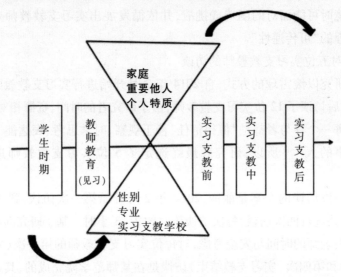

图2-2　访谈架构图

于是研究者从文献分析所得结果以及指导老师修正,编制出一份开放式问题的访谈提纲(见附录一)作为访谈的依据,起到提醒的作用,以免遗漏重要的内容,①在实际访谈过程中,尊重受访者自我意识的表述,不预设任何立场与期望,且不限制受访实习支教教师的表达方式与内容为原则,以期搜集丰富信息。

研究者在每一次的访谈都会事前预备研究的访谈问题,实地访谈进行时,由研究者和访谈者之间针对访谈提纲互动,访谈只要确立对话的方向,再针对由受访者所提出的特殊问题加以追问。② 访谈主题以受访者个人的生活经历为主,呈现出一种故事及日常生活表达的形式,各种访谈问题交错进行,可分为(1)回溯(regressive),请个案回想过去某些经验,例如:谈谈对你印象深刻的老师;(2)前进的(progressive),个案展望未来或对未来的想法,例如:你对于以后有没有什么想法? (3)分析的(analytic),请个案叙说其

①陈向明. 质的研究方法与社会科学研究[M].北京:教育科学出版社,2000.168.
②Babbie, E. The practice of social research[M]. CA: adsworth Pub. Co,1998.457.

实习支教的生活经验,例如:这事件对你带来了什么样的结果;(4)综合的(synthetic),把实习支教教师各种生活经历加以统整说明。[①] 进一步,提出较为特殊事件或信息,运用挖掘(burrowing)的叙说技术,聚焦在事件的情绪感受或知觉。[②] 例如:这件事发生后为什么会让你有这种感觉? 研究者反复地运用这些方法,了解实习支教生成为教师的过程,对其自我作为教师的看法进行追问和探索,探知其有意义的生活经历如何形塑其教师专业身份,从而明确其教师专业身份建构过程。

3. 访谈逐字稿

进行访谈时,对于每次访谈内容,经过受访者的同意全程录音,访谈结束后,并于转译完成之后以 E - mail 方式传送给受访者阅读,并请受访者修正补充、删除后再定稿,而后加以编码整理并进行分析。

(三)观察法

观察是人类认识周围世界的一个最基本的方法,也是从事科学研究的一个重要手段。通过观察,研究者可以掌握有关研究对象的第一手资料。因此,观察也是本研究收集资料的方法之一。但受研究时间和条件的限制,研究者不是长时间深入现场进行观察,而是在每次访谈后都会深入五位实习支教教师的课堂进行观察,了解他们教学现状(见表 2 - 3),观察他们课堂实践中的教师专业身份。研究者也观察他们所在学校的各种设施、校园文化、各种人际互动等,以便更好地了解实习支教教师所处的情境。因为,情境在重塑教师对教学的理解、促进或阻碍教师的学习和发展、重建教师专业身份中起着至关重要的作用,[③]专业情境是主要框定和构成教师专业身份的因素。[④]

---

①吴慎慎. 教师专业认同与终身学习:生命史叙说研究[D]:[博士论文]. 台北:国立台湾师范大学社会教育究所,2003.

②Newman, C. S. Seeds of professional development in pre - service teachers:A study of their dreams and goals[J]. International Journal of Educational Research, 2000,33(2):123 - 217.

③Flores, M. A., & Day, C. Contexts which shape and reshape new teachers' identities: A multi - perspective study[J]. Teaching and Teacher Education, 2006(2):219 - 232.

④Beauchamp, C., & Thomas, L. Understanding teacher identity: an overview of issues in the literature and implications for teacher education[J]. Cambridge Journal of Education, 2009(2):175 - 189.

表 2 - 3   课堂教学观察记录表

观察对象	观察时间	观察内容
丽丽	3. 12	哲学的基本问题
	4. 16	人类社会发展的基本规律
	6. 19	实现人生价值
雯雯	3. 17	《画杨桃》
	4. 14	《七颗钻石》
天天	4. 2	字母宝宝蹲一蹲
	5. 22	器械操——罐子律动《我不上你的当》
蓉蓉	3. 20	变废为;
	4. 15	口算乘法
燕燕	5. 25	克和千克

(四) 实物收集法

1. 教学相关文件

为了达到研究资料的精确性与丰富性,文件资料的收集更显得重要,在征求五位实习支教老师的同意后,本研究所搜集的相关文件包括:课程表、部分教案、教学反思、实习支教总结、实习支教手册、支教心得、照片。

2. 研究者日志

记载研究者在研究期间的心路历程,将研究现场所思所想的情绪反应、语言及与研究对象互动过程所建构的经验意义,藉由文字记录下来。

研究期间研究者保持着记录反思日记,除厘清个人偏见外,也作为访谈前提问与分析资料的参照。

五、资料分析的方法

经过为期半年的资料收集,收集到杂乱而又相当丰富的一手资料,而将这些资料整理和分析就显得尤为关键。诚如人类学鼻祖马林诺夫斯基所言:"在实地不得不面对一大堆混乱的事实……在这种原始的状态下它们根本不是科学事实;它们是绝对松散的,只有通过解释才能够被整理出来。"①
而叙事资料的分析有很多种,有的注重结构、有的强调内容、有的关注叙述
故事的建构历程。本研究重点应用了主题分析法,关注叙述故事的建构历
程,在故事中追寻实习支教教师专业身份的建构过程。

(一)本研究对叙说经验的具体分析过程

本研究的分析重点置于实习支教教师专业身份建构过程与转化学习的
方式,并从每一个个案的叙说中,寻找叙说一致性(narrative unity)的体现,寻
找个案叙说故事的连续性,并注意一再出现的模式和主题,发展个案叙说的
核心概念。② 依循莱斯曼提出的分析步骤,即关注经验(attending to experi-
ence)、叙说经验(telling experience)、转录经验(transcribing experience)、分析
经验(analyzing experience)、阅读经验(reading experience),③将录音等材料
"逐字"转译为可阅读性文本,在这样不断往返阅读文本的过程中,文本的某
些特征或某些研究主题就会自然地浮现,并能成为研究者撰写论文的分析
架构。具体而言,本研究的资料分析过程具体如下:

首先,将每个个案相关访谈录音、访谈逐字稿、访谈后反思日记以及相
关文件资料建置于个案资料档案中。

其次,研究者反复阅读每位个案访谈逐字稿和反思日记,发现文本每一
页逐字稿上的特定主题,以标线注记,并在旁空白处记录分析要点。

第三,研究过程必须将研究本身的脉络意义考虑进去(例如:访谈目的、
听众性质、说者与听者之间的关系、叙说者的情绪等)。④ 换言之,叙说者与
研究者原本以为理所当然的潜在立场,或社会、文化、制度等论述的影响,必
须在诠释理解的过程中重新反思。

第四,进行不符合主题的筛选:从访谈的文字记录中可以找出与研究主
题无关的主题,提取了背景、早期信念、反思、主体性或能动性、社会交往、情
绪、限制、张力和边界跨越、成见、关键事件、体验、自我概念、与学生交往、教

①转引自陈向明. 质的研究方法与社会科学研究[M]. 北京:教育科学出版社,2000. 32.

②MacLure, M. Arguing for your self: Identety as an organizing principle in teachers' jobs and lives
[J]. British educational research journal, 1993(4):311 −322.

③Riessman, C. K. Narrative analysis[M]. Newbury Park, CA: Sage,1993. 56 −57.

④Lieblich, A., Tuval − Mashiach, R., & Zilber, T. Narrative research: Reading, analysis, and in-
terpretation[M]. London: Sage,1998. 8.

师知识、道德和伦理、话语等相关主题。再根据时间线索和依据本研究目的将实习支教教师叙说内容分为：入学动机、前身份、踏上教师之路、教学实践、未来展望等五个方面的主题。

第五，采用第三人称撰写本研究五位实习支教教师的个案叙事。在每一段故事中从个案简要描述到与研究者的关系，进而叙说实习支教教师的故事，最后依次叙说实习支教生的学生经验、进入支教现场前对专业的自我认同和价值观、进入教学实践场域的境遇及其所建构的专业身份和对未来工作的承诺，并分析每个个案的专业身份建构过程。

最后，为了更深入理解实习支教教师的身份建构过程，研究者在个体叙说基础上，跨越个案进行了主题分析。

（二）主题分析法

主题分析法是莱斯曼提出的一种叙事研究的分析方法。她着重强调了叙事分析中的主题分析法与其他研究中主题分析法的不同。莱斯曼认为，在现有文献中对主题分析法存有模糊的认识，时常与扎根理论方法混为一谈。为了澄清主题分析法，莱斯曼提出了几点说明。首先，叙事研究者认为，叙说的故事应该是完整的故事而不能被分解成若干片段。但莱斯曼认为，当一个故事被分解成若干片段时，这些片段也许能进一步解释这些资料。在叙事研究中，研究者在整个分析过程中都在从资料中寻求新的见解和主题。第二，叙事研究者往往从一个个案叙事中建构一种理论而忽视了跨越个案的主题分析。第三，研究者可以根据先前理论、研究目的和资料本身来确定主题。第四，叙事研究中的主题分析还需将叙事置于特定的社会、文化和历史框架之中来分析。因此，根据莱斯曼的论述，叙事研究中的主题分析法主要的关注焦点在于个案而又不拘泥于个案，故事是研究的对象，而不是获得某种知识或发现"弦外之音"的手段。并且，透过主题分析，能从故事中寻找到新的意义。

因此，研究者在论文撰写上，每位实习支教教师个案并未朝向某一种特定的专业身份概念发展，从每个实习支教教师的工作生活出发，来看实习支教教师的专业身份都具有其价值性与特殊性，然后又跨越个案叙事进行主题分析。总而言之，以上分析成为架构与撰写本研究书所恪守的资料分析准则。

六、研究效度

本研究以故事叙说探究实习支教教师专业身份建构,属于质的研究。质的研究并不追寻实证主义典范所主张的可靠性(reliability)标准,一般用效度这一概念来衡量研究结果的可靠性,即研究的结果是否反映了研究对象的真实情况,[①]因为故事并不是一个事件的精确(exact)记录,也不是客观世界的缩影,叙说者叙述的故事以及研究者对故事的诠释都是镶嵌在论述脉络情境之中的。如同列波利琦(Lieblich, A.)等人所言,叙说故事是叙说者本身建构的,而且永远无法穷尽,因为这些故事会随着时间不断地改变,我们只是暂时冻结或摄影下某些变动的画面或者片段。[②] 另外,每一个故事都是受到叙说时的脉络所影响,例如:访谈目的、听众、说者与听者之间的关系、叙说者的心情等。因此,故事会有各种可能建构的形式与再现形式。米希尔(Mishler, E. G.)指出,质的研究中效度这个概念则需要重新再概念化,以往追求研究真相、研究是否达到真理的效度标准,并不适用于质的研究;质的研究的目的并不是在探究真相,而是在分析、理解为什么他/她会这样诠释这些事情。[③] 叙说不只是关乎过去的行动,重要的是个体如何理解这些行动,重视的是意义。[④]

本研究在资料搜集和分析之后,效度问题如何说明成了研究者重点思考的问题。因此,为求与本研究的精神相符,叙说研究品质的评价标准,应该是研究者如何宣称其研究具有可靠性(trustworthiness)并非客观的真实,而是把这个过程放在社会脉络的世界里的概念,作为自我检视本研究的这些故事有没有"说服力"、故事情节的"关联性"、"一致性",研究结果成为一种社会思考和解决问题方式的"实用性"。同样地,研究者也没有所谓真实或中立的观点,而是在研究理论架构之下,从故事的脉络中节录故事、重新

①陈向明. 质的研究方法与社会科学研究[M]. 北京:教育科学出版社,2000. 389.

②Lieblich, A., Tuval - Mashiach, R., & Zilber, T. Narrative research: Reading, analysis, and interpretation[M]. London: Sage,1998. 8.

③Mishler, E. G. Validation in inquiry - guided research: The role of exemplars in narrative studies [J]. Harvard Education Review, 1990(4):415 - 442.

④Riessman, C. K. Narrative analysis[M]. Newbury Park, CA: Sage,1993. 51

组织、重新概念化,并强调"建构的实体描述的有效性"。①

因此,在本研究中,为了符合质的研究的效度,逐字转译访谈录音,增加资料的说服性;将逐字稿各自交给五位被访谈者检核,尽量如实呈现其真实世界、贴近其真实经验,尽力做到故事的关联性和一致性;研究者在故事文本的撰写过程中,反复阅读访谈内容、反思日记和研究日记,并辅以观察,依循事件发生的时间顺序,加以整合和分析,使每个片段相互呼应,从而呈现完整的故事。

七、研究的伦理

由于质的研究关注研究者与被研究者之间的关系对研究的影响,研究者与被研究者协同合作建构叙事者的生命现实,而不只是被动记录与报道而已。因此,从事研究工作的伦理规范以及研究者的道德品质在质的研究中便成了一个不可回避的问题。质的研究有自己"坚硬"的道德原则和伦理规范——自愿原则、尊重个人隐私和保密原则、公正合理原则和公平回报原则,研究者必须遵守这些原则和规范。②

(一)自愿原则

任何研究都会面临伦理的问题,在访谈过程中,研究者和研究参与者之间存在一种多元的互动关系。而要维持一个良好且长久的关系更是不易,一个良好关系的维持,主要在建立关系之初,就能对彼此的权利和义务告知和同意。③ 所以,研究中的基本原则是绝对不强迫任何人参与研究,也就是必须是自愿的。因此,本研究在研究前广泛寻找研究参与者,排除了那些因为我是他们的老师而被迫参与研究的实习支教教师,在最后跟踪研究的五位实习支教教师都是在真正了解本研究主题和过程后自愿参与的。

(二)尊重个人隐私和保密原则

叙事研究主张,生命现实是通过叙说个人故事而建构的,于是,研究者

①Ritchie, J. S. , & Wilson, D. E. Teacher narrative as critical inquiry:Rewriting the script[M]. New York:Teachers College Press,2000. 25 – 26.

②陈向明. 质的研究方法与社会科学研究[M].北京:教育科学出版社,2000. 426.

③Deboran. K. Padgett. 张英阵译. 质化研究与社会工作[M].台北:红叶出版社,2000. 30.

会时常介入研究对象的生活世界,给经验和生命赋予轮廓、概念化和保存回忆,从而深入理解其内在观点、信念与价值观。因此,对于研究参与者的个人信息与隐私保障,是一个相当重要的伦理课题。于是在研究前就主动告知研究对象相关的人物姓名、实习支教学校一律采取匿名、化名方式呈现在论文文本中,以确保没有人会因为这个研究而受到伤害或有所损失。然而对于每次访谈录音档案,逐字稿的内容都以电子邮件方式给他们再次核对审阅;并针对他们对访谈内容的意见而尊重其想法与意见予以删除或修改。

另外,有关研究过程中所搜集的相关文件予以妥善保管,且不外流出去,并于研究结束后交还研究当事者。

(三)公正合理原则

公正合理原则是研究者按照一定的道德原则而公正地对待被研究者以及收集的资料,合理地处理自己与被研究者的关系以及自己的研究结果。就本研究所使用的叙事研究而言,叙说者永远拥有故事的所有权。[1] 因此,研究者尊重研究参与者的叙说,研究结果也是完全忠于研究参与者的叙说。在分析过程中,避免情绪性或批判性的反映,秉持对故事的真实理解和澄清,尽量呈现事实真相。另外,在离开研究现场后,我也一直和五位研究参与者保持紧密联系,当他们遇到困难时,研究者也倾尽全力帮助他们。因为,做实地研究最忌讳的就是一次性掠夺,这是最伤他们感情的。你一定要尊重他们,要真诚,不要把他们当成索取的猎物。[2]

(四)公平回报原则

在研究过程中,五位实习支教教师花费了大量的时间和精力与研究者交谈,为研究者走进实习支教教师的支教生活提供了丰富的信息,甚至在研究过程中还涉及到五位实习支教教师的“自我暴露”和内心的敞开,为此,研究者若是一味地希望研究参与者付出他们的时间和善意,而忽略研究参与者的要求,同样会产生伦理问题。[3] 因此,在研究过程中,我自始至终都尊重和理解五位实习支教教师,他们也从中得到一种情感上的回报和支持,从访

---

①Atkinson, D. Theorizing how student teachers form their identities in initial teacher education[J]. British Educational Research Journal, 2004)(3):379-394.

②陈向明. 质的研究方法与社会科学研究[M]. 北京:教育科学出版社,2000.440.

③Deboran. K. Padgett. 张英阵译. 质化研究与社会工作[M]. 台北:红叶出版社,2000.34.

谈中也可以看到,通过研究者对他们的关注和访谈,促进了他们对自我的反思,也给予他们心理上的舒缓和思想上的启迪。另外,研究者每次到他们实习支教现场都给予一些物质上的慰问,帮助他们解决生活和教学上遇到的问题。总之,在这段研究历程中,研究者与五位实习支教教师都感受到彼此的收获与成长。

八、研究者的反思

里奇与威尔逊(Ritchie, J. S., & Wilson, D. E.)指出,在研究过程中,叙说者可能会因应预期中研究者满意的答案,而给予一个漂亮的答案,来取悦(please)研究者,或者因为研究者的问题、语调、肢体语言、停顿处等,而引导了叙说者的回应。[1] 这就需要研究者能够根据叙说者的叙说予以判断,做出适当的回应。例如:"丽丽平日看起来活泼开朗,但当她谈到高考前的突然生病而导致高考成绩不理想时语带哽咽地表示非常难过,甚至很不想要再想起这一段往事……",于是,研究者停止了录音,我们彼此沉浸在那种悲伤的情绪中,然后等她稍微平复情绪后,我们开始谈大学生活和唠家常,一直等到丽丽愿意再次进入话题时,我们才继续进行访谈。另一方面,在研究过程中,无论是新手或是有经验的研究者,都是带着观点、态度及对研究的思考方式来探究,[2]所以研究者必须厘清自己带进研究中的立场、观点与价值。正如韦伯所言,社会"事实"(fact)不能凭借"让事实本身来说话"这种方法而被人所理解,社会事实并非像"事物"(thing)那样凭自身的权力而存在,宛如海滩上的卵石那样等待着被人来拣拾。什么东西算作社会现实,这在很大程度上取决于我们用来打量世界的精神眼镜。[3] 因此,研究中涉及到研究者自身对社会现象的概念化过滤,研究者就必须对自己的诠释负责,研究者既然无法置身于理解过程之外,就应该将主观意识作为反省对象。于是,在本研究中,研究者除了前述随时反思研究的效度、研究进行历程的各方面影响,研究中过程中导师引领我思考要用什么立场或角度来诠释这些

---

①Ritchie, J. S., & Wilson, D. E. Teacher narrative as critical inquiry: Rewriting the script[M]. New York: Teachers College Press. 2000. 21.

②Clandinin, D., & Connelly, F. M. Stories to live by: Narrative understandings of school reform [J]. Curriculum inquiry, 1998(2):149-164.

③陈向明. 质的研究方法与社会科学研究[M].北京:教育科学出版社,2000.117.

实习支教教师？随时参考同事和同学给予的第三者意见,以避免陷入偏颇的主观意识,也透过撰写省思札记反思在研究过程的价值和转变;并回观本研究动机与目的,更确定自己的立论观点,尽量让实习支教教师透过声音而说出自己的生命故事,故事中潜藏着他们的想法。就诚如艾尔巴茨(Elbaz,F.)所言:"要关心教师的声音,了解教师内隐知识的重要性;因此透过故事的呈现而赋予生命经验的意义,才能知道他们希望将这份生命经验与身份建构过程及其转变的脉络做完整的呈现与发声,体现背后所持有的想法和心境的转折"。①

---

①Elbaz, F. The teacher's knowledge: Report of a case study[J]. Curriculum Inquiry, 1988 (1):43 –71.

第三章　实习支教生教师专业
身份建构的故事

　　呈现五位实习支教教师的故事是一个极其复杂的过程,克莱迪宁和康纳利将其称为"来来回回"的过程。① 在来来回回的过程中,除了看见每位实习支教教师独特的实习支教经验与历程外,我也发现了在这五位实习支教教师的实习支教经验中,出现了共同的主题,就是自我在实习支教场域中的探索,经过反复思考和回到文本中寻求,决定以"追寻自我"为基调,作为我诠释和贯穿五位实习支教教师故事的主线,也就是说,五位实习支教教师的共同经验都是围绕"成为一名专业教师"而叙说的。而他们还是一名在校师范生,只是基本修完教师教育课程,但并未真正取得教师资格,却要在陌生而特殊的场域中履行教师的职责,所以进入到实践场域后面临着经验与现实不一致的冲击和社会与人我互动的发生,身陷现实震撼之中,他们开始质疑过去,进而导致实习支教教师产生对自我的困惑与寻求帮助。也正是因为对自己的怀疑与困扰,他们开始探索和转变自我,在了解"我将是一位怎样的老师""如何成为自己""如何表现自己"和"如何理解他们的工作和社会地位"之后,依据自己对教育的理想与期望、对教师意象进行重构和再构,不断探索自己的专业身份定位,寻求到教师的意义和价值。尽管这是一个类似的追寻自我和建构自我的过程,但是,实习支教教师作为独特的个体,有自己的生命体验、专业哲学和价值追求,是其专业身份建构的积极参与者,不管这种参与行动是消极还是积极的,其教师专业身份建构总是属人性的。正是教师专业身份的属人性,使得同一情境对不同的教师有不同的意义,从而使其专业身份建构呈现诸多差异。因此,我在探讨这五位实习支教

---

　　①Clandinin, D., & Connelly, F. M. 叙事探究:质性研究中的经验与故事[M]. 台北:心理出版社股份有限公司,2003. 201.

教师共同的实习支教过程与主题时,也会适时呈现其中的差异性。

基于以上分析,五位实习支教教师的故事将以第三人称的方式来书写,将其生命经验依循时间顺序分成学生时期的学习经验、实习支教的前奏、实习支教现场的经验和未来生涯规划等部分来叙说。在叙说中,我透过实习支教场域中的人(如本人、学生、同事等)和事件来描述实习支教教师的自我感,通过"我是谁""我要成为谁"的反思来叙说其教学信念、态度和方法,找到其成为一位教师的意义,已呈现出他们追寻教师专业身份建构过程,从实习支教教师的故事中,可以看到实习支教教师的自我和教师专业身份建构如何在教学实践场域中,不断的与情境互动和整合。

下面分别叙述五位实习支教教师在实习支教过程中建构教师专业身份的故事以及跨越五位实习支教教师故事的主题分析。

一、丽丽建构教师专业身份的故事

丽丽是该师范学院唯一一位留在市里实习支教的学生。经其班主任老师的引荐,并帮我与丽丽沟通和说明。随后,我对她发出了研究邀请,说明了我的研究主题和目的,她很爽快的答应了。在第一次访谈时,她告诉我她曾经听过我的课,对我的记忆还比较深刻,于是,彼此的交谈更增添了一些共同的话题和记忆场景的交融,多了一份沟通的信任和亲切感。"回想起来,我虽然带了一届又一届的学生,但都是合堂课,学生来来去去,我们身为学校的教师教育者,好像渐渐忽略了与学生的互动和关心,连自己带过的学生都不认识了。"[1]在第二次访谈时,也就是她到了实习支教现场后,一见面她就拿出自己的课程表与我安排访谈的时间,从她的课程表中的时间来看,她上了12节政治课。随后的两次访谈都是在她的宿舍完成的。丽丽很健谈,也很真实,每次的访谈都会持续两个小时左右,当访谈内容出现重复时,访谈便停止。就这样,经过四次访谈和两次听课,我们一起回忆了丽丽实习支教过程中的点点滴滴。

(一)入学动机——自主而无奈的选择

丽丽生于一个小县城,一家四口人,爸爸做点小生意,妈妈是地地道道

---

①摘自研究札记。

的家庭主妇,弟弟还在念高中。在丽丽小的时候,由于只有她一个孩子,当时爸爸的生意还算好,经济比较宽裕,基本上是想要什么就可以得到什么。但是后来由于爸爸的生意起起落落,尤为关键的是有了弟弟,因此,丽丽感觉到自己不再是父母的"中心"了。但丽丽并未因此而失落,而是随着年龄的增长,自己也开始学着当姐姐,照顾弟弟,自己也成了一个父母眼中"懂事的孩子","学习成绩也一直是班上前几名,每年都会拿奖",也成了父母给弟弟树立的榜样。

虽然爸爸的文化水平低,但爸爸对丽丽的成长影响最大。由于家境贫寒,爸爸没有读多少书,18岁就独闯新疆,从工地的"小工"到"大工",然后自己做生意。爸爸一生中最崇拜的就是有知识有文化的人,尤其是教师。爸爸平常很少发火,对丽丽也是疼爱有加。从小爸爸就给她讲"匡衡借光读书"、"师旷劝学"、"悬梁刺股"等故事,大多是在艰苦条件下努力学习的故事,并且时常诉说自己做生意有多苦多累多么不容易,不像老师稳定,不用与他人"勾心斗角"。因此,长此以往,耳濡目染,又或许是父亲的故事在丽丽心中扎下了根,丽丽心中萌生了当老师的念头。

2011年高考前夕,命运和丽丽开了一次不大不小的玩笑。一直学习成绩优异且排名靠前的她,突然病倒,一躺就是一个月。讲到此,似乎勾起了丽丽不好的回忆,她满脸沮丧,饱含泪水,我们的谈话停了下来,过了几分钟,她主动讲道:

你知道高考前的一个月的重要性。那是最为关键的时刻,我每天躺在医院的病床上哭,心如刀割。很想拔掉针头,冲出医院。但是,力不从心。老师多次到医院来安慰我,同学来看望我,劝我说:"今年不行,复读再考"。这些好心的安慰和劝说,却使我更加难受。好在一个月后,我又回到了学校,但留给我准备的时间太少了,我就这样匆匆地上了考场。(满脸沮丧)

结果可想而知,就这样进入了师范学院。

(二)丽丽眼中的老师

在谈及自己的老师时,丽丽随口说出了两位印象深刻的老师。在后续的访谈中,她也一再提及这两位老师对她的影响。

1."父亲般疼爱"和"有方法"

丽丽特别强调对学生的关爱。她说到她初中时的班主任秦老师,秦老师是一名语文老师。在丽丽眼中,秦老师就像父亲一样,"表面上很严肃,不会把爱和关心挂在嘴边,但你能从他的言谈举止中体会到满满的爱。"。丽丽回忆道:

> 记得有一次,他在上面讲得激情四射,我们也听得津津有味,突然一个女生晕倒了,老师放下课本,冲到她的跟前,啥也没说背着那女生就往医院去了。当时那个感动,不知道用什么语言来形容,恨不得晕倒的是我。要是我的话,又能比别的同学多一次与老师近距离接触的机会。

不仅如此,秦老师也是一位"有方法的好老师"。刚开始我以为丽丽口中的"有方法"指的是教学方法,但在丽丽的阐释中的"有方法"不限于此。她口中的有方法指的是有一套自己的教学方法和管理方法。她举例说道:

> 听他的语文课,你不用刻意去记多少。因为他的课就像是在给你讲故事,娓娓道来,生动形象,总是那么吸引人,让你感觉不到任何的压力。记得有一次,讲文言文,我头一天没有预习,老师让我看着课文说说这篇课文大概讲了什么,凭着语文的底子,鼓起勇气,断断续续地、结结巴巴地那儿翻译着说,他就站在我旁边适时地帮助我,我讲完之后感觉不到是我在老师的帮助下讲完的。这就是有方法。让你感觉到的是自信和成就感。到现在为止,我再也没有听到那样的语文课了,真的很怀念。不仅上课有方法,对我们班的管理也有他自己的一套方法。什么名人上墙、合作互助、自我管理等方法令我印象深刻,对我今天也大有益处。

2. "像朋友"和"关注每一个学生"

丽丽所在的高中给她的感觉是比较重视升学和成绩,丽丽也遇到一些讲话带刺的老师,除了成绩,在这些老师心目中就没有其他的了。丽丽说:

> 我不喜欢那些功利心太强,说话还带刺的老师。当我们考不好时,他们总觉得是我们没有认真学,因此一直骂我们,有时还动手。不仅如此,开家长会时还得把家长都捎带着骂一顿。总是说别的班都能学能考好,就你们班。你爱学不学,反正我讲了。幸好,班主任老师特别好,不像其他老师功击性那么强,他时常说"该严肃则严肃,分清场合",所以课上都听他的,课下我们就像朋友。他也不像其他老师只关注成绩好的学生,在他眼中我们每个人都一样。

在丽丽的学生经验中,她认为一个好老师应该具有爱心和一视同仁,也要有原则和方法,教学效果好,而不是一味地严肃和追求成绩。丽丽眼中的好老师不仅仅是因为"他这个人本身",而且也因为"他们的教学和班级管理"。换句话说,他们不仅是"育人专家",更得是"教学专家"。丽丽也期待自己能够成为这样的老师,她对自己成为一位什么样的教师的意象在学生经验中已经确立。

(三)实习支教的前奏——完成"政治任务"

由于新疆农村及边远少数民族地区汉语教师极度匮乏,教育厅要求该师范学院负责阿勒泰和伊犁的支教任务。因此,该师范学院的汉族(包括民考汉)师范生必须奔赴一线实习支教。为此,这也成了丽丽眼中的"政治任务"。由此可以看出,丽丽实习支教的愿望并不是那么强烈,而是为了完成"政治任务"。正是带着这种不渴望但又不得不去的心态踏上了实习支教之路。尽管是外在动机的推动,她才将自己定位为实习支教教师,但是她还是希望通过实习支教能使自己有所提升。她说道:

实习支教对我来说或许会是一次难忘的经历。以前听上一届的学姐说,实习支教很苦但是也很有意义,用时髦的话说就是苦中作乐。不管怎样,我能够分到市里,至少比他们分到乡里的条件要好些,或许能从这些老师身上学到点东西,听听课,看看他们怎么当政治老师的。因为在大学三年,我感觉学的都是理论,估计都用不上。

总之,在丽丽的理解中,能分配到市里支教是非常幸运的事情,至于能学到什么,锻炼什么她并没有明确的预期,只是觉得应该"多听听课,看看别人怎么当政治老师的"。

(四)实习支教学校中的丽丽

丽丽实习支教的学校(为了行文方便,下文将丽丽实习支教的学校简称为"S中")于2005年由Y州18中和2中合并而成,是一所民汉合校的学校。S中学现有在校生1621人,28个高中教学班,其中汉班15个、哈班12个、蒙语班1个,全校少数民族学生占70%。现有教职工125人,有汉、哈、维、蒙、回、达斡尔等13个民族成分,少数民族教职工占53%。在该市算是规模比较大的学校了。然而,虽然具有多民族的教师队伍和相应的政策扶持,但是在相关教育改革的推动上,却不是积极和具有开创性的学校。在S中,丽丽发现学校以高考为指挥棒,注重分数和升学率,同事们谈论的话题多半是围绕家庭生活,少有专业对话,甚至教研活动中,老师的参与度也不高,"不知道为什么大家轮流着讲",似乎这是例行的苦差事。教师还是无法抛弃固有的单打独斗的习惯,公开课也变成了"不上就会扣钱"的自我保护措施,丧失了"观摩学习"的本意。

在S中的社会脉络下,丽丽踏上了建构成为教师的自我征程。

1. "措手不及"与"化险为夷"

刚到校长办公室报到,校长随即叫来了政治学科组组长,让组长安排丽丽第二节课试讲。丽丽还没来得及从学生的身份转变为实习支教教师,而又面临着试讲的考验。这种突如其来的考验,更增加了心中的不安和紧张。但是丽丽其实为实习支教做了一些准备,也知道早晚都会经历这样的考验。于是她说:

我以为校长会让我先熟悉熟悉环境,听听课,然后再安排上课。没想到一来就让上公开课,虽说丑媳妇见公婆是迟早的事,但是这一来就试讲还真让人措手不及。好在我来之前备了几堂课,在讲课时,学生们也很配合,老师们听了说还行。就这样化险为夷了,这颗提着的心也才算落地。

这堂突如其来的试讲,其实也是对丽丽的一种"甄别"。通过老师们口中的"还行",丽丽也开始被政治学科组推上了实习支教教师的位置,成为了S中认可的政治老师,这也开启了丽丽实习支教的新生活和新篇章。

2. 初来乍到的冲击——"不知道我应该是谁"

(1)"自由自在的老师"与"老师真的很忙"

刚刚踏入实习支教学校的丽丽对老师有了新的认识,完全颠覆了自己原本的想法。她认为:

以前觉得当老师是一件轻松自在的事情,但真正进入到实习支教学校后才发现老师真的很忙,不仅仅是上上课就行了,事情很多,琐碎之事更是一大堆,一个会接着一个会,一会儿培训这一会儿培训那的。光上公开课和听公开课就得占用大量的时间,还不要说堆积如山的作业了。尤其是我们这些支教老师,其他任何老师都可以使唤我们,我们干的活就更多了。

丽丽眼中现实的老师角色冲击着单一角色——上课——的认知,体现了对教师工作复杂性和教学概念的新认识。

(2)"亦师亦友"与"保持距离"

进入到S中之后,应该与学生建立什么样的师生关系给她带来不小的冲击。在其学生经验中,她最喜欢的老师除了课上得好以外,还有就是和学生那种亦师亦友的关系。这也是丽丽一直想去尝试的,但终究没能拿捏好这个度,使其陷入了两难的境地,于是不断尝试和探索。她说:

记得在大学的时候,老师都说要和学生建立民主平等和谐的师生关系,要爱学生,要尊重学生,在看到学生优点的同时要接纳学生的缺点。我一开始也这样做,还给他们说我比你们大不了多少,以后你们就把我当姐姐。可是没过几天,他们就开始放任了,真是胆大妄为,我完全压不住。于是,我就开始和他们保持距离,但效果也不明显。所以,我真的不知道该怎么办了。心中其实还是向往那种亦师亦友的关系,而现实又让我保持距离,真不知所措。

（3）"管"与"不管"

丽丽上课班级是高二的理科慢班①,由于理科班高考不考政治,学生们只想着能通过学业水平测试即可,再加之是慢班,学生听政治课的积极性很低。上课睡觉和不听课现象成了一种常态。管则"耽误教学进程,甚至影响到教学思路和情绪",不管似乎"良心上过不去",甚至担心后面学生完全就不听课了,就上不下去了。丽丽说:

这样的班太难带了,对理科生来说是副科,高考又不考,学生不学也能理解,当初我也不怎么学物理、化学课,但是我也认真听听呀,毕竟要会考。但是这些学生无所谓的态度,真是破罐子破摔,拿他们没辙。管嘛,没时间,害怕耽误教学进度,因为全年级规定了月考的内容,我必须得赶,还有就是影响我的情绪,看他们不听,兴致不高,我上着就觉得没意思了,甚至没底气了,感觉讲不下去了一样;不管嘛,感觉对不起良心,学生嘛,学点东西总比不学强,何况还得会考吧。但有时候,一次不管,他们就变本加厉。比如学生说话,你不管,他们就越说越有劲,越说声音越大。所以我一直都在徘徊,管还是不管? 真希望有人能告诉我该怎么管。

可见,丽丽对课堂管理深感无力和焦虑,理想的师生和谐的课堂教学与现实发生了冲突,开始质疑自己的课堂管理。其实,正是这种冲突与压力,促使其探索、反思和寻求解决之道。

（4）"活泼教学"与"班级秩序"

丽丽进入正式课堂教学后,一直沿袭试讲时的教学模式,注重与学生的互动,偶尔设置一些"自以为生动有趣的情景和问题",尝试引入"讨论教学

---

①S中根据学生的文科和理科成绩将学生分成火箭班、快班、慢班,文科班的成绩是语文、数学、外语、政治、历史和地理成绩的总和,理科班的成绩是语文、数学、外语、物理、化学和生物成绩的总和。学校为了提高升学率,将主要精力放在了火箭班和快班,对慢班的定位是能顺利毕业,对老师也没有其他特殊要求。

法",刚开始学生还有热情,但后来,这些都化为了泡影,课堂秩序完全失控,她也不得不开始慢慢思考这两者之间的平衡问题。她不断地追问:

> 大学老师极力倡导的情景教学、问题教学、合作教学等教学模式在这里都没用,我刚开始还兴致勃勃的用,因为在来这里试讲时效果还可以,我在网上查的资料很多都用到这些模式,但是没过几天,课堂完全失控了。我不知道是我用错了,还是我驾驭不了,还是这些教学模式就不能用在他们身上。并且,这学校不看你上课,只看你学生的考试成绩,你课上得再好再生动有趣,如果课堂秩序乱了,月考和期末考试考不好,人家对你的评价就会大打折扣。

可见,丽丽老师面对着一些现实的问题,家长和学校要用成绩来考量一个教师教学的好坏,而学生的现状又要求教师的课堂充满活力和吸引力。丽丽尚处于教的活泼不活泼的挣扎与转变之中,开始质疑和思考自己的教学方式,更引发了她思考自我的教育观念与学校的教育观念之间的冲突。

(5)"关注讲"与"关注学"

教学是教师的教和学生的学相统一的过程。丽丽一直尝试着摆脱授受式和照本宣科式的教学,将大学习得的情境教学等教学方式应用于自己的课堂,为此还特意将"要说的每一句话都写下来,像背台词一样背住。"即便中间有一些互动,但都是"形式上的",用她的另一个词就是有"作秀的嫌疑"。学生回答不上就直接给答案,更多的关注讲了什么和讲的过程,而很少顾及到学生学的问题。因此本应该是一节课45分钟完成的内容,她最多30分钟就完成了。这也引发了她的思考。她说:

> 每次设计得好好的,也想着学生肯定能说出我要的答案。可是每次把学生叫起来,他们都不知所云,所以我一着急就直接告诉答案了。有时也很困惑,这不是都讲了吗? 为什么学生就不会了呢? 只要听听课就可以说出来,但学生就是说不出来。所以情境设计和问题都变成了作秀了,尤其是有老师来听课的时候,反正其他老师也都这样。

丽丽关注到自己的关注点,也引发了自己对教学效果的思考,体验到等待学生回答她所设定的标准答案过程中的紧张情绪。

(6)"政治课的意义何在"

进入S中三天,丽丽就领略到这所学校的应试文化和奖惩性的评价制度。开始质疑学校的这种应试文化和唯分数至上的教学评价制度。她说:

> 这个学校的中心就是学生的成绩,所有的都是为了学生成绩。月考成

绩都得张榜公布,学生排名,单科老师还得排名,考得不好的,学校还扣老师的绩效工资。所以有一次一个老师还跟我开玩笑说,你别担心,学校扣不了你的绩效工资,因为你没有。因此,在老师心目中就只有成绩,看不到其他的,教育学上讲的什么全面发展、个性自由发展太遥远了。也许,在内地的中学可能会好一些。你说,像我带的理科班,上政治课的目的是什么,就为了会考①吗?要是为了会考,直接把考试大纲给他们不就行了吗?所以大学老师在《新课标解读》②课里讲的什么培养问题解决能力,树立三观什么的都实现不了。

丽丽在学生经验中和大学所形塑的教学理念与现实学校中的理念发生了冲突,丽丽也意识到这种理念的冲突,但对于刚进入教育现场的丽丽而言,仅仅停留于反思和质疑的层面上,还没有认识到理念的重构问题,所以丽丽不时的追问"我应该是谁""我应该成为什么样的老师"。

3. 自我的寻求——"我是实习老师"

面对初来乍到的冲击,为了兼顾自我的表现与成为教师,在思考、质疑与反思的基础上,丽丽对自己进行了定位——实习教师,承认自己与他者教师和心中理想教师的差异。为了结束激荡和摇摆中的自我,她踏上了寻求自我——成为实习教师之路。

(1)内省与外求——"学生喜欢和期望的实习老师"

经历了理想与现实的挣扎之后,丽丽开始学习扮演教师的角色,而引发她改变信念和重新寻求自我定位的机制是内省。她在行动与反思中促使自己对教育理念的厘清和转变,这种转变使她有了更大的调整空间。她认为:

当老师并不是一件简单的事情。以前,我把老师想得太简单了,以为把学生当朋友了,他们就会听你的;把课备好了,他们就会听你的;把道理讲明了,他们就会理解你的;把知识讲清楚了,他们就会学会的;把我该做的都做了,他们就会考高分了。结果,并非所愿。看来,我还有很多东西要学。③

丽丽将自己定位于实习教师,认为实习教师就是"学习当老师"。她一再强调学习的重要性。在这种学习者的定位下,通过在实际的教学情境的行动中不断质疑、反思,促进了丽丽采取行动以促进自己教师身份的建构。

①丽丽这里所说的会考即高中的学业水平测试。
②丽丽所说的《新课标解读》指的是她在师范学院学习时所开设的一门专业必修课程,即《全日制普通高中思想政治新课程标准》解读。
③本段话摘自丽丽的反思日记。

她先是开诚布公的告诉学生她是实习老师,还需要不断学习,有很多的不足但又想提高自己,请同学们帮助她,用 QQ 群、短信、微信或书面的方式将意见反馈于她。学生也用各种形式向丽丽老师提出了很多"宝贵意见"。

　　学生1:你和我预期的老师不一样,你是恬静的,好似天生只能生活在校园似的,你是善良的,即使我们以前从来没有接触过。在此,表扬的话我就不说了,我提几点意见:第一,我真的认为你的课很枯燥、很死,所以我没有认真听你的课,因为我总以为课下我翻书就能找到上课所有的"重点";第二,这里是 S 中,我们还都是孩子,来到这里的70%的孩子心里都有阴影,老师你应该用不同的方式对待不同的孩子;第三,希望你在授课的过程中,语速慢一些,语调抑扬顿挫,我认为,这是抓住学生的最好办法;第四,你曾经也是学生,我想你会跟我们一样,曾最讨厌老师只偏爱成绩好的学生吧! 其实,无论我们看起来有多么老成,内心却还依旧是个孩子。……

　　学生2:我觉得老师您上课很难带起我们学习的气氛,所以导致课堂混乱,要么就睡倒一片,您应该开创一个特别热闹的那种方法,然后声音再大点、严肃点,最好不要念 PPT 上的内容,这样让我们感觉到老师不是在讲课而是再念 PPT……

　　学生3:"其实,所有的抱怨都是浅薄的叹息,而这些浅薄的叹息都可以修正成动听的乐音,只要你肯放弃抱怨而抬头另辟蹊径。其实,所有的抱怨只是看到了自己的阴影,为什么不回过头来看朗日晴空,可以使你的心境通达,不要抱怨便无怨,不要抱怨自由报。"这是当初老师送给我的话,而我也开始慢慢去体味其真谛。希望老师也如此。……作为一个学生,我想真诚的提出一些意见。首先我觉得老师是一个有责任感且幽默的人,不想以高姿态站在我们中间,想成为我们的良师益友。经常让我们了解一些实际有用的知识,而不是仅仅局限于书本;其次,我认为在讲一些理论知识时,应该举一些贴近生活的例子来帮助我们理解;第三,讲课时声音可以稍微再大点,把说话声压制住,另外,我们虽然是成人——高中生,但也避免不了有一些调皮的学生,所以应适当采取措施管理。你可以来听听我们历史课老师是怎么上课和管理这些调皮学生的……①

　　丽丽讲到这些意见和建议时,虽有些许忐忑不安,但更多的是充满了一

————————

　　①以上摘自学生给丽丽老师提的反馈意见,限于篇幅,只选摘了三位同学的部分意见以说明丽丽老师采取的这项措施及其对她的影响。

种幸福感，她认为那对她来说就是她的"一面镜子"，更是进步的阶梯。她说：

> 我其实刚开始以为学生不会提什么意见，因为平常我问他们时，他们都说讲得很好，没有意见。但是，每当我看见他们的留言和纸条时，刚开始还有点忐忑不安，甚至有点失去信心了，但后来我开始正视这些意见，也开始觉得真是这些孩子的真诚和直言不讳，我才真正看清自己，我一直保存着这些纸条、信息和微信，时不时的翻出来看看，每看一次都觉得有收获，每看一次都会产生一种动力。因为一个老师的优点和缺点自己很难看到，一个老师的好坏不是自己给自己评价的，而是学生。真的，我得感谢他们，因为只有他们才会跟我说，其他老师不会说，至少不会这么直接。

丽丽从忐忑不安到正视，从意见中找到行动的动力，试图从学生的反馈中找到自己的不足，成为"学生喜欢和期望的实习老师"。

（2）观察中借鉴——"做爱学习的实习老师"

丽丽将自己定位于实习老师，强调实习老师的身份，也就是更多的承认了自己的不足，还需要采取一些行之有效的措施来弥补自己的不足，促使自己建构起心中理想的教师身份。丽丽通过反思和对学生意见的采纳，她抽出大量时间去听课，时常奔走于一些有经验的老师的课堂，尤其是那些有经验的政治老师的课堂，所以，学校中有经验的老师成了丽丽的学习典范，她也受益匪浅。她说：

> 每一个老师都有自己的绝活，听这些老师的课，真是受益匪浅。看到了一些老师管理学生的方法，体会到如何与学生相处也是一个需要我继续学习的课题，认识到老师不能总以同一种方式上课，应该根据学生的实际调整上课或讲话的方式，看到其他老师如何"抓住学生的心"，看到老师们怎么利用PPT而不是念PPT。尤其是看到同样上理科班的张老师的课后，对张老师激发学生学习兴趣的方法颇为欣赏。于是我专门请教了张老师，她给我谈的那些方法非常管用。[1]

S中有经验的老师在丽丽实习支教过程中占据了非常重要的地位，丽丽跟着他们的脚步走着、看着、学着、实践着，也成长着，从他们身上她看到了一个教师的轮廓，不管好的还是坏的，她在其中重新建构着自己的教师专业身份，并用心的调整着自己的航向和航道。可见，丽丽通过课堂观察和与经

---

[1]本段话摘自丽丽老师的反思日记。

验型老师对话,希望在教学中不断反思性地往返于他者与自我之间,同时调整、修正了她的教师专业身份。然而,这个修正是一个持续不断的过程,需要丽丽投入相当的热情和精力,因为就像丽丽所言"我觉得还不够,因为学生一直在变"。

(3)实践中重构——"做心中理想的老师"

走进他人的课堂,认识其他教学优秀的教师是促进丽丽自我检视的关键因素,更是她努力建构自己心中理想的教师的起点。

首先,"不是我的理念不好,是我没有用好"

丽丽通过听课,认识到不同老师采取了不同的教学方式,"不管采用什么教学方式,但都有一个共同的目——抓住学生的心"。为此,丽丽认为,自己的"情境引入"、"问答型"教学法是适用的,只是"我没有用好"。为此,她坚持自己原来的教学风格,开始"探索适合学生特点的一些具体做法"。比如,"学会等待"、"采取措施加强课堂管理"、"叫多个学生回答同一问题"、"课前检验""多鼓励"等。在此基础上,她说:

> 我还是坚持我的那一套,我觉得其实其他老师都有自己的一套,只是他们把那一套用得得心应手了。我是还没有把它具体化,没有考虑到学生,没有把握好各个环节之间的关联,再就是太依赖我的预想了,而真实的课堂会发生变化的。我现在对学生也熟悉了,我大概知道该怎么应对这些复杂的情况了。

其次,"要当好老师,关键在于自己"

丽丽认识自己的实习教师身份,通过内省与外求,听课与请教,她认为要成为心中理想的教师,最终还得靠自己。她说:

> 我们作为实习支教老师,在学校和其他老师眼中我们就是来干活的。你能获得什么似乎跟他们没有关系。尽管咱们学校派了指导老师,指导老师只关心安全问题,有些指导老师在中学都没有待过,她们能指导啥,何况我和另外一个县的49名同学是一个指导老师,这都快一学期了,她就来了一次,停留了不到10分钟就走了。而这学校的老师,你不主动去请教和主动要求去听他们的课,没人主动找你,除非他们找你干事了。所以,学会当老师,关键在于自己的摸索。经过一学期的摸爬滚打,基本上也能学会吧。

作为实习支教教师的丽丽在教学实践和相关活动中,反思自己,发挥自我的能动作用,不断确认自己,也确认自己和学生之间要追求的意义,从而尝试建构起自己理想的教师身份。

（五）现在和未来的丽丽

1."老师是学生的朋友"

在进入实习支教学校之前的丽丽，并没有认真思考过自己想要成为什么样的政治老师，但是学生经验让她建构起了"育人专家"的教师意象。

在实习支教现场，经历了现实震撼之后，开始反思自己，从学生反馈和观察经验型教师的课中开始建构自己的教师专业身份。她发现老师首先得"抓住学生的心"，得和学生"分清场合"，"该严肃的时候严肃，该轻松时还得放松"；知道了管理课堂的重要性，也更加坚定了自己的教学信念，从而建构起自己心中理想的教师形象——"教师是学生的朋友"。只有将学生当做朋友，才会设身处地的为他们着想，才会促进其全面发展。她说：

只有把自己定位为学生的朋友，你才会想方设法的去为他们着想，才能真正的做到不放弃。我记得，第一次月考，我带的班就只有 3 个 60 几分的，其他都是不及格的，甚至有人考十几分，当时，我没有发火，而是告诉他们，我不会放弃你们任何一个人，我希望通过我的努力，大家的配合，能把成绩提上去。这或许只有把他们当朋友才可能不发火，才有这样的耐心吧。

从教育现场的观察和好老师模范形象的影响下，丽丽主动探索，拼凑出自己将成为一个什么样的教师的自我意象。

2."我不想当老师了"

看到升学率和分数把老师压得喘不过气来，看到作业如山和琐事繁杂颠覆了"自由自在的教师意象"，看到教师的懈怠使心中的神圣形象变为了繁忙的普通人，丽丽对当老师没有了感觉。她觉得成为一位老师的梦想离她越来越远，以前父亲口中的"稳定"、"寒暑假"、"不看人脸色吃饭"、"清闲"的职业生活已经化为泡影，现在的她不再把教师职业与未来生活联系在一起，希望自己能去做更适合自己的事情。她说：

未来嘛。实习支教之前还在纠结要不要去考特岗当老师，现在，我不想到老师了。我以前对教师的那些美好向往都被无情的现实给淹没了。尤其是我支教的那个学校，老师天天为了分数而拼搏，没有了自己的生活。却天天做着同样的事情，天天抱怨这抱怨那的，所以我现在都不想自己当老师以后的事情了，嗯……有一点心酸。

从理想回到现实的丽丽，当她面临工作越来越形式化，或者是教师工作对她来说已经没有挑战性的时候，她决定放弃当老师的理想，试图找到属于自己的未来之路。

（六）丽丽的教师专业身份建构过程

丽丽虽然是自主而无奈的选择了成为一名教师，但却有她自己的一份追求在其中，因为统一安排实习支教，丽丽幸运的分到了市里一所中学去追寻人生的第一份社会经验。

以下就丽丽在教师身份建构过程进行历程分析，从具体事件、应对方式、内心体验和建构现状等四个维度逐一探讨。

1. 进入实习支教场域前的重要事件

（1）进入师范学院的原因：高考前的突发事件和父亲的影响

内心体验：开始喜欢教师的工作

应对方式：自主而无奈的选择

建构状态：想成为一名老师

（2）中学老师："父亲般疼爱"和"有方法"，"像朋友"和"关注每一个学生"

内心体验：很崇拜

应对方式：努力学习

建构状态：老师是学生的朋友

（3）师范学院阶段：系统理论

内心体验：无用的理论

应对方式：尽量学习

建构状态：只会纸上谈兵的老师

（4）实习支教的动机：完成政治任务

内心体验：幸运

应对方式：稍作准备

建构状态：作为学习者的实习支教教师

2. 进入 S 中的具体行为

（1）学校文化：应试和服从的学校文化风格

内心体验：疑惑，和想象的不一样

应对方式：做好自己的事情

建构状态：我只是一位实习支教老师

（2）教学实践：关注自己，无法引起学生的兴趣

内心体验：老师很难

应对方式：学生反馈、听课和反思

建构状态：自己是一位实习老师

（3）与学生关系：亦师亦友的关系，上课秩序混乱，睡倒一大片

内心体验：矛盾

应对方式：修正自己，分清场合

建构状态：我只是一位实习支教老师

（4）听其他老师的课：各有千秋

内心体验：取其精华去其糟粕

应对方式：反思自己的教学模式

建构状态：坚持自我的教学模式的实习支教老师

（5）对自我角色的认知：自己是实习支教老师

内心体验：不受关注，任人使唤

应对方式：积极学习，不断反思

建构状态：实习支教教师不同于正式老师，只是一位来学习和帮忙的支教老师

3. 对教师专业的承诺和确定

丽丽圆满的完成了实习支教的"政治任务"，她也很顺利的渡过了现实震撼，可是在面对现实场域中的一些挑战和反省自己后毅然否定了对教师专业的承诺，决定另选其他具有"挑战性的职业"，此时，

内心体验：心酸

应对方式：不将自己的未来定位在成为教师

建构状态：放弃投入教师职业的承诺

中学时候的老师成为了丽丽的角色模型，期盼自己长大后也成为这样的老师，在自主与无奈的情况下选择了师范学院。带着自己的教师梦，交织生活经验与师范学院的陶冶，丽丽在实习支教学校探索"我是谁"、"我是一位怎样的老师"以及"我将成为怎样的老师"。丽丽的教师专业身份建构的过程像是自我探寻的过程，在经验不一致的质疑中加以反思、探索、发现而改变自己对教师专业身份的定位，坦然接受成为实习支教教师的自我定位。她的不一致经验来自于自我与学生互动下的角色期待，来自于理想身份与现实身份的冲突，来自于理想的教育观与学校现实的差距，在自我反思基础上，通过学生的真诚反馈，主动听课与请教，积极实践，很快找到自己作为实

习教师的确定感。也许是对自我的清晰定位——仅仅是实习教师，或是自我的确认，丽丽开始建构起自己心中理想的教师专业身份，但最终还是在现实的冲击下，毅然放弃了教师专业的承诺。

二、雯雯建构教师专业身份的故事

雯雯是我教过的学生之一，也是在给她上课时认识的。她是课堂上最活跃的学生之一，非常有主见，善于表达和写作，自己创办了一份校园期刊——时事热评，受到学生好评。雯雯还组织了一个"户外徒步俱乐部"，经常在周末带着一些老师和学生到户外徒步。由于不知道她将被安排在何处支教，刚开始她并没有被选为我的研究对象。后来，当我在对丽丽访谈时，丽丽告诉我她的好朋友雯雯将被分派到农村学校，并认为我能从她身上获得农村支教生的信息，于是向我推荐了她，所以经过丽丽的引荐，我才顺利找到她。但是，当我打电话征求她的意愿时，她似乎是在两难的情况下答应的，因为，敞开内心总是需要勇气，另外她认为她是在农村支教，可能帮不上什么忙，但又不好意思拒绝老师的邀请。当我说明研究意图后，她还是欣然接受了我的研究邀请。由于雯雯实习支教的学校距离师范学院较远，考虑到安全问题，加之雯雯每周要上 21 节课，除了英语和数学，其他课程都归她上。

（一）入学动机——比较中的抉择

雯雯出生在兵团，一家 4 口人，父母都是农民，弟弟在上高中，除了冬天，父母似乎都很忙，甚至没有更多的时间照顾姐弟俩，这也培养了姐弟俩的独立生活能力。而雯雯的伯伯和姑姑都是中学老师，所以，雯雯的父母经常把自己和他的兄妹比较，这也深深的触动了雯雯。

1. "务农"和"教师"的比较

在雯雯父亲的眼中，他不是孩子的榜样，伯伯和姑姑应该成为姐弟的榜样。她的爸爸时常诉说着务农的辛苦，"面朝黄土背朝天"、"靠天吃饭"、"没有一天清闲日子"等词常常挂在爸爸的嘴边。但却用"学生遍布全国，走哪儿都有人接待"、"到处都有教过的学生，办事都方便"、"教师还有寒暑假"、"轻松自在"、"受人尊敬"等来形容伯伯和姑姑。更为重要的是姑姑的孩子也选择了就读师范，耳濡目染，渐渐地，雯雯也就萌生了当老师的念头。

2. 心中理想职业的比较

雯雯在填报志愿时,也想过法律、文秘等专业,觉得学法律,自己可能当不了律师,认为律师太辛苦;如果学文秘,自己不太适合当秘书,认为自己不喜欢伺候人。最后还是选择了思想政治教育专业,一方面是因为自己喜欢政治,另一方面是因为觉得自己家里也没什么关系,当老师都靠自己考试,老师这个职业稳定,也适合女孩。她说:

我的性格适合和孩子相处,并且我也喜欢到处跑,而当老师有寒暑假,我就可以干自己喜欢的事情,所以还是最终选择了思政专业,来到了师范学院。①

(二)雯雯眼中的老师

1. "跟着心走"的高中班主任

高中班主任兼语文老师是雯雯最尊敬的老师,也对雯雯的人生选择和成为教师过程中影响最大的老师。她说:

上高中时的语文老师是我最喜欢的老师,也是对我影响最大的老师。直到现在上大学,每次回去都要和他吃饭,去谈一谈,聊一聊,他就是那种给你人生的指导的老师,每次遇到问题,我都会去找他,他会告诉我"跟着心走",他也会告诉我,在选择的路上怎样会更好。实习支教这段时间,他还告诉我要好好教书,不要误人子弟,要认清自己的态度。

"跟着心走"、"不要误人子弟""认清自己的态度"是在对雯雯的访谈中出现频率较高的词汇。从中雯雯也认识到教师的根本职责——教书育人。

2. "主动腾空办公室"的初中政治老师

上初中时,雯雯的家距离学校有5、6公里远,每次都是骑着自行车上学,中午在外面吃饭,中午没有地方休息,雯雯的政治老师主动腾空办公室,铺了一张床让雯雯中午在那里午休。最后,由于雯雯父亲担心影响到老师办公,拒绝了政治老师的好意。但是这件事情感动了雯雯。不仅如此,政治老师的教学也给雯雯留下了深刻印象,也正是这位老师的热情帮助和课堂教学,雯雯才产生了对政治的浓厚兴趣,最终选择了思政专业。她说:

因为其他同学离家近都回去吃饭、午休,学校又没有食堂和住宿的地方,所以每天中午吃完饭都觉得自己像个无家可归的流浪汉。当她主动腾

① 本段选自对雯雯的访谈。后文中如果没有做特别说明的楷体语段,则选自访谈。

空办公室,然后给我钥匙,让我中午可以去休息,我当时特别感动。我从来都没有想过会有老师这么做。当然,她上课上得非常好,非常有激情,知识面也很广,尤其是能够将时事融入到教学中。正是有她,我才喜欢上政治的。

在雯雯的学生经验中,两位印象深刻的老师为其树立了角色榜样。"先教学生做人后才是教书"、"知识过硬"、"态度端正"、"有激情"成了雯雯建构的教师意象。

(三)实习支教的前奏——期待与紧张

实习支教前夕,各种"动员大会和魔鬼式课堂教学训练"加剧了雯雯的紧张情绪,令雯雯感到不安的是自己对要去的实习支教学校"一无所知"。她说:

这几天,我真的很紧张,比高考还紧张。一会儿动员大会讲我们的任务艰巨,使命光荣;一会儿又是各种培训,我却对我支教的学校一无所知。尤其是看着同学和自己大包小包的东西,大家都觉得下面很艰苦,这也没有那也没有,所以还复印好多资料,我们都恨不得把宿舍都搬去的感觉,着实让人受不了。除此之外,可能还是希望能在实习支教学校表现好一点,不能丢脸,因为我们今年去了,明年还有学弟学妹去,要是他们回来说我们表现不好,那得多丢人啊。

这种紧张与不安,主要源于自己对实习支教学校的不了解和对自我表现的高期望——实习支教学校的认可。为了能得到实习支教学校的认可,她也对实习支教做了准备——复印资料、生活用品准备、教学能力准备和思想准备,但同时,她认为实习支教不仅是去"支教",还希望通过支教能促进自己的发展,而这都只能"靠自己"。她说:

实习支教就应该像学校领导讲的是实习和支教的统一。我们来支教了,帮助学校了,我们也得学会成长、学会当一名农村老师。但是实习支教学校仅仅能为我们提供一个条件,要发展还得靠自己在教学中摸索,当然也可以去听听课,看看他们怎么当老师的,不管他们的课上得怎么样,毕竟他们在这里呆的时间长,了解这里的学生,又有经验。

怀揣这种学习的态度和理想,雯雯想通过支教来弥补自己的不足——"缺少经验和不了解学生","学会当农村教师"。

（四）实习支教学校中的雯雯

雯雯实习支教的学校是一所乡村小学,座落在距离 Y 市 50 公里的乡村,学校人不多,每个年级只有两个班,每个班都在 35 人左右,学校主要有汉族、维吾尔族和回族的小学生,学生家庭经济背景都不是太好,学生学业成绩普遍较低,也出现较多问题行为。即使老师们很努力"逼"学生读书,但是很多学生不在意学业成绩,更棘手的是他们在品行上"常常会出很多事"。学校领导班子由一名维吾尔族书记、一名汉族校长和副校长组成,学校书记和学校校长之间经常会因为教师的管理问题而发生意见分歧,老师与老师之间也是"勾心斗角,单打独斗",用雯雯的话就是"穷山恶水多刁民"。

雯雯带着积极而紧张的心进入实习支教学校,目的是完成支教任务和学会当一名农村教师。不过在实习支教学校的场域中,她体验到了成功的快乐,也经历了职场的黑暗。

1. 独立带班的考验——从"树立威信"到"亦师亦友"

到达实习支教学校后,由于三年级一班的班主任老师休产假,校长就让雯雯当班主任。"服从安排"是雯雯嘴边常说的话,加之她也想通过当班主任更多的了解学生。因此,她欣然接受了,也很期待自己的表现,但这也宣称了她必须承担更多的压力。雯雯告诉我,面对学生的调皮和品性问题以及繁重的教学任务,因此刚开始她真的很难适应。她说:

因为一来马上就带班,还带那么多课,然后就是那种很不乖的学生,在教学上就已经疲于应付,没有成就感了,再加上学生很难管理,所以一来的时候,喔(叹气)!真的很难适应。也发现很多不可思议的事情,但是它发生了,就是你没有想到,然后你就要第一时间去应对。我每次都感叹,怎么会发生这样的事情,我要怎么办?我都会很紧张。所以有时都想去给校长说,不当班主任了。

尽管学生的这些问题一直困扰着雯雯,经过激烈的思想斗争,最后雯雯还是鼓起勇气,继续带班主任,但她开始尝试使用不同的方法来掌控整个班级。例如,学生说话了,就让他背书、读课文,学生一下课就要来找老师读课文、背书,虽然有一点成效,但事实上这样的方式对雯雯来说也是一种额外的负担,由于除了给自己所带班级上语文课外,还要上品德、综合、新疆地方等课程,因此,雯雯整天忙得焦头烂额,但她并不在意,因为她积极的想要掌控班级,成为一名班主任。当然最主要的还是因为她从当班主任的过程中有一种"获得感和满足感"。因此,她也改变了对学生的看法。雯雯在一次次与学生相处时,发现"不看学习,每个学生都很可爱",学生也很积极。她说:

> 农村孩子还是很可爱的,很单纯,上课也很活泼,像我上课问问题,他们是抢着回答,你不点他们的话他们还会生气,就是很积极主动,但是就是学习不好。下课也老是出现偷东西、不讲卫生等品行问题。

也因为学生主动、积极,从而引发了雯雯老师的思考。她认为更要树立权威,强化学生的管理。因为她是刚开始接手这个班,学生们都在看,也默默地给予老师评价。因此,还是先要有"老师的样子",否则,无法控制。一次突发事件更是让她确定了这种想法。她说:

> 我们班有一个小男孩,我通过别人了解到,因为从小被家里人打,后来就不说话,只点头或摇头,与同学也很少交流。有一次,他和另外一个孩子打架,我把另外一个孩子家长叫来,他质疑我,为什么其他老师教时不会打架,你教时就打架,我就当着全班同学面前问,他以前还和谁打过架?同学们都说和谁、谁打过架,还告诉这位家长如果不相信就来陪读,看看他怎么样。这时家长才放下。后来,这位家长还和别的老师说,你别看她小,还是一个厉害的老师。其实,我之所以叫家长,一是想让孩子们都看看,打架的后果;二是觉得学生还小,打架斗殴,犯点小错可以理解,哪有学生不犯错,但是一犯再犯就不能容忍了。

所以,她反思了自己,觉得学生犯错是孩子的权利,但不能经常犯同一错误,她也试图通过"叫家长"给学生来个下马威,树立自己的威信,让他们觉得自己是"老师"。

然而,尝试多种方式"树立威信"后的雯雯发现,学生都是敬而远之,并且,班级秩序和学习状况以及品行并没有像她想象的那样好,只是在她在的时候会有所改变。因此,雯雯开始真正走进孩子,主动关心他们,了解他们,试图改变原有的师生关系,建立起"亦师亦友"的关系。于是,她说:

> 当面对这些天真浪漫的孩子的时候,天天板着脸,我受不了了。并且真的让我打或凶他们,我也做不到。因此,我尝试着去了解他们,我去了几个小朋友的家里,了解他们的情况。每天他们放学的时候,因为(我)是班主任,我就留到最后一个走,每天下午3节课,最后一节自习课是我的,但后面要学群众路线又加了一节课,所以每天下午两节自习课都是我的,我在学校也没事,我就等都走完了再走,每个学生走的时候都会说老师再见,我都会

说，嗯，路上注意安全，就给他们多嘱咐几句，每天都这样，孩子们觉得这样的老师挺好的，别的老师都不说，我还多少说两句。就这样，我们之间的关系就渐渐改变了，孩子们经常围着我聊天，问我要不要菜，吃不吃他们家的水果。反正课上是老师，课下就成了朋友了。

2."学思政，教语文，我能行吗?"

雯雯除了带三年级一班的班主任外，除了数学和英语课，其他所有的课程都归她。刚开始时，雯雯感觉到很大压力，觉得不可思议，有些紧张甚至觉得有些痛苦，"当天晚上失眠了"。她说：

我是学思政的，让我带品德与生活、新疆地方等课程，我都可以上，但是语文，我从来没有想过我会当语文老师，压根都没有学过。我能带好吗? 当天晚上我就失眠了，在我脑海里全是语文啊语文啊，我也尽力去搜索我记忆中的语文课堂，在网上搜教案、看视频、翻课本，第二天还是硬着头皮上了，反正我是实习支教老师，他们都是知道的。由于是我来上的第一堂课，又是语文课，所以特别紧张，备的 40 分钟的课，我 30 分钟不到就讲完了，我都不知道我讲了些什么，也不知道学生学到些什么，甚至不知道剩下的时间干什么，就随口说了一句，自己看书吧。有点像大学老师哈。(笑)

压力归压力，雯雯还是"硬着头皮上了"，尽管以"失败"而告终，但是这开起了雯雯走向小学语文老师的航程。

(1)心中理想的语文老师——"教得会的老师才是好老师"

跨越学的专业与教的学科不一致的障碍，是雯雯探索自己是什么样的语文老师的起点。雯雯认为，教师的专业性在于会教与不会教的差别而已，尤其是小学老师，他认为教学是教师的专业，只要能够清楚的转化知识来教学，就是专业的老师。所以，她说：

老师是需要专业性，有些人对一些知识很了解和专精，但是自己的专精和他能将他的知识教给学生是两回事，就像我们学校的某些教授，学术很厉害，但是他在教我们的时候，我们完全听不懂，也就是教或不会教的差别。

雯雯也强调，简单的教，人人都会，更重要的是还得教会，这才是"真正的好老师"。她强调到：

小学老师不像高中老师，对学科知识要求那么高。只要接受过相关专业的训练，通过自己的探索，是完全可以胜任的。只要是师范类专业毕业的，具备一定的知识基础，认真备课，就能把学生教会，所以，不管学什么专业，只要把学生教的会，就是好老师。

雯雯觉得一位好的老师的重点应该在"教会",但是,事实上实习支教老师在学校的生活,几乎被上课、改作业、处理学生问题等琐碎的事情占满了,"静下心来专研如何教会的时间几乎没有了"。

（2）调整自己——"从关注教学到关注学生品行的培养"

作为一个实习支教教师,雯雯在实习支教学校最大的挑战与困难就是学生的品行。在这所学校中,雯雯除了必须克服作为实习支教教师的生涩,学生品行问题更是她心力交瘁之处。因此,在跨越了专业不对口这个障碍之后,雯雯从关注教学转变为强调学生品行。

访谈中,当我们谈及新课程改革的理念时,她一开始侃侃而谈,肯定这些理念,并且也有实践的愿望,然而,每次说到最后,她就告诉我目前只能说说而已,还没有真正尝试,因为她觉得"那是需要花很多时间的,可是我每天疲于应对上课和班级管理。"尽管雯雯在班级管理上花费了大量的时间,事实上她开始的时候还是把关注的焦点放在了课程与教学上。她说刚开始时,她是"充满热忱和理想",因为他觉得农村的孩子更应该"充满进取心,比较努力,至少会为了自己的未来而努力"。所以,她把重心放在了教学上,于是她会逼学生背课文、写作文、写生字等,但是,她渐渐发现这些学生似乎并不在意学习,也不太领情,宁可被"罚站",也不愿投入精力学习。她举例说道:

> 比如我在放学后把学生留下来背书,我就一直守到那里直到天快黑了,然后叫他们来背,结果没有人能背。所以,辛辛苦苦的守着,结果没有效果。所以,我就开始想,这样好像不太好,是不是得改变方式。但最后效果都不好。最后我就改变我自己了,我就放弃逼的念头,不再重视学生成绩了,我开始从品行上抓,比如上课迟到、不讲卫生啊。这样一来,学生开始听话了,他们也开始和我走得更近了,这反而使得很多孩子喜欢上我的课了。

雯雯将注意的焦点从教学转到了学生品行,在师生关系上采取平等的立场,尊重孩子的自主性,反而促进了师生关系的改变和激发了学生的学习兴趣。雯雯没有像实习支教学校的其他老师那样,虽然饱受学生品行问题的困扰,但却始终如一的关注学生的成绩。雯雯在经历挣扎与冲突之后,开始思索自我转变,调整自己的关注焦点,开始运用学校资源帮助自己解决当前所遇到的困境——学生品行问题,并在不断尝试错误中,重新建构自己的教师专业身份,这是其能动性的体现。总而言之,以改变自己的教师专业身份来适应环境、发挥能动性,是她初来乍到面临困境时的策略。

　　(3)语文教师与班主任——"语文教好了,班级也就会管理好"

　　尽管雯雯将关注的焦点投向了学生品行问题,但是面对每天的语文课,她开始思考这两者之间的关系。她希望能够通过当好语文老师,"把语文教好了,班级管理也就会好了"。为此,她开始采取措施改进自己的语文教学,建构学生喜欢的语文教师意象。

　　备课是雯雯最重视的环节。她认为语文课与其他科目不同,尽管每册分为8个单元,但是,语文的每篇课文都是相对独立的单元,在知识承接上没有明显的延续性。所以,这也增加了雯雯的备课量。她说:

　　我每天要花蛮多的时间来备课,因为语文是一课一课的,文学的东西不像数学、政治,语文课每一课都是独立的,它要表达的东西都是不同的,每一课你都得认真准备。当然,课文与课文之间还是有一些共同的,比如一个单元是围绕某个主题、还有修辞啊、文学常识,可是你得让学生去体会和赏析。况且,我也是第一次接触这些课文,所以要花很多时间自己去弄懂、看懂,然后还得去消化,思考我要怎么给学生讲,让学生学懂。

　　而在教学方法上,雯雯也期待能有所突破,不断尝试用多种教学方法和形式来教学,从而有效吸引学生的注意力。她说:

　　我通过在网上和教辅材料上搜寻一些教案看他们的教学方式、方法,然后结合自己的实际做一些调整,反正不断的尝试各种方法。比如,有一堂作文课,是写人、写五官,我为了让学生知道五官是不一样但可以归类,如脸型。我就问,我们班谁是瓜子脸? 全班学生都争先恐后的说是谁,然后我就让谁站起来让大家看看是不是瓜子脸,我又在屏幕上放几张瓜子脸的人的图片,让学生归纳瓜子脸是什么样子的? 反正就这样从脸型到鼻子、嘴巴、眼睛、耳朵,都一一的总结。最后学生写的作文都挺好的,至少没有把瓜子脸写成圆脸,更没有所有的爸爸都是一个脸型的现象。我觉得挺成功的。

　　并且,雯雯在实际班级管理中也深深体会到班主任和语文老师之间的联系,成功的将语文教学中的经验应用于班级管理之中,并得到了他者的肯定。这也坚定了她"先当好语文老师"的信念。她满怀自信的说:

　　那节班会课的主题是澄清5·20乌鲁木齐火车站爆炸案的真相,学校要录像,放到档案里,我就开得和别人不一样,我利用记叙文的六要素为线索来组织的。我就问在哪儿,在什么时候,恐怖分子怎么样了,结果是什么样的,他们反正都能回答,然后我就说,谁能给我们连起来讲一遍,然后就很多学生回答,然后我又找学生补充。反正这节班会课既让学生认识到这次事件的性质,也把语文课的知识巩固了一下。听班会课的老师都觉得我把学生思维串起来的模式很好,很新颖,学生不会感觉到枯燥。

可见,面对多种角色的冲突,雯雯更多的倾向于建构自己的学科教师的身份,进而实现建构理想的教师专业身份的目的。

3. "作为新老师"——"需要不断的充实自己"

除了学生的品行问题、班级管理和课程教学外,雯雯在阐述自己专业身份发展过程时,还特别强调反思和学习的作用,认为"作为实习支教教师尤其是到边远的农牧区支教的教师必须不断的反思,不断充实自己。"原因除了雯雯在备课过程中发现自己知识的储备不足外,还因为她"新老师"的身份,觉得自己存在许多不足,许多地方还需要不断学习。她在反思日记中写到:

我是个新老师,还有很多发展的空间……毕竟我才来没多久,在经验上还不足……自己觉得还有很多需要学习。①

我觉得我还是一个实习老师,更确切地说应该是一个新老师,还算不上是一个合格教师,距离合格教师还差很多吧。所以还有很多要学习的。比如教学上,我才教两个月,我觉得还不够熟练,还在摸索中前进,而且我也不是学语文的,很多东西都得从头学起。比如教材内容,我觉得自己还要去学习,我现在只看了三年级的,其实应该把整个六个年级的都走一遍,,所以我觉得这方面还有很多努力的空间。再来就是班级管理,每天都有新情况,我觉得还得努力,努力努力再努力。

这种学习的态度也促发了雯雯的反思,这种反思也有助于雯雯不断重构自己的教师专业身份。就这样,在反思基础上雯雯通过自学和"听课"获得新知与启发,在启发和收获中不断反思,似乎形成了一种良性循环。她在回忆这段经历时说:

真是书到用时方恨少,我来了才知道自己知识储备太少。所以我读了很多相关的书,比如小学语文课程与教学、现代汉语、作文教学等。但是仅从理论上学习也不够,很难跟教学实践结合起来,所以我也去听听其他老师的课,听他们的课我觉得收获较大,而且他们也是面对这样的学生,所以比较了解学生在想什么,这并不完全是直接给我知识什么的,但是它引发了我的思考。

---

①本段选自雯雯的反思日记。

雯雯通过理论学习尤其是"听课",她认为通过具有一线经验的老师的启发,能有效促使自己重新认识自己。除此之外,在访谈结束时她也提到,这样的访谈,不仅让她把整个这半年的支教生活整理了一遍,还让她把存放在实践意识中的教师专业身份,通过叙说为话语意识(discursive conscious-ness),①而再次深化了她对自己作为实习支教教师的认识。

4. 雯雯眼中的学校老师——"重成绩,轻品行"

还没有进入实习支教学校的雯雯认为老师是该上课的上课,该改作业的时候改作业,老师和学生应该是彼此尊重和谐民主的关系,然后老师之间应该是相处愉快,相互合作的,学校应该是一个很单纯的地方,但是她发现学校教师间的相处并不是每一个人都是这样,时常都能听到彼此为维护一己私利而争吵的事情,时常能看到老师体罚学生的现象。老师也并不是那么积极,这种安逸保守的教师文化,在一定程度上冷却了雯雯刚进实习支教学校时对教师工作的热情。就如她所说:

> 刚开始我还不太在意其他老师,总是置身事外,专注教学,但后来发现,你想置身事外都不行。记得,有一次卫生大检查,我们班明明都是好好的,结果非得弄到倒数第一名,我当时倒没觉得什么,但是学生和数学老师不愿意了,因为这影响到数学老师的绩效,她非得让我找他们去,结果还弄得很不愉快。所以,有时候真是没有办法。

除此之外,不论是教育大环境还是雯雯所在的支教学校,似乎都笼罩在分数至上之中,进而潜在地钳制教师的教育观点和实践。雯雯认为学校也只以学生的分数来评价教师的绩效,老师也就只关注学生的学习成绩,对品行和习惯都不重视。她说:

> 每次县里统考完,学校教务处都会把成绩张贴出来,让老师们自己看。每个老师看了就知道她年底的绩效工资会发多少。幸好,我没事,我是没有工资的老师,他们不管我考得好不好,但这涉及到配班老师,所以还是有压力。

对雯雯建构教师专业身份产生重要影响的还有该校的特岗教师。雯雯发现该校的特岗老师一方面和自己当前一样是"边缘化群体",始终无法融

---

①话语意识是吉登斯提出的概念,它表明行动者有条理地表述出来的意识,是一种对行动做出反应,进行描述与监控并给以理性解释的能力。这里借用话语意识来说明雯雯对其实践行为的表述和理性解释。

入到学校之中;另一方面他们也对自己未来的发展充满忧虑和担心。这对雯雯未来的职业承诺起着消极的影响。她说:

现在新疆当教师只有两条路,一是个别地方教育局的招聘,像克拉玛依和独山子教育局,但他们都比较排外,都只招本地户口的学生;一个是自治区和兵团的特岗考试,而他们提供的岗位大多是农村。我要是考上农村的特岗教师,我估计也会像他们一样。

5. 雯雯的情绪经历

雯雯在实习支教之前对自己的表现充满期待,坚持自己对教育专业的理想,希望能够在实习支教期间大显身手,至少"不丢脸"。但是,到了实习支教学校后先是突如其来的班主任工作,后是挑战自己专业的语文课,雯雯对扮演的班主任和语文教师角色充满不确定感并缺乏实践能力,同时又经验到现实与理想、农村与城市的落差和不一致,甚至还没来得及对自己身份的解构与重构,则导致了"担忧"。她说:

突然就让你带班主任和语文课,而我自己还觉得是学生。所以一下就觉得自己是空的,还要更掏空去给别人。不知道该怎么办,害怕、担忧。

面对理想与现实、城市与农村的落差,雯雯企图尝试各种教学方法,寻求多样化的教学形式,注重班级纪律的维持,开始质疑知识理论的价值而试图转移对自我教师意象的焦点来弥补班级管理失序,这激发了雯雯的激情,通过反思和学习,建构自我理想的教师意象。尤其是几次成功的经历更让她充满了激情。在访谈中,她讲述了这样几个成功的故事。

在一次为了学群众路线才开的开家长会,主题是"意识形态反分裂",而家长基本上都是农民,少数民族,不知道该如何讲,只能从身边小事讲,不去清真寺、不戴头巾,要民族团结,不要做影响孩子的身心健康的事,反正都是贴心的话,都是站在他们孩子的立场上讲的嘛,家长们反映挺好,甚至有家长到校长那儿说我的好话。当校长告诉我时,我那兴奋劲,就像打了鸡血似的。

每天早上我都去检查学生的卫生,在教室里转一圈,看到某个学生的手特别脏,我就会说你看XXX又是全班最脏的,快出来给大家转一圈,他就会跑去把手洗干净,我坚持了一段时间后,我们班学生的卫生是全校最好的了。每周星期一升国旗时,校长、书记都会表扬我们班。

在反思和学习中获得教学的信心,在理想与现实的挣扎中学习扮演语文教师的角色,虽引发了雯雯改变信念和成长的机制——"内省",但雯雯遭受到外在的消极评价和经历了"职场黑暗"后又陷入到懈怠的情绪之中。她说：

> 教务处主任听我的课后给我打了 75 分，给其他老师都是 80 多分，他上面写的是课堂表现是："孩子太乱，拓展太多"。而抽考时，又专门抽考我们班。教育局来检查时，检查我的教案、作业、听我的课。每次检查都听我的课，当教育局的老师听我的课后说我讲得太难了，还说是教务处说你讲课好，推荐来的。那时我才觉得学校一点也不单纯，甚至很黑暗。我顿时就没有了动力。

雯雯在自我反思和重新平衡定位后，为了适应实习支教学校的要求，她开始接受实习支教学校的教师文化来作为教师角色扮演的依据，将自己定位为实习支教学校中的"不拿工资的教师"，开始修正了原来的教师专业身份，"按部就班地做好分内的工作，坚持到支教结束"。但雯雯还是重视学生的品行问题，即她认为"育人比教书重要，也更难"。所以，她一方面接收学校的结构性限定，另一方面又发挥自己的主观能动性。她说：

> 可能是因为我现在在这个学校，我还是觉得育人比教书重要，当然也更难。怎么讲呢？就算不读书，但是品行、品格方面，至少要是一个堂堂正正的人，而不会去做一些非法的事情。我觉得现在可能大家会很在意成绩，有时候品格教育会没有重视，就像我听一个教授讲我们国家的德育的那样，"说起来重要，做起来次要，忙起来不要"，但是我还是觉得老师应该关注和重视学生的品行问题。

在临近支教结束的一次访谈中，雯雯通过从"实践意识"到"话语意识"的转化，开始反思整个实习支教生活，但她更多地看到的是自己未能实现理想的一面，而开始批判自我，但所留给她的时间不多，因此她陷入了困惑和自责的泥潭。她说：

> 作为老师，不管是支教老师还是这里的老师，我觉得应该教书育人，应该尽到一个老师的职责。我刚开始还一门心思的去抓学生学习，其实，更应该抓学生的生活，培养他们的习惯和品行，因为这是终身受用的，比如排队、过马路、洗手、不拿别人东西等。但后来，一方面可能是觉得这个环境中我实在无能为力，另一方面可能是我的懈怠，没有把学生教好，没有办法教好一个孩子的行为养成，还真是有点遗憾。

（五）现在和未来的雯雯

实习支教接近尾声，也将面临着未来职业规划的雯雯，此刻的她，内心还停留在反思后的困惑与自责之中。访谈中，雯雯也表述了自己心里的挣扎与展望。

1. 现在的雯雯

雯雯是怀揣理想和抱负来到实习支教学校，她期望能完成支教任务，同时也能在支教过程中可以有所收获，但是真正进入实习支教学校后他觉得和预期的有些不一样，学校的环境、老师和学生都和想象的不一样，理想和现实差距很大。她说：

> 尽管对学生还是抱有遗憾，但现在我真的有些厌倦和疲惫了。或许是因为我猛地一下上课太多，或许是我自己马上要结束支教而猛地放松后的感觉，又或许是我发自内心的开始排斥成为农村特岗教师，反正我现在是身心疲惫了。

可见，过重的工作负荷，往往会扼杀实习支教教师的热忱与理想。

2. "我要继续当农村特岗教师吗？"

经历了实习支教的洗礼，雯雯认为农村学校的现实环境和想象的不一样，理想和现实差距太大。她发现许多老师都把"老师"当成一份工作，少了那份教育的热忱与追求，多了一些为了个人私利的明争暗斗，特岗教师也只是将其作为跳板或者限于政策要求而必须服务三年，得过且过。而当前雯雯基于所了解到的新疆的教师招聘和招考政策，她开始追问自己，是否要去当一名农村特岗教师。直到访谈结束，雯雯也没有明确自己的态度。并自我调侃到，"如果我当了农村特岗教师，或许明天也会成为她们那样"。

3. 成为一位"既要教书更要育人的教师"

雯雯表示，高中语文老师是她的榜样，也影响着她对自己成为一位教师的形象，正在实习支教的她也处在成为一位教师的路程中，她认为，如果她最后万不得已选择教师的话，她希望成为一位"既要教书更要育人的教师"。她说：

> 如果我对当老师又能重新燃气一丝希望的话，我会希望成为既教书更要育人的老师。我会更加关注学生的品行问题，养成良好的习惯。在成绩方面，如果学生已尽全力，我不会过多的要求，因为毕竟孩子与孩子是有差异的。但我会想方设法使我的课堂有趣和有序。毕竟既要教书更要育人，

这样的老师才是我心中的好老师。

(六)雯雯的教师专业身份建构过程

雯雯带着儿时的愿望走进了师范学院,想要成为一名教师。求学时期的两位老师的关怀,对她成为一位怎样的老师有着重要的影响。在期待的心情中为实习支教做了充分的准备,带着期待与紧张进入了到了实习支教现场。雯雯的叙说中强调要当一名既要教书更要育人的老师,她认为老师最需要的是教会学生做人。

1. 进入实习支教场域前的重要事件

(1)进入师范学院的原因:他人影响与自主选择

内心体验:充满期待

应对方式:比较中的抉择

建构状态:想成为一名老师

(2)高中语文老师:跟心走

内心体验:很崇拜

应对方式:时常请教

建构状态:老师应该关注学生品行和习惯养成

(3)初中政治老师:关心和教学

内心体验:喜欢政治

应对方式:心中榜样

建构状态:老师应该关心学生和激发学习兴趣

(4)实习支教的动机:期待

内心体验:期待和紧张

应对方式:充分准备

建构状态:支教教师和实习教师双重身份

2. 进入实习支教学校中的具体行为

(1)学校文化:注重分数和各自为阵

内心体验:和想象的不一样

应对方式:做好自己的事情

建构状态:我只是一位实习支教老师

(2)教学实践:学教语文

内心体验:充满自信

应对方式:定位、调整自己

建构状态:自己能当好小学语文老师

(3)与学生关系:从树立权威到亦师亦友

内心体验:成就感

应对方式:调整自己

建构状态:我是一位关注学生品行和习惯养成的老师

(4)与其他老师的关系:无法融入

内心体验:矛盾与纠结

应对方式:置身事外

建构状态:我是一位不拿工资的老师

(5)对自我角色的认知:是一位老师

内心体验:不受关注

应对方式:不断完善

建构状态:实习支教教师不同于正式老师,只是一位不拿工资的新老师

(6)自身的情绪经历:担忧、激情、懈怠、困惑

内心体验:自责

应对方式:调整自我

建构状态:希望当一位既要教书更要育人的教师

3. 对教师专业的承诺和确定

雯雯经过实习支教的洗礼,面临着理想与现实之间的差距,开始纠结于是否继续当一名老师。此时,她对教师专业的承诺也受到了来自各方面的冲击。

内心体验:纠结

应对方式:悬置

建构状态:如果选择当老师,希望当一位既要教书更要育人的教师

雯雯虽然没有作出最后的抉择——是否继续成为一名教师,但在她进入实习支教学校以前,从自我概念及受教经验中形塑了自我教师专业的价值观念和知识,她觉得老师应该教书育人,而不仅仅是关注学生的学习成绩。

进入实习支教场域的雯雯面对带班和专业不对口的现实震撼,为了能够当好班主任和小学语文老师,雯雯从人我互动和自我反思中追寻对教师的统合。经历了担忧、激情、懈怠和困惑的情绪体验,体验了当小学语文老

师和班主任的成就感,坚定了既要教书更要育人的理念,确定了自我的教师专业身份。但是,在招聘政策和实习支教场域中的消极体验的影响下,雯雯开始纠结于是否要继续选择当老师,担心当了老师后就会成为"你"。

三、天天建构教师专业身份的故事

在大学期间,我给天天上过课。他有着一双小眼睛,却总是充满着激情和活力,脸上始终带着神秘的笑容。作为教师的我和作为研究者的我,我见证了他这三年的成长历程,目睹他从一名师范生变为实习支教教师。所以,天天是我认识最久,但却是最不熟悉的一位受访者。因为他在 Y 市电视台表演的《孔雀舞》而引起师范学院的师生对他刮目相看,而我给他上了一学期课,却对他的这些才能一无所知,所以我决定开始重新认识他。另外,把他作为我的研究对象还因为他的坚持与对学前教育专业的热爱,尤其是作为一名学前教育的男生。三年前,我把他带到幼儿园进行为期一周的见习,他成为了最受孩子和幼儿园老师欢迎的见习老师,并且他三年来一直穿梭于师范学院和幼儿园之间。这样一位有着多项才能又对学前教育充满热忱的男学生在实习支教过程中如何建构他的教师专业身份,引起了我研究的兴趣。于是,我决定将他作为我的研究对象。当我向他发出邀请时,他也欣然接受了我的邀请。访谈时,我看见他在访谈大纲上总是写满了密密麻麻的提要,并且自己也用手机将访谈过程录下来,他说他也想珍藏"这段美好的回忆"。从中,我看到了他的认真和细心,那时,我似乎也明白了为什么他是"最受欢迎的见习老师"。

(一)入学动机——强烈的内部动机

天天出生在农村,父母都是地地道道的农民,家里也只有他一个孩子。父母对他疼爱有加,也一直尊重他的选择,因此,父母很少干预他的选择,也很少关注他的学习成绩,更多的是生活上的关照和默默的支持。

1. 表姐的"特殊照顾"——"崇拜老师"

天天的小学是在特别的呵护和关怀下度过的,因为他的班主任兼语文老师是他的表姐。因为天天从小学习就好,再加上有当班主任的表姐,所以他从一年级开始就担任班长。在表姐的"特殊照顾"下,他体会到老师的关怀,也在当班长的磨砺中提升了各种能力。与此同时,在他的眼中,表姐"拥有操纵学生的权力,是一手遮天的神",看到班里的同学都羡慕自己有这样一位当老师的表姐,他也开始崇拜老师,梦想着自己也能当一名像表姐那样的老师——"可以操纵学生和一手遮天的老师"。就像他所说:

表姐,老师,对于当时我们小孩来说,是一个有权力的人,拥有为我们的努力给分数的权力,拥有确定谁当班长和其他班干部的权力,有了这个特别照顾我的人,在班上就可以为所欲为;老师就是全世界,给我们巴望不已的奖励,是可以一手遮天的神。我非常在意老师对我的一颦一笑,被老师钦点为班长就兴奋上老半天,老师找了别人不找我,就失望不已。当时就想,我以后也要成为这么厉害的人,可以操纵学生,可以一手遮天。

2. 中学时的经历——"做中学"

到了初中和高中,天天也热衷于班级的事务,对老师放手让他去做的做法更是记忆深刻,在繁重的学习过程中继续锻炼自己的能力。他说:

在初中,我的班主任老师让我当宣传委员,所有的宣传工作都是我一个人完成。刚开始,我每次去问班主任这怎么做、那怎么做,他每次都说,"没事,你按照你的想法做就行了"。后来我就不问了,办板报啊、班级墙壁布置啊都是我自己干。在干的过程中,我学会了很多东西,尤其喜欢上了绘画和手工。到了高中,尽管学习紧张,但我还是在团委负责宣传,经常接触的还是设计、绘画、手工什么的,我的兴趣也慢慢转到了这些上面,但绘画只是一种兴趣,没有专门学过,所以也没想着考艺体。就想着多一项才能,或许以后用得上。

3. 学前教育专业——与父母执拗后的自我抉择

带着儿时对老师的崇拜,中学时的兴趣转移,在与父母执拗后毅然选择了学前教育专业,想要当一名幼儿老师。他说:

父母都说当中小学老师都可以,但是不能当幼儿园老师,说没有几个男的去当幼儿园老师。所以填报志愿时,他们都反对我填报学前教育专业。我天天跟他们争论,并威胁说不填学前,就不读大学了,也回家干活,父母执拗不过,也就同意了。其实,我报学前也不是心血来潮,我当时就想,我当幼儿园老师能发挥我的特长,再说了我最喜欢跟小孩玩,看到那些小孩就觉得特别开心。并且,现在学前也好就业,像我们这种家庭,又没关系又没钱,完全靠自己,我当幼儿园老师肯定没啥问题,何况我还有性别优势。(笑)

(二)准备当老师——在师范学院的天天

师范学院是个很神奇的地方,把进到里面的人都变成了老师,它能激起做为一个老师的热情,也能浇熄做为一个老师的热情。师范学院把天天这个兴冲冲非常想要当老师的小孩,变成一个具有明确目标的"老师",对于习惯为目标而努力的他来说,注入了无尽的动力。

1."被淹没中找到自我"

本来就喜欢和孩子在一起的天天带着当幼儿老师的梦想,义无反顾地走进了师范学院学前教育专业,实习支教前三年的大学生活,天天开始抓住每一个机会践行自己的梦想,同时为实现幼儿教师的梦想积攒力量。但刚到师范学院的天天则经历了很大的转变。她说:

我进到梦寐以求的地方,学了我想学的专业,但是心里却产生了极度的不平衡,作为一个农村来的孩子,我觉得自己被淹没在人群中,我希望像中学一样能够展现自己的好,但是别人似乎都不给我机会。我一直在寻找表现的机会,直到有一天,我登上了电视台,跳了那段孔雀舞之后,我才重新找到自我。

2."为了考试而学理论"与"为了有用而学技能"

天天认为在师院课堂中讲的那些理论知识没有多重要,只是抱着"为了考试而学的心态"来学习、修学分,认为师院中的知识是偏向理论的,只是在分散的介绍书本知识,很少谈到实际层面的运用。而对学前专业开设的技能课程,如钢琴、绘画等,他却投入了极大的热情,认为这些课程对当幼儿老师有用。也就是说,天天对师范学院所开设的课程有着自己的看法:

师范学院开的课程嘛,我觉得很理论,就是书本上的理论知识。当然,理论是需要的,不过,老师应该在讲理论的同时给学生一些操作性的建议,但是为了考试,修学分,我还是用心学,也还是学会了好多有用的知识。而技能课不一样,让自己操作,能感觉到自己的进步,并且对以后当幼儿老师也有用,所以投入的时间是不一样的。我每天都练钢琴,觉得进步很快,手工也是,没事就在网上学习折各种动物、生活用品啊,还蛮有成就感。

3."找到新的学习机会"与"看起来像幼儿老师"

天天将见习当成是一个学习的机会,每一次的见习都会有所收获,因此,天天从大一开始直到实习支教前都持续在幼儿园见习。正是因为见习,他感觉自己就"像一个站在起跑线上的运动员,做好了暖身,等待发号枪声

一响,就卯劲地跑出去"。他说:

在幼儿园的感觉真不一样,在孩子眼中我就是老师,给我一种当老师的感觉。所以每次去都很有意义,学会了幼儿园一日的活动安排,学会了怎么组织活动、怎么和孩子沟通、怎么讲故事,反正比书本上学到的东西多,关键都是有用的。即使幼儿园老师让你不进班而去干一些其他事情,都觉得是有意义的学习机会。尤其是帮着老师组织活动和在老师的指导下自己上课的时候,感觉到和孩子在一起的快乐,有一种实践感,也觉得自己像一名幼儿老师。总之,在这三年的见习中,我就觉得正是这个真实的幼儿园环境在潜移默化地将我形塑成为看起来像幼儿老师了。

师范学院三年的学习和三年的见习生活,让天天有机会真正体验到自己"看起来像幼儿老师"的成就感,也更加坚定了他对从教的信念与承诺。

(三)实习支教的前奏——蓄势待发与积累经验

经过三年的学习和见习,天天把自己比喻为蓄势待发的"运动员",与此同时,由于被分到农村实习支教,他也表示可以去积累更多的经验,可以弥补自己的不足,从而提升自己,以后也能"城市农村通吃"。他说:

我觉得我经过三年的学习,就像前面说的那样,我已经蓄势待发,对实习支教充满了期待,但是还有点担心,因为我去的是农村双语幼儿园,对农村的条件和孩子都不是很了解。反正是实习支教嘛,可以根据自己现在积累的经验去探索、学习,这为以后万一到农村工作奠定基础,至少可以积累一些经验吧。说不定还能城市农村通吃。

天天觉得自己已经"像幼儿老师了",已经开始从师范生到教师的身份转变,也希望通过实习支教积累更多的经验,只是对农村幼儿缺乏了解,因此试图通过实习支教积累经验,成为一名既能在城市又能在农村幼儿园胜任的幼儿教师,这成了他追求的目标。

(四)实习支教学校中的天天

天天实习支教的学校是一所国家援建的小学,六个年级加学前大小班共160多人,大约有十五名小学老师,没有专门的学前班老师。硬件设备也较为简陋,一座二层的教学楼,一间食堂,一间大房子改造的老师与学生一起的宿舍。天天的实习支教生活就是在这所简陋而朴实的校园中正式拉开序幕。

1."找到在实习支教学校中的自我价值"

天天一直在强调要改变自己,也尝试着找到自我实习支教的意义。他以"不一样的老师"来标志自己,他据此认为,来到这里支教不仅仅是为了帮助这里的孩子,他更感觉到和孩子在一起时的快乐,也是他实现自我价值和大显身手的地方,在"带班"中获得一种自我实现的感觉。幼儿教师的角色与天天的自我紧密的结合在一起。

(1)"我能做的就是教好孩子"

天天来到实习支教学校就带学前小班,这也是他所期望的。只是在这个学校没有其他幼儿老师,这个班的所有工作都得由他来完成,他没有将此认为是负担,反而成为了他大显身手的最好机会。他说:

我是学学前的,一来这里就带班,虽有些出乎意料,但也是我大显身手的好时机,我能做的就是教好孩子。这也是我愿意做和能做的,因为当我和孩子在一起的时候,我才发现这是我最擅长的,也是我想要的。

(2)"我感觉到我来的价值"

天天在和孩子的互动中建构出了自我作为幼儿教师的身份,而建构这个身份的动力则来源于天天在实习支教过程中的自我价值的实现。他强调:

我喜欢做可以让孩子感到高兴的事,只有孩子们真正高兴和感兴趣,他们才会去探索自己,喜欢你这个老师。我真的花了很多心力在做这些,从中我也获得一种自我实现感。尤其是当孩子拉着我的衣角说:"老师你会一直教我们吗? 我们喜欢你,你不要走。"

(3)"我就是幼儿老师"

天天来到实习支教学校也引起了很多老师的"关注",有质疑,有好奇,也有信任,总之,"男性幼儿老师"成了当时学校热议的话题。不仅仅是老师的热议,很多家长对男性幼儿老师的到来也充满好奇与担忧。正是在自我与他人的互动中,天天找到了自己的位置——"我就是幼儿老师",这种自我定位让他感到安定,甚至产生了强烈的身份认同感。他说:

当看到他们对我投来神秘的或者疑惑的目光时,刚开始的时候我还有点不好意思,甚至怀疑自己能不能当好,后来我就会报之一笑,我觉得我就是一个幼儿老师,和孩子在一起工作,又不分性别,男的一样可以当好幼儿老师,甚至当得更好。

2. 承认差异:"我是一位和其他老师不同的幼儿老师"

天天看到自己的长处在于和孩子相处,来到实习支教学校后感觉到自己的价值,这使得自身作为实习支教教师的角色与自我相契合,并以积极的角度来看待自己,将自己定位为"我是和其他老师不同的老师",以及"我会是一位好老师"。承认自己的不同,抗拒着来自"同事"间要求的压力,走适合自己的路,坚定的认为自己和其他老师不一样。

(1)"学校有一种特定的教学模式"

天天看来,在这样一所学前班和小学在一起的学校,学前班的教学就跟小学的教学模式一样,没有了学前班的特点。他说:

在这里有一种特定的,你到处都可以看得到的教学模式,在这个学校中,看到的是老师们站在教室前面一直在讲,学生们坐在那里安静的听,个别做小动作的学生则会受到严厉的惩罚,轻则罚站,重则拳脚相加。孩子们很少和其他同学一起交流,都是自己坐在位置上学习。然后老师告诉孩子什么该做,什么不该做;什么时候做什么,什么时候不能做什么。孩子就像是老师的玩偶。

在这种完全不适用于学前班的教学模式面前,天天顶着压力,选择了自己的教学模式。他说:

我一般都是师生互动式的教学,因为他们毕竟是学前小班的孩子,坐不住,再说了也没有必要那样死板,但我还是强调班上必须要遵守的规则,孩子也必须在我的指示下去做。

(2)在"同事"间感受到要求一样的压力

天天说要真正冲破学校的固有模式是一件非常难的事情,有来自孩子的压力,孩子会说"以前的老师不是这样教的",当然主要是有来自"同事"的压力,他们散发出一种要求顺服的力量。他说:

其实,我的压力更多的来源于其他老师,他们会无形当中要求你跟他们一样。我的意思是说,假如我没有做其他老师正在做或者他们认为我应该那样做的事情时,就好像犯了错似的。他们就会质问说:"你为什么这样做?"不同的另类的做法,在他们眼中看起来就是不对的。记得有一次公开课,我主要是让孩子在玩中学,并且主要是玩游戏。老师们听完课后,有一位老师就对我说,"你为什么要做这些活动?"然后她又接着说:"有一些老师对你让学生光玩感到不可理解。这些孩子以后能顺利进入小学吗?你这不是不配合我们小学老师嘛。"总之嘛,在这个学校中有一些事情被认定为每个老师都应该要那样做。

当我进一步追问,他如何应对这些压力时,他回答说他采取的是"两面派"战术,就是"公开课或有人听课就按学校模式教,没人听课就按照自己的想法教"。可见,他是在不得不顺服的学校文化中发挥自己的能动性,而不是尝试改变学校文化。

(3)"走适合自己的路比较容易"

采取"两面派"战术,并没有影响天天走自己的路——"玩中学",他觉得"走自己的路比较容易,心理感到很自在"。正如他所说:

大学里面老师也是这样教的,见习时看到老师们也是这样做的,我也这么觉得,幼儿园嘛,就应该是孩子玩的地方,玩的过程中照样学会很多东西,为什么必须要采用传统的教学模式呢。反正我就按照我的想法教,这样我做起来容易,因为习惯了。反正走适合自己的路是比较容易的,不用想着怎么去套用他们的教学方式。

(4)"我和其他老师不一样"

天天之所以能采取"两面派"的战术,按照自己习惯的方式教学,走适合自己的路,主要源于他对自己是谁的认识,他认为"他和其他老师不一样"。他说:

我想,在个人方面,我和孩子互动的方式是与其他老师不一样的。我尊重孩子,我不会先入为主的总是把孩子做的事看成坏事或错事,我不会将孩子看成是笨的,我尊重孩子。也常和孩子打成一片,一起玩,一起做游戏,一起嬉闹。例如,孩子在桌子上画,我不会像其他老师那样制止并惩罚,我就会让他们继续画,因为那对他们来说是一件很有趣的事情。画完了再想办法擦掉。

在教学上,我还是坚持玩中学的思想,通过做游戏和一些活动、讲故事来学习,所以每天教室都是"吵吵闹闹"的,他们也很开心。

除了教学和与学生关系不同于其他老师,天天还认为,由于自己是实习支教老师,与同事没有实质性的利益冲突,所以在与同事关系上也有所差别,不必陷入其中。他说:

学校老师虽然少,但你会发现关系很复杂。记得有一次,一个老师说另一个老师怎么怎么样,而另一个老师又说这个老师怎么样。我当时都不知道该怎么回应他们。幸好一位老老师告诉我,"学校老师虽少,但关系复杂,闲话多,你以后就多听少说,反正不会影响到你的切身利益"。这也成了我后面处理同事关系的法宝。

3. 承认差距:"我现在还算不上好老师,但我会成为一个好的幼儿老师"

天天认为一位好的幼儿老师,会让孩子喜欢上学,接纳并爱每一个孩子,注重培养孩子的习惯,强调养成教育,像爸妈一样的关爱孩子。这些形象也成为天天评估自己的标准,他认为在实习支教的这段时间,孩子有了很大的变化,喜欢上学了,养成了一些好的行为习惯,尽管还没有完全实现自己的理想,也遇到很多挫折和面临许多挑战,但他坚信自己"会成为一个好的幼儿老师"。

(1)"让孩子喜欢上学"

在天天看来,要对孩子进行教育和成为一个好的老师,首先得让孩子喜欢上学。他说:

在那个学校,经常都可以看到孩子不来,到处乱跑。父母以为孩子来上学了,结果又不知道去哪儿玩了。所以我觉得一个好的老师首先得让孩子喜欢上学,他喜欢上学了,才能对他产生影响。我在见习的时候就在想这个问题,因为每天都看到有些孩子兴高采烈的来,到放假时都不愿意,都想着上幼儿园,而有些孩子刚进门就哭着要离开,我觉得这或许跟老师有关系吧。

基于现实的理解和对见习经验的反思,在天天眼里,让孩子喜欢上学成了一个好老师的标准之一。他也尝试着用多种方法达到这一目的,也收获了成功。

刚开始我还以为像市里一样,钢琴啊、投影啊什么都有,来了之后才发现什么都没有。教室的桌子和椅子都用的是和小学生一样的。每次中午睡觉都有孩子摔倒。于是,我就自己动手做玩具,然后也教孩子们做,孩子们有了玩具,也会做一些简单的玩具后就更喜欢来上学了。记得有一次一个家长给我打电话,说他家孩子发烧了,但非哭着要来幼儿园,要和我玩,家长要我给他家孩子说先不上学,好了再上。结果我就在电话里跟他说了,他也听了,当时就觉得好有成就感。

(2)"像爸爸一样关爱每一个孩子"

在天天老师的班里一共有44个孩子,孩子的民族成份有汉族、东乡族、锡伯族和哈萨克族等多个民族,孩子的汉语水平也参差不齐,"有些小孩不会说汉语,但能听懂一点",所以跟这些小孩的交流与沟通对于不会少数民族语言的天天来说就是问题,而要表达对他们的关爱也就成了天天面对的挑战。他说：

> 不像我见习时接触的那些（少数）民族小孩，这里的民族小孩汉语水平较差，有些小孩不会说汉语，但能听懂一点，所以想关心他们都不知道怎么表达。到后来慢慢好些了，孩子的汉语水平也提高了点，我也想了一些办法，比如让会汉语的小孩当小翻译，利用肢体动作等。尤其有一件事让我记忆很深，就是我们班一个小孩不跟其他小孩玩，老是一个人在角落里站着看，后来我发现这个小孩是六指，有点自卑，后来我每次就拉着他的手，带着他和小朋友一起玩，慢慢的他也融入进来了。这件事后，我就刻意的观察每一个孩子，担心还会出现那样的情况。

天天也坦言，要真正像父亲一样关爱每一个孩子对他来说还是一件很困难的事情，但是他表示他"必须尽力去做"。

> 既然我选择当老师，那我就应该去关爱他们。……有些时候很无奈，但站在老师的立场，我还是尽力去做。我觉得这样比较心安理得，也是当老师应该做的事情。

（3）"令人欢喜令人忧的养成教育"

培养孩子良好的习惯，注重养成教育是天天衡量好老师的标准之一。但他也认识到，要培养一个孩子的良好习惯和养成教育并非一朝一夕的事情，也会受到多方面的影响。在他实习支教过程中，在这方面可谓是喜忧参半，有激动人心、体验成就感的时刻，也有无奈与沮丧的时刻。

> 有一次，校长在升旗的时候颁发流动红旗，其他学生接过流动红旗转身就走了，就我们班的孩子给校长鞠躬然后说谢谢。当时我就觉得我强调文明行为习惯还是有效果的。但也有时感觉到很无奈。例如我每个周末都要求孩子回家剪指甲，但每个星期一来时绝大部分孩子都没有剪，我问他们为什么不剪，他们就说他们的爸爸妈妈不给剪，说还没有长长。

几次与孩子和家长的互动之后所得到的反馈，让天天开始清楚看到家庭在孩子身上起的作用，也更加坚定他的想法——需要注重养成教育，培养良好的行为习惯，于是，他也尽力在自己的工作中弥补家庭功能薄弱之处。

> 孩子的指甲没剪，我就教孩子回家反复提醒爸爸妈妈。孩子见人不打招呼，我就天天站在校门口迎接孩子，并主动向孩子和他们爸爸妈妈问好。孩子不爱洗脸洗手，我就每天盯着他们洗，也在教学中渗透讲卫生的教育。例如，有一次课，我就打来两盆水，一盆让学生洗手，一盆不允许动。然后让他们看这两盆水有什么不同。就这样孩子开始认识到要洗手了。

（4）"我已经在路上"

天天也认识到要真正成为理想中的好老师，只是一种理想，是他永远追求的目标，但他强调，"我已经在路上"。

首先，寻求支援

在天天实习支教的学校，由于没有专业的学前老师，有一名刚考上的特岗教师最终还是选择了离开，因此在天天追求理想的好老师的过程中，寻求外园教师的支持就成了他的有效策略之一。他说：

在学校要求给孩子教拼音时，我当时真不知所措，不知道该如何入手。其实，在市里见习时，看到大班老师教了，也学会了一些方法。但是这是小班，他们的口音①又重，当时我真没有想到好的办法。后来，我就打电话咨询见习时的指导老师——刘老师，刘老师在他们幼儿园是一名骨干教师，带了三次大班了。她给了我一些建议，对我的帮助非常大。

其次，自我反思

反思是天天最重视的发展途径。他认为专业教师必须敏锐察觉环境中的人事物，以及自我教学优劣处，更重要的是能够在每一次事件后，自我反省以利于下次改进。他说：

我认为一个老师必须做到两点：一是能观察到自己所在的环境、同事、学生是什么样子，因为这样才能够与他们很好相处，并且可以做适当调整，不管是心态上还是行为上。比如说，我前面说到我应对老师们的"两面派战术"、自己做玩具等。二是能够知道自己在教学过程中的优缺点、专长及不足之处。知道自己的优点、专长，就能在教学时大力发挥，知道自己的缺点和不足，就会想办法去改进，不断进步。例如，我刚才说的教拼音，我就发挥我的长处——手工，我做了很多卡片，结果用起来很方便，效果还不错，关键是孩子觉得很新鲜。

反思让天天看到了自己在教学过程中的能动性，他对如何处理好自己和环境也产生了新的想法，认为不应归咎于环境影响，而应回过头来从自身做起，走适合自己的路。他强调：

作为一个老师，我觉得最根本的是自己专业教学的部分吧。从自我做起，都不要去怪罪环境怎么样、其他人怎么样、孩子怎么样，自己先改变。说

---

①口音即语言发音方式中带有某些地方特色。天天这里说的口音是指少数民族同学发音方式中带有的少数民族语言（如哈萨克语、维吾尔语、锡伯语）的发音方式。

实话,刚来的时候,我还一直嘀咕学校这儿不好,那儿不好的,还说孩子差得要命,家长还不配合,后来我发现,这是事实,我改变不了,那我就只有改变自己了。当别人看到你的变化,会觉得好像还挺好的,说不定还会影响到他们的改变。比如说,我刚开始来他们都不把我当回事,觉得我胜任不了幼儿老师,但是我就把自己当老师,我一点一点的做给他们看,我做好了,当好老师了,他们也开始转变自己的观念了,原来男孩也可以当好幼儿老师,甚至比女孩还厉害。还有就是我教幼儿拼音用的游戏教学法,现在一年级的老师也开始学我的那套,我就觉得有些时候自己做好了,说不定还会改变整个环境和他人。

通过天天反思历程的回顾,在身份的转变过程中,天天从刚开始的顺服学校文化到"两面派战术",也就是从刚开始以改变自己的教师身份来适应环境、顺服结构,到后来开始期待改变自己以影响环境。

最后,从自主到自觉

天天从来到实习支教学校就受到他人的关注,为了证明自己能当幼儿老师,他开始了自主建构幼儿教师之路。他在外力支援和自我反思的基础上,承认自己是与其他教师不同的幼儿老师,也认为自己正在走向理想的幼儿教师,从此,天天走向了自觉的建构理想幼儿教师之路。

作为一个幼儿老师,我认为应该尽到自己的责任,认真做好每件事。所以我强迫自己一周之内记住每个孩子的名字,然后真正走进孩子的内心世界;我自己动手做玩具,顶住压力开展游戏教学等等,我觉得这些都是在为成为一个幼儿老师而努力去做的。你问我说:"为什么要努力去做一个好的幼儿老师?"其实我觉得这个问题对我来说好像没有那么重要,因为我以前好像没怎么想为什么,我只是去做,就好像开车一样,我高中毕业就学完驾照,但是现在一上车我根本不需要去想如何开车,我只是开就可以了。

(五)现在和未来的天天

实习支教结束后的第二个学期刚开学,天天就签约到某市公立幼儿园,他现在如何看待未来的"教师的我"呢? 离开实习支教学校的现场,他又是如何规划未来教师生活的呢?

1. 实习支教结束后的天天

实习支教的结束对天天而言是又一次反思的开始,回顾实习支教的目的和历程,带着期待收获的心情进入到了实习支教学校与孩子互动,期待实

习支教过程的收获,期待能积累农村幼儿园工作的经验,又带着对孩子的依依不舍和发自内心的祝福离开了实习支教学校。他说:

　　进入到实习支教学校后,我就想通过实习支教的机会进一步了解如何教学,了解小朋友的个别差异,投入情感和精力与他们建立良好的关系。我付出了,我成功了,我也收获了。这会是我人生中最美好的一段回忆。

　　在天天的总结中,他以"闪光的青春岁月"为标题来总结他这段美好的回忆。在总结中他这样写道:

　　时光荏苒,转瞬间一学期的实习支教工作已经结束,在绰霍尔乡布占学校实习支教的一学期中,我深深地体会着孩子是祖国的未来,体验着生活环境的艰苦,体会着工作环境的调整与角色的转换,领悟支教的快乐和人生价值的美。总的来说实习支教生活可以是这样的:"简单并有着快乐,平淡并有着享受,付出并有着收获!"①

　　人生在实习支教这一站,让天天积累了经验,体味到自己的人生价值,尽管实习支教现场的许多限制,天天未能尽显才华,但他却体验到生活环境的艰苦,更感受到成功的乐趣,认识到自己正行走在成为一名好老师的路上。

　　2."我一定会当幼儿老师"

　　这是一个兴趣、一个梦,一个当幼儿老师的梦。天天正准备去完成它。天天已经走到了一半,他说"我一定要当幼儿老师",喜欢的是带给孩子快乐,让孩子喜欢来上学,养成良好习惯,这是他的兴趣,也是他的志愿。在天天的生命中,他遇到生命中的贵人,这些老师给了他关怀、带领他进入学问的领域,这些关怀和引导搭起天天和成为一位幼儿老师的桥,他希望学生也能像自己一样,遇到好老师,而他自己,更想成为一名好的幼儿老师。教书,是天天的兴趣,当一位幼儿老师,是他的梦想。他说:

　　我真的很喜欢孩子,和孩子在一起,深深的影响着我,因为这不只让我有一种实践感,而且让我感到非常快乐。我从来不觉得我是想要去帮助孩子,我不是因为想要帮助他们而和他们在一起。只是和孩子在一起的时候,我感觉很棒,那是一种实践感,而且是一种自我价值的实现,更是我的一个梦,它让我自己黏在上面了,让我明白这就是我要做的,这就是我可以做得很好的事情,我喜欢做这件事,它让我感觉很棒,所以,我一定要去完成我这

_____

　　①摘自天天的实习支教总结——闪光的青春岁月。

个当幼儿老师的梦。

这些年来，国家加大了对学前教育的投入，新疆在国家大力支持下建立了1800所农村双语幼儿园，农村幼儿教师的缺额也较大，而城市幼儿园的缺额较小，但是要正式进入到幼儿园，都必须通过新疆维吾尔自治区组织的特岗教师考试，这也不是很容易的事情。但天天对自己却充满了信心，一定能实现心中的梦，只是在城市幼儿园和农村双语幼儿园当老师成了他内心纠结的问题，也是很难预料的结果。值得一提的是，我接到天天打来报喜的电话，他很开心的说着"已经签约了，是 XX 市的一所公立幼儿园"。天天离他当好的幼儿老师的梦又近了一步了。在我写完论文之际，他已经踏入了幼儿教师行列。我在该市的宣传报道中看到以"独山子来了个男幼师"为题的报道，大幅报道了他在幼儿园的优异表现。

3."我将会是一个怎样的幼儿老师"

经历实习支教期间的自我追寻和探索后，天天已经形成了自我价值观和好的幼儿教师的意象。面对未来，天天肯定的以为自己一定能成为一名好的幼儿老师。他认为好老师就应该让孩子喜欢上学，像父母一样接纳并爱每一个孩子，注重孩子的习惯，强调养成教育。

同时，天天认为这只是他心中的好老师的标准，他认为好老师的标准还有另一面，那就是别人心目中的好老师的标准是什么。他坦言，成为自己心中的好老师比成为别人眼中的好老师要容易。他说：

要成为别人心中的好老师，就得迎合别人的口味，就意味着舍弃自己去做别人开心的事，但是这样我就感觉不到自己的价值，就一点儿也不会快乐。我的快乐不是来自于别的，是来自于和孩子在一起的感觉。所以，我宁愿失去别人的喜爱，也不会勉强自己、放弃自己，而要坚持自我。

孩子是天天的意义所在。成为自己心中的好老师也是天天的兴趣，也是他目前的人生目标。他期望着朝自己理想的目标迈进。

（六）天天的教师专业身份建构过程

找寻个人对教师的梦想，成为一名好的幼儿老师是天天的兴趣。经过实习支教的磨砺和追寻，天天建构了自己理想的幼儿教师意象，坚持自我，不断学习，立志成为自己心中理想的幼儿老师。

1. 进入实习支教场域前的重要事件

(1)选择学前教育专业的原因:他人影响与兴趣

内心体验:充满期待

应对方式:执拗后的抉择

建构状态:想成为一名幼儿老师

(2)准备当老师:看起来像老师

内心体验:成就感

应对方式:找到自我、找到新的学习机会

建构状态:看起来像老师

(3)实习支教的动机:蓄势待发与积累经验

内心体验:迫不及待

应对方式:充分准备

建构状态:能胜任幼儿园教学的老师

2. 进入实习支教学校中的具体行为

(1)学校文化:封闭守旧

内心体验:疑惑

应对方式:做好自己的事情

建构状态:我只是一位实习支教老师

(2)教学实践:按照自己的想法教

内心体验:充满自信

应对方式:两面派战术

建构状态:我是专业的幼儿老师

(3)与学生关系:打成一片

内心体验:成就感

应对方式:像爸爸一样接纳并关爱每一个孩子

建构状态:我还算不上是一位好老师

(4)与其他老师的关系:没有深入交谈

内心体验:疑惑

应对方式:置身事外

建构状态:我是一位与其他老师不同的老师

(5)对自我角色的认知:我还不是一位好老师,但我会成为是一位好老师

内心体验：成就感

应对方式：不断完善

建构状态：我行走在好老师的路上

3. 对教师专业的承诺和确定

（1）继续成为教师：当一名幼儿老师，完成人生梦想

内心体验：充满信心

应对方式：积极准备

建构状态：我一定要成为一名幼儿教师

（2）一位理想幼儿教师的意象：让孩子喜欢上学、像父母一样爱每一个孩子、注重养成教育的老师

内心体验：充满信心

应对方式：注重养成教育

建构状态：当一位自己理想的幼儿老师

天天的教师专业身份建构过程就是像是追梦的过程，不管路途中的阻碍或质疑，反正最终目标就是成为一名心中理想的幼儿教师。天天从踏入学前教育专业到师范学院三年的学习，最终建构了一个模糊的教师意象——看起来像老师的样貌。在实习支教历程中，他不断的检视着教师样貌，最后清晰的构建了自我的教师意象——让孩子喜欢上学、像父母一样爱每一个孩子、注重养成教育的老师。在实习支教结束后，他承诺愿意投入教师工作，追寻着对教师的期待，也在行动中挣扎了自我对教师的感情，但最终还是走上了自我心中理想的教师之路。

四、蓉蓉建构教师专业身份的故事

蓉蓉是个开朗随和的女孩，每次遇到她，她总是笑笑的。与她接触之后，发觉她又多了一份知书达理的气质，相当的有修养。父亲是一位老师，母亲是一名公务员，家中就她一个孩子。因为家住学校家属院，从小就喜欢和小朋友一起玩，也立志像爸爸一样当一位受人尊敬的老师。

当我确定研究主题后，寻找研究对象时，考虑到她将派往县城的一所小学实习支教和她的班主任的极力推荐，我最后选择了蓉蓉。在第二次访谈时，我来到蓉蓉实习支教的学校，看她忙着准备给孩子上《变废为宝》的材料，我说明了我的来意后，她给我一张课程表与我安排访谈时间，从课程表

上看,蓉蓉上了三年级的数学、科学和综合课,每周 14 节课。考虑到安全问题,我将访谈地点定在了她的宿舍,每次历时两小时。

(一)入学动机——强烈的内部动机

由于父母都有固定的收入,家庭经济状况较好,住在小县城,一家三口感情也非常好。但是爸爸年年教高三,工作较忙,几乎没有多少假期,就很少有时间陪蓉蓉。更多的时间是妈妈一直陪着蓉蓉。但最让蓉蓉记忆深刻的是和小朋友玩耍的时刻。由于住在学校家属院中,父母也放心的让蓉蓉走出家门到外面和其他老师的孩子一起玩,与其他小朋友相比,蓉蓉最大,所以从小蓉蓉就扮演的是"娃娃王"的角色,就觉得从中体验到"教别人"、"指挥他人"时的快乐。所以,当老师就成了蓉蓉儿时的梦。

在蓉蓉眼里,父亲是一位深受学生喜爱和尊敬的老师,也是桃李满天下的老师。她向我讲到:

记得初中毕业那年我们一家人去内地旅游,每到一个城市都有人接待,爸爸都引以自豪的给我和妈妈介绍,这是哪一年、哪一年毕业的学生,当时情况怎么样,充满了自豪感。并且,在他和学生对话时,给人一种他乡遇故知的感觉。看到他们之间畅谈师生情,共叙美好时光,把酒言欢,我当时好羡慕,顿时觉得爸爸好伟大,当老师真好。

本来儿时就"喜欢教人"、"指挥人"而梦想成为一名老师的蓉蓉,在经历这次旅行后,更加坚定了她当老师的梦。就这样,在高考填志愿时毫不犹豫的选择了师范学院历史专业,但由于其他原因,后来又调剂到小学教育专业。在刚知道被调剂到小学教育专业时,蓉蓉还是比较失落,用她的话说就是"塞翁失马焉知非福",到我访谈时,蓉蓉对这次调剂有了新的认识,认为是"意外中的正确选择"。

(二)蓉蓉眼中的老师——求学经历和角色典范

关于为什么选择当老师,蓉蓉有时自己也弄不明白,就"好像一直都存在于自己的职业理想之中一样"。通过和蓉蓉共同回忆可以发现,这其实可以追溯到蓉蓉当"娃娃王"的儿时经历。但是真的开始将当老师作为自己的梦想,除了爸爸的潜移默化的影响外,还来源于她早期的求学经历。

1."爱打人"的小学老师

蓉蓉的小学是在县里的一所小学上的,蓉蓉当时是一个非常独立和学习成绩好的小学生,尤其是自己的作文经常被老师表扬。但最令蓉蓉难忘的不是小学老师的教学和对自己的鼓励与表扬,而是"爱打人"的行为。她说:

> 小学时自己也经常受表扬,但是我觉得这些都不是我记忆最深刻的。我记忆最深刻的是小学老师都爱打人。作业没做完打,上课不认真打,打架斗嘴打,似乎老师就没有用过其他的方法。所以在我的印象中,小学老师就是喜欢打。后来,我看到一些电影电视剧里面的老师怎么都不打人,学生却还听他们的话。比如《放牛班的春天》《麻辣鲜师》《全城高考》……。所以,我就在想为什么小学老师非得打人呢?我以后当老师了就不会这样。

"爱打人"成了蓉蓉意象中的小学老师的主要特征,但到后期的影视中教师形象的正面塑造让蓉蓉开始重新认识小学老师,她也开始构建了自己作为小学老师的意象——"不当打人的小学老师"。

2. "问题式教学"的初中语文老师

"漂亮的板书"和"令人深思的问题"是蓉蓉对初中语文老师的诠释。在蓉蓉谈及初中语文老师时,脸上洋溢着幸福和快乐,不时表达着对语文老师的崇拜之情。她说:

> 初中语文老师其他方面的我记得不清楚了,但我就记得两点:漂亮的板书和令人深思的问题。他板书到现在还在我脑际盘旋,字写得漂亮,到目前为止,是我见过的最好的,而且你看了他的板书你就觉得掌握整个这篇课文一样,具有概括性和条理清晰性。说到他的令人深思的问题,也可以叫做问题式教学,就是他都是以问题为线索来上课,以问题来导入课,让你带着问题读,让你读完后思考和解决问题……,有很多很多的问题,但这些问题又不让人烦,反而给了我们学习的思路。

蓉蓉之所以对初中语文老师的印象深刻,是因为初中语文老师的教学,好的教学成了蓉蓉评价教师的标准之一。

3. "人人喜欢"的高中历史老师

蓉蓉之所以在高考填报志愿时毫不犹豫的选择了历史专业,主要是受到高中历史老师的影响。在蓉蓉看来,高中历史老师是"人人喜欢"的老师,"风趣幽默,引人入胜,充满激情"是蓉蓉的评价,除了上课以外,历史老师也是"拯救她于水火中"的老师和朋友。她说:

> 他不像其他老师只关注我们的成绩和只喜欢成绩好的学生,他喜欢每一个学生,每一个学生都喜欢他。因为他上课风趣幽默,充满激情,引人入

胜,课堂上有让人从中受到启发的历史故事,有课本上看不到的野史,有对一个事件前因后果的透彻分析,所以我最盼望和最喜欢的就是历史课。除此之外,他还有敏锐的观察力,关键是他拯救了我。我高一时成绩不好,老是适应不了高中的学习和生活,还停留在初中的那种优秀学生的感觉,结果到了高中,比我好的学生太多太多了,内容一下子又变难了,成绩就不是太好,我都想放弃,是他让我重新找回了自信。否则,也没有今天的我了。

历史老师不仅有好的教学,而且对蓉蓉的人生发展产生了重要影响,也成为了蓉蓉理想中的好老师的形象代表。

4. 心中理想的老师——"人生导师和教学达人"

师范学院三年,带着自己对自己作为老师的认识和梦想,蓉蓉已经开始抓住每一个机会去践行自己的梦想,同时为了自己的梦想积攒力量。她说:

我参加了学校的义务家教协会,经常去义务家教,就是去给贫困家庭的孩子免费家教。我可得了好多荣誉证书。(笑)从入校到现在,我一直带着家教。非常享受给人解疑答惑的快乐,尤其是当你看着孩子成绩一点一点的提升,从不想学到找回自信,就会一种成就感。当然除了自己的锻炼外,我觉得我们专业开设的一些课程挺好的,我从中学会了很多,比如知道这个阶段的孩子的身心发展特点、知道了各个学科的教学方法……。更为重要的是通过这三年的见习,了解了市里面小学教学的情况,以前在县上读书,不了解市里小学的教学情况。

求学经历和"爸爸"的影响让蓉蓉踏上了教师征途,两位老师和"爸爸"也成了蓉蓉的角色典范,开始建构自己作为教师的意象。师范学院三年,在内部动机和利他动机驱使下,不断学习和践行自己的梦想,体验到自我价值和她追求的社会价值(免费家教体现了给弱势群体公平的教育机会),这更加坚定了她对教师职业的承诺,也由此建构了自己理想的教师意象——"人生导师和教学达人"。

我觉得理想的老师就应该像我的初中语文老师和高中历史老师那样的教学达人,更应该像历史老师那样成为学生的人生导师。我也希望自己能够成为学生的人生导师,教学方面成为教学达人,能够和学生成为朋友。若干年后,像我爸爸那样可以桃李满天下,见面时也叙说只有我们能听懂的故事。

(三)实习支教的前奏——紧张与不安

尽管当老师是蓉蓉的梦想,她也时刻准备着。但真到了要实现梦想的时候,蓉蓉感到了前所未有的紧张和不安。她说:

我觉得我从来没有这么紧张过,本来是不应该紧张而应该开心,因为当老师是我的梦想。正是因为马上就要实现了,我却有了莫名的紧张,我担心我表现不好,害怕学生不喜欢我。尽管以前带家教了,在见习时也看到其他老师怎么教学、怎么与学生相处了,这次不一样,是自己要真枪实弹的干了,并且面对的是一个班。

尽管感觉到紧张和不安,蓉蓉还是和其他同学一样,做了充分的准备——微格教学、参考书、教案等。怀揣着紧张和不安,充分准备后的蓉蓉来到了实习支教学校,开始了实习支教的新生活。

(四)实习支教学校中的蓉蓉

1. 蓉蓉眼中的实习支教学校

蓉蓉实习支教的学校座落在县城,"这个学校虽然比较小,但是麻雀虽小五脏俱全。兴趣班样样齐全,活动也是很多,所以学生虽少却都身怀绝技。学校非常干净漂亮,是县级示范精品学校,教学楼内更是干净整洁,常常会有各个学校的人来观摩,这也是这所学校值得骄傲的地方。"在蓉蓉眼里,老师们也是尽职尽责,与人为善,待人真诚。校长特别注重孩子的全面发展,学校最有特色的活动就是"阳光一小时"。

2. 成为一名教师——"当教师的感觉很好"

(1)"学习教学与学习当老师"

蓉蓉带着成为教师的梦想来到实习支教学校,但她发现当老师并不是一件容易的事情,因此,她开始"学习教学与学习当老师"。她说:

我才发现,大学里面学的课程是关于教学的知识,并且学习关于教学方法的知识也仅限于几门学科教学法的课程,比如小学语文教学、小学数学教学、小学英语教学等。但是到了学校,我觉得真实的教学和大学的课程知识之间似乎不能有效联系起来,因为大学里面更偏向于理想化的教学,比如,我们的教案都是针对理想的学生、理想的环境、理想的进程而写的理想的课时计划,但事实上现实中不是这样的,可能在现实教学中出现一个问题,不管是现实问题还是学生行为问题,你只能本能的去处理,甚至来不及思考我该怎么处理和为什么这么处理。所以,现实中的教学就显得很复杂。所以我得继续学习怎么教学和怎么当老师。

蓉蓉面对理论知识与现实教学、课堂教学中的预设与生成等问题时,开始将教学过程理解为复杂的过程。甚至在蓉蓉看来,要学会当老师,学会教学是关键。在实习支教现场,蓉蓉将学习怎么教学放在了首要的位置。开启学习之路的是蓉蓉来实习支教学校的第一堂课。蓉蓉认为她的第一堂课对她来说"是一堂失败的好课"。尽管从教学本身来说存在很多问题,不是蓉蓉理想中的好课,但是正是这堂课,蓉蓉学会了如何学习教学。

几位老师在听完我的课后,一语击中我在讲课中的问题。孔瑞玲老师和吴红岩老师是非常专业的语文老师,他们从语言和主题等方面说出了我的不足,主要有:课件开始展示的图片和故事如果选择再精炼一些就会更具有教育意义;在语言方面,专业术语还有待加强;板书设计可以再精炼一些,黑板上的题目不可以省略;对于学生的反应要多一点关注;而吴春英老师和关新真老师则是从专业的数学教学方面来总结,需改进的主要有:讲课可以再热情一些以带动学生的兴趣;对于重点讲解应更清楚一些;对于学生的动手能力应多一些指导,以使学生更清楚的明白所学的东西;数学语言要精练。总的来说,我知道了自己的不足,使得自己能够更上一层楼。①

蓉蓉通过这次课,知道了自己在教学方面的不足,也开始致力于思考改进的方法,对自己未来的教学也充满了信心。但这并不是蓉蓉学会怎么学习教学的关键所在。蓉蓉认为,在她后期的学习教学和学习当老师方面最有效的方法来自于孔老师在提出自己教学不足之前说的两个问题。"其实,你可以思考两个问题,你对这节课有什么想法? 要使这堂课变得更好,你想怎么做?"也正是这两个问题直接联系到蓉蓉在学习教学中问自己的两个问题:她想学什么和她需要做什么。

(2)"我会成为什么样的老师"

听其他老师的课是蓉蓉想到的提高自己教学的方法之一,于是,蓉蓉一有空就会到其他老师的课堂听课。在二年级一班的一次听课,使得她开始重新思考"我会成为什么样的老师"。

在听课时,时不时的听到老师在讲台上大吼大叫,当时我都被吓住了。但是,我看学生却没有什么反应。我当时就在想,为什么学生对老师的大吼

---

① 本段摘自蓉蓉的反思日记。

大叫没有任何的反应？难道是他们麻木了？我是不是还处在理想化阶段？老师是不是都应该这样大吼大叫，否则就会上不下去。一段时间后，我会成为什么样的老师？当我遇到这样的问题，我会怎么办？

蓉蓉见到其他教师的教学方式，引发了自己的思考，并开始假设自己的未来教师专业身份。这也说明蓉蓉渡过了"蜜月阶段"，开始从关注自身教学到关注学生和学生的学习。

（3）获得自信

蓉蓉刚开始希望自己做的事情都是正确的事情。在这样的自我压力下，她每次都会强迫自己问"这件事情做得正确吗"，因而也时常陷入自我怀疑的状态。自从关注自身教学转变到关注学生和学生学习后，她觉得开始思考她做的事情对学生有什么影响，学生的反馈和变化就成了蓉蓉判断自己的重要价值标准。学生的积极反馈和发展也使蓉蓉走出了自我怀疑，重新获得自信。例如，蓉蓉无意中选的课代表，却使她倍感欣慰。

冉洋是我的课代表，数学计算能力极强，一直很让我欣赏。后来我才知道，他并不是一直是这样很让老师喜欢。

他原来是县上一所最好的小学的学生，这所学校是我的母校，我小学也在那里上的，所以我知道那里的压力和老师对成绩的看重。由于学校的压力太大，而他的语文成绩又总是跟不上节奏，正好班主任又是语文老师，基本上每天都会责备他，每天都会叫家长。最终，他和他的父母都受不了了，所以将她转学到这所小学。

一开始见他，他坐在最后一排，上课从来不说话，但也从来不回答问题，下课时，他也只喜欢在教室里玩，不喜欢在室外活动。最初选择他作为数学课代表，并不是因为他的成绩好，因为刚开学我对班里一无所知，但几次下来的作业中，他的作业是最干净整洁的，订正的也非常好，给我的印象就是他很认真。我觉得作业认真的孩子会对工作很认真。后来，他证明给大家看，我没有选错，因为他做的真的很棒。不仅是对自己很严格，对工作也很严格。如果谁没交作业他就会一直提醒，也会帮我去辅导那些成绩不太好的学生，我不在的时候他会帮助我给大家布置数学作业，上课的时候也会作为小老师管纪律。不仅是这样，他上课也特别爱回答问题，自己在私下里会买一些奥数题做，下课的时候也喜欢出去玩了。同学们都超级喜欢他，也很听他的话。

有一天，他来我的办公室说："老师，XX没写完作业，我一直盯着，他就是吊儿郎当的不听。"他走后,李红老师说:"哎?冉洋竟然会告状了,以前他胆子可小了。他特别小的时候挺活泼的,见人总是问好。但在三小的时候,学习不好被老师骂的整个人直接就傻掉了,就是在过年的时候,亲戚长辈去,他也不问好,不说话,整个人就是个傻子,最后没办法,他的家长把他送到这里来了,还好送到这里来了,要不然就完了。"听完之后,我才知道原来这孩子有这么多的故事,他真的很不容易,这么小就经历这么多。

记得第一次数学竞赛,他得了三年级组的第一名,上台领奖的时候,他们班的班主任很惊奇的对我说:"啊?冉洋竟然拿奖了,还是第一名?以前他从来没有拿过奖。"听完他的话我不知道是该喜还是该悲。

但是我真的没想到,就是我让他作为数学课代表之后,他有着翻天覆地的变化。有时候真的是对孩子的一个小小的鼓励就是对他最大的帮助和支持。因为他的优秀促使着他更加优秀。多给孩子鼓励,多去发扬他的闪光点,他会成长的更快。①

"无心插柳柳成荫",冉洋的变化促进了蓉蓉的反思,更让蓉蓉意识到自己作为教师的满足感来源于学生的成长变化。

(4)"感觉自己是一名老师了"

师范生从一名接受职前教育的学生到一名学校老师,必然要经历一个身份的转变(shift)。② 蓉蓉意识到自己从学生转变到教师是在这样的时刻,"当我越来越关心他们(学生)时……当我想都不想就愿意去为他们做一些事情时,当我意识到我在越来越关心学生时,当学生需要我的帮助时,当我和学生在一起时,我感觉自己是一名老师了"。蓉蓉从学生到教师的身份转变是基于对学生的付出,并从中体验到存在感,可见,学生成了蓉蓉的价值和意义所在。

3. 建构学校支持网络助益于教师专业身份建构——"我是一名成功的实习教师"

从进入实习支教学校以来,蓉蓉一直都在谈论着实习支教学校老师对她的帮助,这些帮助也成为了她建构教师专业身份的支持网络,从而帮助她改进她的教学实践和学习到更多有关教学的知识。因为蓉蓉不断学习,她

---

① 本故事摘自蓉蓉的反思日记。

② Beauchamp, C. , & Thomas, L. Understanding teacher identity: an overview of issues in the literature and implications for teacher education[J]. Cambridge journal of education, 2009(2):175-189.

的教师专业身份也在持续的发展变化。在她的支持网络中最关键的支持来源是数学学科组。她认为:

数学学科组经常交流,有对于教材、教法的,也有对于学生的,往往在交流中彼此碰撞出更多元、更丰富、更实用的内容。有时我也会主动分享我所做的教材或理念方面的尝试,希望能够带来一些不同的气象。尤其是他们让我参加比赛并获得二等奖后,我感觉到自己就是一个成功的实习教师。

县里举行全县小学数学教师讲课比赛,数学学科组说让我去。刚开始我感到很诧异,这么重要的比赛为何让我这个实习支教生去?后来学科组长给我说,"每年都举行,老师们基本上都参加过了,最关键的是你需要更多的锻炼,大家都觉得这对你的成长会有帮助"。为了准备这次比赛,我花费了很多心思,当我准备好后,数学学科组就开始给我磨课,一遍一遍的磨,我一遍又一遍的修改。最后在比赛中我获得了二等奖。当时好有成就感,就觉得自己是一个成功的实习支教老师。当然这也离不开数学学科组的支持和帮助。

另外两个实习支教教师也是蓉蓉支持网络中的一部分。因为另外两名实习支教教师和蓉蓉虽不在同一个年级,所教科目也不一样,但她们住在同一宿舍。她们每天有大量的时间交流和分享。她们谈论关注的教师和教学风格、她们分享备课经验,她们共同总结教学策略,她们共同探讨学生问题行为的处理策略……,总之,在蓉蓉看来,同室的两个实习支教教师也是她建构"成功的实习教师专业身份"的重要支持者。

4. 基于师生关系的教师专业身份建构——"我是用心关心学生的老师"

在对蓉蓉的访谈中,谈到学生时,她是快乐的。因为与学生之间的关系,是她最重视的一个方面,也是她"身为教师"所做的一切努力的目的。这点从她回答"她追求的好老师"就可以看出。蓉蓉认为教师首重"有心",唯有真正用心关心学生的老师,才会主动学习、自我提升,"有心"、"关心"的重要性,是凌驾于一切政策或教育理论对教师的要求。她说:

我觉得我追求的好老师,就是能够真心去关心每一个学生,因为有心才有办法让自己主动去学习各方面,不管是知识或者吸取其他老师的教学经验,只有有心才能做到。当我都不觉得孩子很可爱了,你强迫学那么多东西,我就算去学我也不会用。

访谈中蓉蓉就提到她与学生的几个故事:例如,她如何鼓励班上唯一的维吾尔族女孩学习和融入到班集体;如何让转校来的冉洋找回自信;一个小孩因屡次不写作业而被叫到办公室进行教育,她如何一边骂着一边落泪说"你到底是不是我们班的孩子……,我哭是我哭我自己不会教你",最后师生两个抱头痛哭。

师生关系是蓉蓉教师专业身份的核心。而围绕着这个核心发展,蓉蓉认为沟通能力以及自身的人格特质也是教师专业身份应该包含的。在听课时看到老师大吼大叫,她认为是老师与学生的沟通不良,因此教师的沟通能力很重要,甚至比教师的学科专业还重要。她说:

我觉得充分沟通很重要,就是沟通能力,老师的沟通能力很重要,比学科还重要。……跟学生的互动,跟科任老师的沟通……我发现有些老师不是教得不好,而是他语言表达出问题了,也就会导致沟通问题。比如,有个老师很严肃,会说"你是猪啊,怎么教都教不会",然后学生就觉得自尊心受伤了,尤其是(少数)民族学生更接受不了。

当然,除了沟通不良之外,教师的人格特质也会影响沟通效果。蓉蓉认为老师要有点幽默感、要乐观,特别是面对现在的"独生子女,这些孩子自我意识很强",如果不能站在学生的角度同情理解,并且以更开阔包容的心对待,学生是不会和你亲近的。她进一步说道:

我觉得不管哪一科的老师,人格特质真的很重要。要能跟学生开开玩笑、逗逗乐。要能理解学生,包容学生。这些是现在的老师必备的素质。

蓉蓉自己就是一个比较幽默的老师,在访谈中她说到她与学生互动的一些小故事时和听她的课时都能感觉到她幽默风趣的个性特征。因此,学生在她面前是没有压力的,不怕说错话,而她也认为这有助于她的教学。

5. 在精进教学中建构教师专业身份——"我要成为教学达人"

蓉蓉在比赛中体验到教学带来的成就感,在关心学生中感悟到教学对建立良好师生关系的重要性。为了建构理想的教师意象,她也通过精进教学来助益师生关系的建立,建构理想的教师专业身份——"我要成为教学达人"。

(1)发现教材的张力:"从教教材到用教材教"

在每个星期的集体备课中,蓉蓉都感叹自己对教材的把握不到位,因为她认识到自己每次备课时仅仅是将教材的内容弄清楚,至于教材内容之间的衔接、教材内容的调整、教材内容的删减与补充等方面都没有。然而看到其他老师对教材的驾驭和处理,已经超越了教材而不囿于教材。这对蓉蓉来说是一种强烈的冲击。因此,蓉蓉在每次备课时都会花很多时间,尤其在教材内容处理方面"狠下功夫"。她说：

> 我是学文科的，尽管高中数学还可以，但在大学里面关于数学方面的课程少得可怜，好像就开了文科数学和小学数学课程与教学论，所以对小学数学教材的理解还是很困难的。经历了几次集体备课和听他们上课后，感觉自己应该在教材处理上狠下功夫。所以，我花了半个月的时间把一年级到六年级的课本全翻了一遍，每次备课都在网上找好多不同的教案，看看他们怎么处理这个内容的，有些时候去问问其他老师和听他们的课。反正在教材方面要花好多时间，现在才真正体会到什么叫用教材教，而不是教教材。

由于对数学学科知识的匮乏和对小学数学教学现状的不了解，蓉蓉花了大量的时间来弥补自己在学科知识方面的不足，这种学科知识的弥补，既使得蓉蓉体会到什么叫"用教材教"，将理论知识与经验相链接，又使蓉蓉真正从教教材转变到用教材教，这也契合了新课程改革对教师的基本要求。

（2）课堂观摩："对自己教学最有帮助"

蓉蓉认为，课堂观摩"对自己教学是最有帮助的"，也是蓉蓉最喜欢的一种学习教学的方式。蓉蓉在实习支教期间花了大量时间去课堂观摩，每次观摩都有着不同的体会和收获，也给了她启发和动力。

> 今天听了刘英老师的英语课，只能用三个字说明：太棒了。通过精心的准备，这趟完美的课终于出来了。说实在的，小时候真没听老师讲过这么有意思的英语课。她的面目表情，精练的语言，无一不紧紧抓着孩子的心，搞笑的语言，包括她的肢体语言让学生觉得更有兴趣。小游戏也让孩子们用专心致志来聆听这节课，当然效果也非常明显，学生的热情高了，自然学到的也就越多。直到下课，不仅是听课的我还是上课的学生都似乎有着意犹未尽的意思。看来真的是要好好向她学习学习了。[①]

（3）对个别学生的关注："意义大于效果"

蓉蓉在教学中尤其关注班里比较差的学生，在访谈中也多次提到"教好学生容易，教差学生难"的观点，她认为要提高全班学生的平均成绩，首先就要提高差生的成绩。因此，面对捉襟见肘的时间压力，她还是利用午休时间或第八节课，尽量为学生补习。蓉蓉指出，即使如此片段式的数学学习效果并不好，但是她认为"意义大于效果"，因为她要让学生知道她没有放弃她们，她要让学生对自我的观点不会因此而丧失信心。这或许源于自身经历

---

①摘自蓉蓉的反思日记。

过类似的情境。她说：

> 有时候我午休就让她们来，我能教他们一点算一点，最后我们有第八节课，我也留到七点半才走。你知道那个效果非常的差，我讲实话，因为数学不像有些学科，它是连续的东西，有些孩子前面的没有弄懂，到后面就没有办法。尽管如此，我觉得意义大于效果。孩子心里会说"老师没有放弃我"，你知道吗？当一个老师这样做的时候，留给孩子的不是他数学要考多好，而是老师没有放弃我，他就不会放弃自己！我觉得这才是帮助孩子，这可以真正摸到孩子的心。

除了牺牲自己的休息时间外，蓉蓉也尝试了其他方法来帮助孩子补习。她原本认为"同学互助"可以解决这个问题，但后来效果也不明显，甚至有时候可能会伤害到孩子的尊心，她不得不选择放弃。

（4）不断创新教学方式："成功的法宝"

蓉蓉认为要真正抓住孩子的心，提升孩子的学习兴趣和成绩，教师要不断创新教学方式，这也是她所认为的"成功的法宝"。她在反思日记中，用了这样一个比喻来说明不断创新教学方式的必要性。

> 所以我也总结出来：想要有成绩就要创新。生活中有这样一句话：要抓住男人的心，首先要抓住他的胃。虽然是一句玩笑话，但也说明了一些道理：如果每天都重复做同一道菜，那么即使是山珍海味也会变成咸菜窝头。变着花样做菜，即使每天吃糠咽菜也是人间美味。生活需要不断尝试新事物才会有激情，而学生对于学习也是这样，需要教师不断的用新的教学方式教授新的知识，自己不断的用新的学习方式去接受新知识，这样才会更想学习，更想前进。[1]

事实上，在这种观念的指引下，蓉蓉也在不断的探索新的教学方式，也从中体验到乐趣和成就感。

> 今天上《运动与游戏》一课，带着孩子们一起在操场上上的课，孩子们很喜欢这种教学方式，我通过小型的素质拓展，包括：选队长、钻电网、抢纸片等游戏来进行，每进行完一种游戏后就让他们进行总结和说一说活动中谁表现得最好，好在哪里，我们应该学习什么。学生们的积极性很高，说的也特别多。最后的结果好的出乎我的意料，也可以看出他们变得更加团结和

---

①摘自蓉蓉的反思日记。

和谐,对别人也有了更多的耐心。①

　　我还设计了一个环节,因为每一个小朋友都希望当一回小老师,所以在课堂上,我每次讲完课之后都会请几位小朋友站到讲台上当当小老师,讲讲本课的知识点或者是讲解一道小题,为了争做小老师,同学们都会很认真的听课,并做好笔记。在上台讲解的时候会格外注意用词,讲解之后,大家进行点评。我想这样长久下去,应该不仅能提高他们的数学能力,也可以增强孩子们的乐趣和口语表达能力,同时,对数学公式的记忆也是非常牢固。昨天,我进到班里,看见一位同学在向另一位同学问题,学生讲解的非常清晰,从数位对齐,到概念讲解,非常顺利。也让我有了很大的满足感。②

(五)现在和未来的蓉蓉

　　蓉蓉怀揣梦想来到实习支教学校,带着收获和依依不舍回到大学。她体验了实现梦想的快乐,经历了师生难分难舍的令人感伤又使人温暖的离别之情,更学会了如何当老师和当老师的喜悦。正如她在最后一次访谈时所说:"昨天,我知道我想当老师,但我不知道我怎样当老师;今天,通过这半年的学习,我也学会了如何当老师。"那么,实习支教结束后的蓉蓉现在如何看待未来的"教师的我"呢? 离开实习支教学校的现场,她又是如何规划未来教师生活的呢?

　　1. 现在的蓉蓉

　　现在的蓉蓉喜欢和孩子在一起的快乐,享受和老师们一起聚餐和研讨的喜悦,体验着不断创新后的成就感。蓉蓉也喜欢等待每天新奇的事情的发生,她认为这是当老师的工作乐趣,她强调她喜欢教师工作是因为教学时学生的单纯和直接的回馈,每次看到学生的回馈总是能让她开心不已,并不断从教学中找到乐趣,在修正、尝试、新鲜感中可以找到当老师的乐趣。蓉蓉说有一次讲"商中间和末尾有零的除法"时,

　　一开始就出了一道题:309÷3＝? 有的同学解答出来是130,有的同学解答出来是103,还有的同学解答出来是13。针对这三种答案,我让他们以小组的方式解决,寻找一下可以用什么方式解决问题,求得正确答案。很多同学都想起了减法计算可以用加法的方式进行验算,所以除法也可以用乘

---

①摘自蓉蓉的反思日记。
②摘自蓉蓉的实习总结。

法的方式进行验算。最终得到了正确答案。这样一来大家对今天的课记忆犹新，也对下一节"除法的验算"打下基础。

蓉蓉觉得在教学中不断创新是那么的有成就感，老师的一次创新和尝试能带给学生无尽的收获和探究的乐趣。相对的，这个乐趣也是蓉蓉当老师的乐趣和成就感的来源，她是如此快乐的沉浸在教学和学生相处的乐趣之中。

在享受与学生相处和不断创新教学方式的乐趣的蓉蓉，也强调自身暴露出来的不足，也开始通过多种途径不断的学习来提升自己。她借用申居勋先生的"好说己长便是短，自知己短便是长"来促使自己重新认识自我，她用"吾日三省吾身"来要求自己在反思中成长，她用"热爱我的热爱"来勉励自己在热爱中奋进，她用"创新是不竭的动力"来激发自己在创新教学方式中提高自己，她用"学无止境"来激励自己在不断学习中发展自己。

2. "我适合当老师"

因为热爱，选择当老师；因为喜欢，选择当老师；因为梦想，选择当老师。这个梦，蓉蓉正在尝试去实现。她说"当老师很累，但累并快乐着"。不仅因为老师是她热爱的职业，更因为她适合这个职业。她阐释了当好老师的要求：

> 我认为当好老师必须具备两点：第一是教学专业方面，作为老师要知道自己为什么身为老师，就像医生看病人，一定要有医术，教师要有教学技术，包括教学知识、学科知识、班级管理等等；第二个就像医生一样要有医德，对老师而言就是要有教育爱，你要用心去爱学生，用心去爱这个职业，用心才能当好老师。而我觉得我尽管在这两个方面都不是尽善尽美，但是我具备这两个方面的素养。并且我热爱教师职业，我会为之努力，我愿意为之奉献。

蓉蓉的回答似乎有点书本气息，但是却道出了她认为自己为什么适合当老师，体现了蓉蓉心目中一个好教师的专业性，这也是蓉蓉经历了实习支教之后对什么样的老师是好老师的新的认识。

3. "我会是一个怎样的老师"

蓉蓉认为老师就像指南针，能为学生指明人生的航向；老师像魔法师，在不同情境中能扮演不同的角色，无时无刻不发展自己以保持自己的神秘感；老师像父母，能够无条件的接纳每一个孩子，关爱每一个孩子。她提及爱打人的小学老师和在实习支教学校看到大吼大叫的老师，她认为他们似

乎习惯了责罚学生,却从来没有想过自己的问题。蓉蓉觉得对自己应该成为怎样的老师有所期待:

　　除了我前面说的教学技术和师德两个大的方面外,我觉得当一位小学老师首先应该具备小学教师的人格特质,比如说沟通能力和亲和力以及爱心,然后能够有丰富的知识,当你带着丰富的知识和满怀爱心的去教孩子时,才会激发起他们的求知欲望。老师像指南针,指引孩子方向,引导他们去发现真理和发现自我的潜能,而不是代替孩子走向自己的目的地。

　　身为一位准教师,蓉蓉希望自己将来成为一位能指引学生方向的老师,也希望学生能真正从自己的课堂中学到知识。蓉蓉不希望自己是那种动辄大吼大叫或大打出手的老师,更重要的是,她希望能关注个别学生、建立良好师生关系和不断精进教学来促进学生发展,这是对于自己未来成为一位有爱心和原则的"教学达人"教师的期许。正是这个期许,蓉蓉已经开始投入到特岗考试的准备当中,她距离她的梦想就只有一步之遥了。

(六)蓉蓉的教师专业身份建构过程

　　成为教师是蓉蓉儿时的梦想,在实习支教过程中不断磨砺和学习,建构了自己理想的教师意象,并认为自己适合当一名老师,也立志成为一名理想的小学老师——人生导师和教学达人。

　　1. 进入实习支教场域前的重要事件

　　(1)小学阶段:爱打人的小学老师

　　内心体验:憎恨

　　应对方式:看见爱打人的老师

　　建构状态:教师要有爱心

　　(2)初中阶段:善于教学的老师

　　内心体验:很崇拜

　　应对方式:看见一位善于教学的老师

　　建构状态:教师要成为教学能手

　　(3)高中阶段:人人喜爱的历史老师

　　内心体验:很崇拜

　　应对方式:看见人生导师

　　建构状态:教师是学生的人生导师

（4）师院阶段：积蓄力量

内心体验：满足

应对方式：建构心理理想的老师

建构状态：教师要成为人生导师和教学达人

（5）进入师范学院的原因：喜欢教别人，娃娃王

内心体验：喜欢教师工作

应对方式：学习相关知识

建构状态：确定将来要成为一位教师

（6）实习支教的动机：紧张与不安

内心体验：迫不及待

应对方式：充分准备

建构状态：学习成为一名小学教师

2. 进入实习支教学校中的具体行为

（1）学校文化：开放的学校文化风格

内心体验：和谐融洽

应对方式：不断创新

建构状态：教师很积极

（2）教学实践：精进教学

内心体验：充满自信

应对方式：不断创新

建构状态：我是成功的实习老师

（3）与学生关系：和学生打成一片

内心体验：成就感

应对方式：用心

建构状态：我是用心关心学生的老师

（4）观摩其他老师：有的老师有威严；有的老师乱发脾气

内心体验：佩服学习和鄙视不满

应对方式：我不会乱骂人

建构状态：我是一位与其他老师不同的老师

（5）对自我角色的认知：用心关爱学生

内心体验：很有成就感

应对方式：向所有老师学习

建构状态：我是实习支教老师

3. 对教师专业的承诺和确定

(1)继续成为教师：自己适合当老师

内心体验：充满信心

应对方式：积极准备

建构状态：我一定要成为一名教师

(2)一位理想教师的图像：人生导师和教学达人

内心体验：充满信心

应对方式：积极准备特岗考试

建构状态：当学生的人生导师

蓉蓉觉得自己选择当老师是自己儿时的梦想，也是自己适合的职业。带着学生的生活经验和对教师工作的认识，她来到了实习支教学校。用心的与学生相处和不时的向其他教师学习教学经验，是她建构教师意象的主要途径。因为与学生维持着良好的互动关系，让她感觉到自己的成就感；在不断观摩其他老师的课堂中，不断积累经验，不断创新教学方式，让她体验到教学成功带来的快乐。带着学习者的角色期待的蓉蓉，总是在学习和反思中，建构自己的教师专业身份。

在她的教师专业身份建构过程中，可以看见她对学校教师的观察模仿，牵动着他对教师专业身份建构的情绪。从观察经验的转化中，她内化教师的专业身份；从自我反思中，建构理想的教师意象；从行动中追寻教师专业身份的建构；从当教师的过程中体验教师的意义和价值，从而做出承诺。

五、燕燕教师专业身份建构的故事

燕燕是一位非定向的免费师范生，也是最后一批非定向的免费师范生。选择燕燕的主要目的在于能和非免费师范生教师专业身份建构过程进行比较，同时，在本次实习支教学生中，免费师范生较少，而燕燕是其中一位，刚好我认识且有所接触过的一位，所以当我直接向燕燕发出邀请成为研究访谈对象时，她立即同意。这让我再次感受到她的热情和爽朗的个性。每次在她宿舍听她分享对教师的想法和以往的经验，我能感觉到她初入社会的天真和疑惑，偶尔还能听到"那个啥"、"哦－"的语调。在访谈中，带着一种轻松和愉悦的心情，倾听燕燕叙说自己的成长历程、教师的意象和实习支教生活的体会,尽管在未正式访谈前燕燕也总是和我说说实习支教生活的趣事和困惑,但还是感慨颇多。

(一)燕燕的入学动机——无奈的选择

燕燕出生在农村,是一个有着一双大眼睛的回族女孩。家里现在还有五口人,爷爷、爸爸、妈妈和弟弟。爷爷和父亲在生活上对燕燕有着非常严格要求,从来"不打折扣"。则对弟弟疏于管教,宠爱有加。因此,在燕燕日后面对事物的处理上,都秉持着认真负责、谨慎小心的态度,这些用心和个性如同她在访谈中所说的"我是一个自我要求很严格的人"。弟弟今年刚刚初中毕业,由于成绩不好,父母和爷爷还为其要不要上高中而发生了激烈的争执,最后在弟弟强烈的坚持下准备继续在县里上高中。这次争执也使燕燕想到自己填报大学志愿时的情境,也是全家人为了上不上大学和在哪儿上大学发生了激烈的争论,爷爷和爸爸认为"一个女孩不用读那么多书",母亲则极力支持燕燕上大学,最后,本想走出新疆且不想当老师的燕燕放弃了个人的梦想,在无奈之下选择了离家最近的师范学院,由于家庭经济条件不是太好,所以就选择了免费师范生以减轻家庭的负担。

(二)燕燕眼中的老师

燕燕谈及自己的求学经历时,有"不能理解"的小学老师,也有"犀利而触动心灵的数学老师",更有"空想主义似的"大学老师。

1."不能理解"的小学老师

在燕燕看来,小学老师应该是非常和善的老师,像妈妈爱护自己孩子一样关爱学生。但在燕燕的记忆里却成了"不能理解"的小学老师。

我的小学老师经常穿着高跟鞋,外表看起来没那么凶,也非常认真的教我们学习。但是打起人来就会使我们胆战心惊,她就用脚踢,那高跟鞋踢人可不得了了,有时就用手掐你。只要我们稍不留神都会享受这种踢和掐的待遇。有时青一块紫一块的回家,不像现在,那时,我们还不敢告诉父母,如果告诉父母,父母还得把你骂一顿,说是因为我们不听话,老师才会打你们,还说什么黄金棍下出好人。哎呀,总之当时是不能理解。一方面老师认真的教书,但为什么又像仇人一样痛下狠手。我以后当老师绝对不动手,我觉得动手就证明自己失败了,黔驴技穷了。

燕燕的"不能理解"的小学老师也引发了她对自己当老师的思考,对于身为一个教师的行为和处理事情的方式,她更是引以为戒,建构了未来自我的教师意象——绝对不动手。

2. 犀利的高中数学老师

从初中开始,尽管燕燕的班主任都是数学老师,但数学成绩还是一直下滑,以至于到高中二年级就从"尖子班"调到了"普通班"。也正是这次调班,燕燕才遇到了犀利的数学老师。他的讲课方式深深的吸引着燕燕,她也感觉每堂课都听懂了,但是一到考试,分数就上不去。最令燕燕印象深刻的是一次"触动心灵的谈话",燕燕感受到老师对自己的不放弃,体会到老师的用心良苦,这次谈话也使燕燕开始认识到"是时候奋起直追了"。

老师把我叫到办公室后,还没等我开口,老师就一语击中我的问题,说"你上课似乎听懂了,但不会做题,对吧。"我当时都很诧异,就觉得从小到大没有那个老师真的能够这样了解我,然后他又给我讲了怎么突破这个障碍,说任何时候都可以去找他。当时就感觉到他不像平常看见的老师,他其实是非常犀利和有耐心、热心的老师。本来从尖子班调到普通班就有了放弃的念头,这次谈话点燃了我的学习激情,就觉得是时候奋起直追了。

也正是因为犀利老师的这次"触动心灵的谈话",燕燕体会到教师对差生的影响不只是在成绩提高多少,而在于让学生感觉到老师的不放弃。所以,在实习支教过程中,当她面对学生时,燕燕非常真诚的帮助那些所谓的差生。

3. "空想主义似的"大学老师

选择师范学院虽不是燕燕的本意,但进入师范学院后,仍然是乐观和积极的接受了这一选择,积极的投入到学习之中。在师范学院三年的学习中,燕燕觉得知识都是偏向理论的,教师只是在介绍书本上的知识,很少谈论到实际应用,老师的上课方式并没有达到预期的效果,所以在她看来,"大学老师满怀理想主义且讲的是空洞的理论,是地地道道的空想主义者"。

大学老师讲的课程都很理论化和理想化,上课方式也很死板。还要求我们去什么自主合作探究,结果老师都是照着课件或书本从头念到尾,他们都不能应用这些方式上课,却还要求没有接受过训练甚至都没有见过真正的自主合作探究的课堂的人去运用,我觉得老师就是理想主义者,讲的都是空洞的理论;他们也是地地道道的空想主义者,根本不了解真实的中小学课堂和中小学生,更不知道现在的中小学老师在怎么上课。

燕燕对于师范学院教育中理论架构的空洞而感到失望,因此,她在憧憬自己的实习支教生活时,觉得实习支教是一个难能可贵的学习机会,也相当乐意帮助做好实习支教学校的每一件事。

(三)免费师范生①的困惑

燕燕在谈及免费师范生时满脸的疑惑,甚至自嘲说自己"生不逢时"。她坦诚的诉说了自己的苦衷。

当初选择免费师范生是想着减轻家里负担和好考一些,现在我不知道我是该感到高兴还是该悔恨。我们这一届免费师范生是光免费不定向,学校一直把我们每个人都必须当老师的模式去培养,但我们还得和非免费师范生一样去参加特岗考试,有时我们就感觉自己被卖了。因为当初也没有说会是这样子。而我们下一届的免费师范生就定向到县教育局了,不用参加特岗考试,直接去教育局报到就可以了。为什么我们当初没有这个政策?我怎么感觉生不逢时呀。

免费师范生有免费师范生的苦衷,除了享受免费外,似乎没有享受到更多的优惠政策,却背负了免费师范生的"标签"。毕业后还是需要通过特岗考试才能成为老师。而免费师范生政策的调整也让燕燕感觉到不痛快。但是,燕燕还是觉得当老师是一个不错的选择,也相当珍惜这个来之不易的机会,然而她也说,或许有一天当她觉得教师工作不再具有吸引力时会考虑转行。

不过,既然现在有当老师的机会,我还是会好好把握,毕竟对一个女孩来说还是比较合适的,因为教师工作比较稳定,环境相对来说比较单纯。

教师工作的稳定与环境的单纯,是燕燕继续行走在成为教师路上的动力。

(四)实习支教的前奏——"难能可贵的学习机会"

对于还没有最终明确自己"要不要当老师"的燕燕来说,实习支教是一个难能可贵的学习机会,也是弥补自己大学三年没有什么收获的机会。她期望通过这次实习支教,能够去听其他老师的课,可以去近距离接触到孩子,学习到如何教学,如何当一名小学老师。至于具体学习什么、锻炼什么,

---

①新疆维吾尔自治区为了鼓励师范生毕业后能到农牧区工作,于2010年开始推行免费师范生政策。

还是没有明确的计划,只是觉得实习支教就是"边实践边摸索","边听别人上课边自己上课"。她说道:

听学姐们说,实习支教的生活都非常艰苦,关键是自己得去探索和学习,否则没有什么收获。所以我觉得我就应该一边实践一边摸索着去教书,去听听别人上课然后自己上课,这也可以比较比较,或许能从中知道自己的不足,这也有利于自己的成长。

总之,在燕燕的认识中,"一个理想的实习支教生是能够把自己锻炼成一个能胜任教学的老师",而这需要实习支教生更多的去听课、探索、实践、请教。带着这样的目的和意图,燕燕来到了实习支教学校,开始了为期一学期的实习支教生活。

(五)实习支教学校中的燕燕

1. 燕燕实习支教的学校

燕燕实习支教的学校叫肯莫依纳克小学,这所学校位于县城边缘,离县城不是很远。学校不是很大,1 到 6 年级,每个年级只有一个班,每个班级人数为 30 到 40 人。还包括幼儿园,但只有一个班,共有 28 个孩子。该校的教职工有 16 人,汉族老师仅有 5 名,其他都是哈萨克族老师。学生也大多都是哈萨克族学生,大部分学生中午不回家,在学校度过。虽然说这个学校不大,学生不多,但相对于极少的教师而言,这个学校也是相当缺老师的,尤其缺少汉语教师。燕燕说:

这个学校的汉族老师与民族老师在教学方面的交流还是比较少的,学校采用双语教学,即母语(哈萨克语)和汉语,但是学生普遍存在汉语比母语差的现象。我认为还是欠缺汉语氛围,也有一部分原因来自老师,我发现哈(萨克)族老师在学校都说哈语,不说汉语,和学生交流也是用哈语。

2. 实习支教学校对燕燕建构教师专业身份的影响

(1)"不是指导教师却胜似指导教师"的于老师的影响

燕燕来到实习支教学校后,认识了"不是指导教师却胜似指导教师"的于老师。于老师曾与她就读同一所大学,曾经也是一名师范学院的师范生。或许是校友的关系,两人关系比较亲密且延续到整个实习支教生活之中。于老师也给予了燕燕很多帮助和支持,燕燕认为从于老师身上也学到了很多。比如她常提及的"属于于老师的课堂管理方式",看着我满脸的疑惑,她又解释说:"于老师总是很镇静,从来不大喊大叫,我想,一般人没有这种耐心,也可能不会具备这种性格。"燕燕通过观察于老师与学生的交往,她得出了这样一个结论,"由于于老师的积极态度和方式,学生愿意配合、合作和满足她的期望"。用燕燕的话说就是:"老师的态度决定了学生的态度"。

其实,令燕燕印象深刻的还有于老师的"自言自语"。燕燕描述了于老师在教学决策时的"自言自语"过程。其实就是于老师为了表达教学时的思维过程,于老师常常会用自言自语的方式表现出来。

燕燕也认为,因为于老师和她是同一所学校毕业的,也经历过这样的实习支教过程,所以她知道怎样帮助她。除了正常上班时间外,她们在其他时间也经常谈论关于教学、学生等相关话题。在谈论中,燕燕也受益匪浅。

有一次,当我们聊到课堂管理中我的无奈时,于老师告诉我她为什么这样做而不那样做;她在课堂上为什么会停止讲课而会与学生探讨学生为什么要那样做。……她说,"这是非常重要的。当然,如果这种方式你不能适应,你也可以尝试其他方法。因为这种方法往往会打断我们教学的思路。"这是和她一次偶然的交流所得。

在六个星期后,由于于老师外出学习,学校要求燕燕全权负责于老师的班级。她在应对班级日常事务的同时,也要面对新老师课堂教学的困难和挑战;需要回应家长的询问,还有就是上自习课,回答所有学生的问题,似乎成了一个全能型教师,甚至"超越了作为一个教师的要求"。燕燕说,"在于老师外出学习期间,有时候我真不知所措,我被吓坏了。"数次,燕燕给于老师打电话询问她的意见或寻求帮助,于老师的反应是,"你现在就是他们的老师,大胆地去处理吧,我相信你。"刚开始听到这样的话时,她还觉得于老师是故意为难自己,直到一件具有转折性的事件的发生。

两个学生打架,我当时来不及向于老师求助,我把他们两个叫到外面操场上,我先是弄清楚打架的原因,然后和他们谈话,我真没有发现我能这么轻松的通过谈话就解决了这件事。谈话后两个孩子都哭了,到现在我也不知道他们当时为什么会哭?难道是我的谈话很感人?谁知道呢?(笑)

从此以后,尽管每次于老师回答的内容大同小异,但燕燕却认为那不再是"刁难",而是一种信任和鼓励,因此,燕燕真正开始独揽班级大小事务。燕燕说,实习支教快结束时,一次在校园偶遇于老师,她还念念不忘且自我调侃地说自己当时常说的一句话:"于老师,怎么办?"

(2)来自其他"同事"的支持

除了得到不是指导教师却胜似指导教师的于老师的支持外,教研组对燕燕也产生了重要影响。在燕燕教学时,教研组长还多次听她讲课,并对她进行了指导,还邀请她去听她的课和参与教研活动。从那以后,燕燕经常去听其他老师的课,也积极参加每周二上午的教研活动。燕燕经常津津乐道的是参加教研活动后的一些收获,尤其是被老师们的学识、认真和相互之间的坦诚与合作所折服。

在每一次教研课上,我都惊叹不已,觉得已经好到没有任何毛病了,结果,那些老师提出很多改进建议,提得非常具体,非常到位,态度也非常诚恳,每次都受益匪浅。

燕燕注意到她从老师们身上新学习的知识正在对她的教学产生重要影响。

通过这段时间的学习,我似乎明白了我该什么时候闭嘴,以前当学生回答问题一时回答不上时、学生讨论正酣时、学生阅读卡壳时,都是我一下子解决问题,直接告诉答案,我现在觉得这时更需要我闭嘴。这或许是我这段时间学会的对我最有用的知识了,也是最有意义的知识吧。这只是我的理解,我不知道对不对。但是,从实际的效果而言,这是我想要的。

燕燕从来到学校后就觉得自己很受欢迎。她说:"他们把我看成是一个老师⋯⋯,我和他们都谈得来,并且什么都在谈。"这种积极态度的出现可能是由于近年来师范学院与中小学校之间的密切合作。大学生在中小学校的出现似乎成为了学校文化的一部分。燕燕认识到学校学习机会的难能可贵,她充分利用一切机会去学习。在这样的环境中,燕燕被支持去建构教师专业身份。

(3)学生的改变与学生家长的认可让她确认了自己的教师专业身份

燕燕说,家长的每一次认可和表扬,都使我信心倍增,都感觉到自己作为教师的成就感。当一个母亲告诉燕燕,她非常兴奋,因为她的女儿第一次真正弄明白了老师所讲的所有数学题,并询问她用了什么方法,燕燕又回忆起了当初改变教学的那次事件。

除了家长的认可以外,燕燕所带的一年级的学生也确认了她作为教师的身份。当我问及这半年以来,作为教师最让她感觉到像一名老师的事情时,她分享了两个故事。

木巴热克①,一名维吾尔族女孩,每次教完一篇课文后,她都不会读,所

---

①为了保护隐私,木巴热克为化名。

以每次下课后都得到办公室来读,一次又一次,我都不知道持续了多长时间,但有一天上完课后,她就叫住我,然后要求我坐下,刚开始我以为她又犯事了,心里直嘀咕,但出乎意料的是,她说她要给我读一遍课文,说她会读了。我简直不敢相信,因为以前要读N多遍才会的,今天怎么可能一下课就会了呢? 也许是她看出我疑惑的眼神,她继续跟我说,她真的会了。然后逐字逐句的读,一口气读完了。这是我听得最认真的一次。我当时对她说,你看,你是可以做到的,你真棒,加油! 结果,她哭了,然后抱着我说谢谢老师。

另外一个故事也是发生在这个班。塔拉米提①,一个哈萨克族小男孩,是班上最调皮的孩子。每次上课上着上着人都跑桌子下面了,或者东摸一下,西摸一下,总之是坐不住,每次叫他读书,他都说不会,但每次的作业他都会,第一次考试稍微差点,刚及格。有一天,他来到我宿舍,我就和他聊了一会,了解到他其实并不是那么调皮,其实就想引起我的注意。后来我每次课提问都首先叫他,一段时间后,他似乎变了一个人,每天都坐得住了,还时常来找我玩,我当时那种当老师的成就感就油然而生,感觉到很幸福。

正如家长的肯定一样,木巴热克和塔拉米提也影响着自己作为教师的认识,进一步让她确认了自己的教师身份。

3. 教师专业身份的自我建构

燕燕认为自己是一个乐于助人、性格外向的女孩,与身边人关系都非常好。在高中时,只要她坐在谁的旁边,她就会成为他们的好朋友,是大家公认的好人缘。并且,高中时不喜欢运动,也没有加入任何社团。因为她总是乐于助人,所以老师和同学都喜欢她。她也试图去了解别人,包括学校校长、宿管员、门卫、食堂的厨师。于是她推论到“我认为,朋友多了路好走,认识的人越多越好。当然,这似乎也是现在的想法”。

在燕燕的前导性访谈时,我认识到她善于关心别人,对自己有清晰的认识。也时常以一种积极的方式影响了她的许多同学。她不仅自己很热情,这种热情也蔓延到整个班级。所有这些因素都说明她具有成为一名好教师的潜质。

(1)“感觉自己已经变成一名教师了”

燕燕也意识到自己从师范生到教师的转化过程,并清晰的记得是因为一次整数的四则混合运算课让她“感觉自己已经变成了一名教师”。她说:

①为了保护隐私,塔拉米提为化名

当我在讲课的时候大多数孩子都点头表示已经学会，唯独古丽表露出疑惑的眼神。她是这个班有名的差生，我刚来的时候同学们都时常在我面前讲到她。她根本没有数学概念或者任何数感，所以下课后我用各种方法给她讲，并且到很晚她才离开学校回家。当时我还在想，给她讲有没有用？回家会不会太晚？反正想了很多，甚至想，算了吧，或许就这样了。但是直到有一天，具体时间我不记得了。她高高兴兴地跑到我面前说："老师老师，我会了"。我翻开她的作业本，她居然全对了，当时我都不相信这是真的。更让我意外的是，那天放学后，对，就是放学后，她的妈妈到学校来找我，告诉我她的变化和在家里刻苦学习的过程，并说："老师真有方法，真是一个难得的老师，以前孩子在家从来不这样，这一切都是你的功劳。"我不知道是因为这件事情的结果还是因为这次来自家长的认可使我觉得我是一名老师，我真的第一次感觉自己是一名教师了，总之，我在那时觉得自己就成为一名"真正的教师"了。

这种教师身份感一直持续到燕燕实习支教结束，在这种身份感的指引下，燕燕也用自己的行动体现自己是一名"真正的教师"，以至于在实习支教即将结束时，她还在想着如何才能为孩子做更多。

现在的我正充满活力和力量，我想能再为孩子做点什么，我想记住每一个孩子满足的笑容，记住课堂上发生的每一件趣事，珍藏住与孩子们的那分纯真和友谊。

(2)反思她的教师专业身份

燕燕是带着学习的倾向来到实习支教学校，在学习中她也不断的反思。她认为，她比她想象的能干得多，在实习支教过程中也有了很大的转变。她说：

回想实习支教之初，我倾向于帮助那些各方面都表现得比较好的学生。然而，现在，可能是这段时间对每个学生的了解比较多，我发现我现在不再那样了，我爱每一个学生，他们都是那么可爱。我现在想得最多的是如何才能帮助每一个孩子成长。

(3)课堂实践中学习当老师

跨越不同年级的授课让燕燕体验到不同的教学风格和个性。燕燕在四年级的教学经历让她知道什么样的教学不适合她。

这个班不同于其他班级，座位是按照小组式编排的，4个人一组，班主任陈老师的课堂基本上是以学生讨论和自学为主，有点像上次看魏书生的讲课一样。学生非常积极,老师也能控制住整个课堂,效果也好,但是我现在肯定驾驭不了这种教学方式。像那样教,我也教不了,不知道该怎么教。

在谈到师范教育三年对她的影响时,她的回答引起了我的思考,也让我记忆深刻。她说:

你们(指某师范学院的教师教育者)都以为你们能教我们怎么做,(她停顿了一下,抬起头,微笑着对我继续说道),但是实际上,我觉得没有人能告诉我们怎么做,我们是在和孩子一起的时候学会了怎么做。

反思她的这些言论,她的这些叙说恰巧揭示了她教师专业身份的建构过程,也是她对自己在学教过程中的自我理解和自我觉醒,也说明她在实习支教过程中的学习责任。因此,她耗费了很多时间投入到学教。

我们不像老教师,他们对内容都熟悉了。我的绝大部分时间都放在备课上,每天都得备接下来要上的课,备课时还得考虑到学生怎么学,他们知道了什么,她应该怎么教,过程怎么安排和时间怎么分配等。反正比较复杂,也很耗时。等备好了,有时还得给教研主任看一下,刚开始时他还提些修改意见,后来就瞅一下,尽管如此,但还是得做,这是程序。

不管燕燕对"学生为本的教学"的了解程度如何,但从她的表述中可以发现她的教学决策和计划是建立在对学生的理解基础之上的。

燕燕的叙说中也触及到教学中的情绪体验对其专业身份建构的影响。她说:

当我非常投入和很嗨的时候,我的学生也很兴奋。当学生是很兴奋和投入的时候,我也会很兴奋。反正,能从学生学习的状态中获得一种兴奋,学生也能从我的激情中找到学习的热情。

由此,燕燕的教学知识和她的情绪都是来源于学生的学习状态,用她的话说就是"和学生捆绑在一起的"。

(4)坚持自我

在一次偶然的机会中,我向校长了解燕燕的情况,想要知道燕燕在校长眼中是一个什么样的老师。校长表示燕燕在工作中没有尽全力,缺少活力,这似乎对燕燕的自我身份定位带来了挑战。当我与燕燕分享校长对她的看法时,我对燕燕也有了新的认识。她是一个非常热情的老师,用她的话说就是"充满活力"。这清晰的表明,校长对燕燕没有全面的了解,但燕燕也由此确认了她在校长眼中是一个什么样的老师,但燕燕还是坚持自我的身份定位。她说:

或许其他人会很在乎校长的这番评论，但我觉得我不在乎，我知道自己做了什么，我自己的缺点在哪儿，我也知道我到底尽全力没有，总之，我不会因此而改变自己。就像几天前有一个对学生极不负责的老师对我说，"你才刚刚当老师，一定要认真负责"。我当时在想这不很可笑吗？一个不负责任的老师叫我要认真负责。

实习支教的经历似乎增加了她继续坚持"真实自我"的力量，不像在选择志愿时那样妥协和放弃自己的梦想。

(5)反思实习生活

燕燕清晰的认识到实习支教在成为教师过程中的重要性——必不可少的一个环节。她认为这次实习支教让她体验到作为教师的幸福和成就感。

当一个学生追着你问问题，当你为之解答后，从学生满足的眼神中看到自己的价值，那种感觉是从来没有过的，也只有真正当老师了才能体会到。

她在实习支教总结中也这样写道："这些成功的体验和失败的教训，不仅仅对我的实习支教生活产生影响，它会成为我生活中的一部分。在实习支教这段时间，我每天都充满活力，有使不完的劲，那是因为我看到了学生的真诚和渴求知识的眼神。尤其是当我离开实习支教学校时，孩子们真诚的祝福，含泪送别，依依不舍，甚至有些孩子抱着不让我走，想到这些，更加坚定了我要做一名好老师的信念。"

4. 通过建构教师知识来"学当老师"

燕燕一谈到课堂的经历就非常兴奋，因为在课堂可以直接和学生交往，看到不同的教学实践。燕燕分享了她学到了什么，同时也分享了她怎么学习的。由于她跨越不同年级授课，燕燕也开始认识到大学里面所学的教法类课程与实习支教之间的关联，她也认识到学习教学的过程就是参与教学实践的过程，并且认为，与学生的关系对她学习教学知识的影响最大。

(1)将见习经验整合进教师知识

课堂管理仍然是初为人师的燕燕面临的重要挑战。燕燕认为，在第15小学见习期间的一些经验对她作用很大，学会了一些行为管理策略。

在第15小学见习时，燕燕看到一位教师是如何解决学生咬人事件的过程。燕燕解释道，那位老师将咬人的学生带出教室，给了他一根胡萝卜，然后告诉他胡萝卜能咬，但人是不能咬的，你的同学和朋友就更不能咬了。然后让学生道歉。

燕燕认为这种对待孩子问题行为的方法也适合她教的孩子,因此她也"屡试不爽"。

当孩子撞人和敲课桌了,我就让他去敲鼓;当孩子捏人和掐人了,我就让他去捏泥人。反正特别管用,不用打不用骂,学生就知道什么能做,什么不能做。这多好啊。

由此可以看出,燕燕对问题行为的处理可以说明她正在建构自己的教师知识。

(2)通过观察其他教师建构教师知识

燕燕从其他教师身上看到了一个教师的轮廓,不管是好的还是坏的,她在其中发展着对于教师的身份认同。老师口中的"一边儿去"让燕燕记忆深刻。燕燕所说的"一边儿去"的意思是当一个学生试图要和教师谈话时却被教师忽视和拒绝的时刻,包括课堂上对学生的问题和质疑置之不理、生活中视而不见听而不闻。对此,燕燕却有自己的认识。

孩子们想说的对老师来说可能并不重要,甚至不值得一提,但对学生来说可能至关重要。但我看到好多老师肢体语言和口头语言都表达了一个意思,那就是不管多么重要,一边儿去,别来烦我。

燕燕使用"一边儿去"来说明教师对学生的淡漠,表明了她比较看重自己对学生的鼓励和支持,以及和学生之间的情感关系。

燕燕还分享了一个发生在五年级课堂的故事。照燕燕看来,这是一个学习成绩很差的女孩,上课老师对她很无礼甚至时常谴责她。用燕燕的话说就是"老师对她没有一句好话"。在对燕燕的多次访谈中,她都提及了这个故事,这也说明这个故事对她来说意味着什么,也表明燕燕对这个女孩的同情。

当然,在听其他老师上课的过程中,不只是消极的体验,也有积极的体验。燕燕分享了一个在三年级课堂时的积极体验。

这个老师是最特别的一个老师,听这个老师的课就像一面镜子,把自己全照出来了,我看到了自己的不足和差距。在实习支教这段时间,她对我的影响最大。

燕燕从观察中学会了很多,也尝试将所学应用于自己的实践。燕燕听了于老师的课之后,开始琢磨于老师是如何与学生交流的。

在于老师的课堂上,我学会了一些交流方法,例如,当学生在表演、说话和不听课时如何处理,当学生回答不上问题时如何处理,以前我是着急然后急着处理或直接给出答案。现在,我会看着表,然后说这是你们的选择,你们现在安静下来,回到座位,否则每拖延一分钟,下课就补一分钟。当孩子回答不上时,我会安静地等待、提醒等。老师应该给学生选择的权利但不能直接替他们作出决定,当然老师必须知道什么样的选择对学生来说是最好的。当学生作出决策时,让学生知道做什么和为什么是很重要的。有些时候,我们不得不扮演成人和长辈的角色。

(3)从不同背景的学生身上获得教师知识

燕燕从不同民族学生身上获得了教师知识。在兵团和在市里的学校都是汉族学生居多,而这个学校汉族成了"少数民族",是一个多民族、多语种的学校。

许多少数民族学生由于语言和其他原因,学习成绩很差。并且学生之间也容易发生"战争",甚至有一次看到一个小孩拿起椅子就扔向另一个同学。因此,我开始尝试着真正了解他们,走进他们。这需要懂一点哈语(即哈萨克语),我天天都让他们教我说一些简单的哈语,光常用语我都记了一个本子了。这也值得,学生跟我关系好了,上课也轻松了,有时学生听不懂的,我用生硬的哈语东拼西凑,效果还不错。

(4)对教师知识的反思

燕燕承认她从课堂听课中学到了很多,并把这些记录在笔记本上。但她也认为这些经验还需自身去实践。

看到的和听到的都是别的老师的,但是只有自己去教、去尝试才是最有效的学习方式。我觉得我就是这样,自己去实践,尝试,从错误中学习,在反思中成长。所以,这半年比大学三年都学得多。

当我问及目前所累积的教学经验对她的思想的影响时,她似乎陷入了思考之中。首先,她仅仅告诉我她已经学到了什么,但是并没有意识到她的这些学习对她产生了什么样的影响。我们的谈话,亦即她所讲的故事开启了她反观自己的征程。她开始关注这一学期的收获,开始反思自己的变化。由此可见,燕燕的教师专业身份是伴随着她建构教师知识的过程而不断演进。

燕燕不仅清晰自己正在学什么,也意识到自己学了多少。当她谈及她的学习时,她总是在强调她和其他教师和学生的关系。这次实习支教,不仅仅是为其锻炼提供了机会,更为她学习提供了机会和场域。更为重要的是,燕燕完全融入到学校文化中并且不断认识教学、学生和她自己。燕燕学会了教学策略,学会了在课堂中定位自己的角色,学会了与同事合作。最后,燕燕也认识到自己正行走在成为一名教师的路上。

(六)现在和未来的燕燕

实习支教之前的燕燕处于"要不要当老师"的自我矛盾中,带着学习的态度来到实习支教学校,却带着收获的幸福和对她依依不舍的学生的祝福回到大学校园。她体验了教学的成功,感受到别人的认同与赞誉,学会了"如何当老师"。那么实习支教结束后的燕燕的职业承诺会是什么样子呢?

1. 现在的燕燕

现在的燕燕已经走出了"要不要当老师"的自我危机之中,开始了个人自我反思与重构。而开启燕燕反思的是初到实习支教学校的现实震撼。为此,燕燕通过学习实现了从学生到教师的身份转变。在经历了身份转变后的燕燕,更加努力的通过与他人的交往、听课和自我反思来重构自己的教师专业身份。在教师专业身份的重构中,燕燕找到了自己的定位。繁重的跨年级的教学任务没有压垮燕燕,反而成了她学习的机会;调皮的学生没有击退燕燕,反而成了她试验见习时学来的策略的理想对象;听课与他人交往没有让燕燕丧失信心,反而成了她建构教师知识的重要途径。在不断的学习当老师的过程中,她开始体会到作为一名教师的成就感,但她也承认,她距离好老师的标准还相去甚远。但有了实习支教中的学习体验,她坚信她正行走在成为一名教师的路上。

2. "我能当一名老师"

在实习支教后对免费师范生的自己有了新的认识,认为免费而不定向给了自己更大的空间,她坚信她即使是和非免费师范生共同竞争,她也将会是最终的赢家。这是因为她感觉到自身在实习支教后的变化:应对能力增强了,与学生的交流能力提高了,观察能力有了新的提升,教学能力突飞猛进。她总结道:

我深知当老师的辛苦,而且不是任何人都能当老师的,但是我觉得我可以的。从特岗考试来说,我觉得我有优势;从当老师所要求具备的能力来说,我具备了教师知识、教师能力和对学生的关怀,关键是我现在非常热爱教师这个职业。尽管我现在还是一位不成熟的老师。

燕燕认识到当老师的不易,也承认自己"还是一位不成熟的老师",但对她自己未来成为一名教师充满了自信。

3. "我会成为一位有魔力的老师"

燕燕认为老师就应该像魔术师,让学生被神秘感所包围,让学生一直去追求真相。那是因为她被犀利的高中老师所指引而激发起了斗志,在实习支教现场中看到学生茫然而缺乏兴趣,看到老师不负责任的态度。燕燕对自己未来却充满了期许。

我觉得老师应该像刘谦那样的魔术师。老师如果是魔术师,老师的课堂包括老师本人对学生来说就会充满神秘感,越神秘,学生就越想去探寻,这就能激发起学生的学习兴趣,成为学生学习的永恒动力,永远不会感到疲倦。老师如果是魔术师,学生就会朝着老师指引的方向前行,一直不断的前行,或许永远到不了终点,但他们会很快乐。老师如果是魔术师,老师就能掌控一切,包括学生的问题行为。当然老师要变成魔术师是很不容易的,需要不断的增强自己的魔力。

身为准教师的燕燕,认识到教师的主动性和在学生发展中的作用,认为教师不仅能为学生指引方向,而且还要能保证学生一直朝前去追寻意义。这也是燕燕心目中理想教师的专业性,也是自己追求的目标。为了实现这个目标,燕燕始终坚持自己的学习者角色,她已经开始学习如何通过特岗考试了。机会是给有准备的人,相信燕燕在即将到来的特岗考试中取得好的成绩,早日实现自己的目标。

(七)燕燕的教师专业身份建构过程

在实习支教之前燕燕还在为"要不要当老师"而挣扎,但是经过在实习支教中的学习后,重新评估和澄清了自己的职业承诺,燕燕建构了自己理想的教师意象——像魔术师一样的教师,自己也在为成为魔术师一样的教师而努力奋斗。

1. 进入实习支教场域前的重要事件

(1)小学阶段:不能理解的小学老师

内心体验:憎恨

应对方式:看见爱打人的老师

建构状态:教师要有比打人更好的方法

(2)高中阶段:犀利的数学老师

内心体验:很崇拜

应对方式:努力学习

建构状态:教师要给人以启发

(3)师院阶段:空想主义似的老师

内心体验:失望

应对方式:为学分而学理论

建构状态:教师要理论与实践相结合

(4)实习支教的动机:难能可贵的学习机会

内心体验:期待

应对方式:充分准备

建构状态:学习成为一名小学教师

2. 进入实习支教学校中的具体行为

(1)学校文化:开放的学校文化风格

内心体验:和谐融洽

应对方式:不断创新

建构状态:教师很积极

(2)教学实践:精进教学

内心体验:充满自信

应对方式:不断学习

建构状态:我是成功的实习老师

(3)与学生关系:和学生打成一片

内心体验:成就感

应对方式:寻求帮助和激活原有经验

建构状态:我是能教育学生的老师

(4)观摩其他老师:有的老师有威严;有的老师乱发脾气

内心体验:佩服学习和鄙视不满

应对方式:反思自我

建构状态:我是来学习的老师

(5)对自我角色的认知:学习者

内心体验:很有成就感

应对方式:向所有老师学习

建构状态:我是实习支教老师

3. 对教师专业的承诺和确定

(1)继续成为教师:自己能当老师

内心体验:充满信心

应对方式:积极准备

建构状态:我一定能成为一名教师

(2)一位理想教师的图像:像魔术师一样的老师

内心体验:充满信心

应对方式:积极准备特岗考试

建构状态:自己还是一位不成熟的老师

燕燕虽是被迫进入到师范学院,但是进入师范学院后还是积累了一些关于教育教学的理论知识。带着到实习支教学校学习的态度,来到了实习支教学校,通过不断的学习和自己的探索与实践,体验到当老师的快乐和满足感,但她认为自己还是一位不成熟的老师,距离自己理想的像魔术师一样的老师意象还相去甚远。这并不妨碍她学习的步伐,她觉得她能当老师,因此,她也开始为成为像魔术师一样的老师而努力。

六、跨越实习支教生个体叙说的主题分析

五位实习支教生虽抱持着不同的前身份(pre – identity)进入到不同的实习支教学校,有着不同的身份建构意义的转化性的实习支教经历,体验到不同的"自我"与"他者",感受到自己的成长,叙说了不同的专业身份建构的故事。但在五位实习支教教师专业身份建构的故事中也存在共同的主题,为了深入理解实习支教教师专业身份建构和呈现他们建构教师专业身份的过程,我反复回到他们个体故事中,最后发现在他们的故事中呈现出前身份、话语的介入、反思、关键时刻、与学生的关系、情感投入、自我概念、教师知识的建构、教学具身性、职业承诺等主题。在这些主题中,他们分享了不同的故事。下面我将这些主题分析如下,以期能帮助我们进一步理解实习支教教师专业身份的丰富内涵、影响因素和建构过程。

(一)前身份

个人早期的学生经验成为他们理解教学和理解"作为教师的我"(self – as – teacher)的参考框架(frame of reference),从而形成了对自我教师角色的

理解和形塑了个人的教学理念,也明确了自我和教师职业的关系定位,最终形构了实习教师的前身份,这种前身份对外界情境和输入的信息具有转译和过滤的作用。① 因此,在实习支教教师进入真实情境之前,他们已经对实习支教赋予了个人意义,也对即将进入实习支教中的自己进行了自我定位。也就是说,对于实习教师而言,"我要不要当老师""我想成为怎样的教师""我能否胜任教师工作""教师职业对我来说意味着什么"的答案是在实习情境中的他们确定"在这个情境中我是谁"和"我为什么会在这个情境中"的依据。② 而不同的答案决定了他们对实习支教价值的判断,也决定了他们解读实习支教情境的方式。

除了天天认为自身能力与幼儿老师的契合而选择就读学前教育专业外,其他四位实习支教生之所以最初选择就读师范院校,是因为父母的意愿、社会地位、工作稳定且适合女性等。当然有的则是处于内在动机的自主选择,有的则是无奈的选择。不管五位实习支教教师进入师范学院的动机如何,但是在他们的个体叙事中发现,在他们的学生经验中都已确定了理想的教师的意象,这些意象虽然都偏向于贝贾德的"教育专家身份和教学专家身份",却也存在细微差异。丽丽建构的教师意象是"父亲一样疼爱孩子且有方法,像朋友一样且爱每一个学生";"先教学生做人后才是教书"、"知识过硬"、"态度端正"、"有激情"成了雯雯建构的教师形象;天天建构的教师意象则是"拥有操纵学生的权力,是一手遮天的神";"人生导师和教学达人"则成了蓉蓉追求的理想教师的意象;燕燕从个人曾被教师拯救的经历建构了"走心"的教师意象。

在他们各自的理想的教师意象影响下,他们对教师角色的理解、个人教学理念以及"作为教师的我"有着不同的认识,这也影响着他们进入实习支教现场后的具体行为。在丽丽看来,教师就主要是"上课"且能"自由自在",她始终坚持"活泼教学"的教学理念,但面对实习支教时她却认为是"为了完成政治任务",因为当老师并不是她的目的,她只是觉得通过实习支教去"多听听课,看看别人怎么当政治老师的",而至于具体学什么和锻炼什么,则没有明确的目的和预期。雯雯则认为教师就应该"教书育人,育人先于教书",

---

①Santoro, N. The construction of teacher identity: An analysis of school practicum discourse[J]. Asia - Pacific Journal of Teacher Education, 1997(1):91 - 100.

②Mockler, Nicole, Sachs, Judyth s. Rethinking educational practice through reflexive inquiry: Professional learning and development in schools and higher education[M]. Springer Netherlands. 2011. 123.

她始终坚持不管采用什么手段,最终都必须要"教得会"的教学理念,于是,她带着期待与不安,希望通过实习支教去弥补自己的不足——"缺少经验和不了解学生","学会当农村教师"。天天则较为特殊,在实习支教之前就已经有了"像老师"的体验,他认为幼儿老师就应该教书育人,坚持"玩中学"的教学理念,面对实习支教的任务,他自称自己就如站在起跑线上的"运动员"一样,蓄势待发,希望能成为"城市农村通吃"的幼儿老师。从小就梦想着成为教师的蓉蓉,则认为教书与育人同样重要,希望能够像初中语文老师那样通过"问题式教学"吸引学生,但她也愿意在实践现场学习新的教学方式,带着儿时的梦继续走向教师之路。身陷"要不要当老师"的自我危机之中的燕燕尤其注重育人,希望能够时常有"推陈出新"的教学方式去教导学生,带着去听课、探索、实践、请教的目的和意图开始了自己的实习支教生活。

(二)话语实践:教师专业身份的社会建构

根据在线韦氏词典,"话语(discourse)"是一个组织根植于语言及其具体语境中的知识、思想或经验的方式。① 福柯则认为话语不是一种语言而是使用语言达到的功能,这种功能主要是在特定的范围内建构不同类型的对象与关系。② 韦氏词典和福柯的定义都表明,话语是由在某个特定领域或实践中具有共同利益的人创造的语言,具有独特的功能。诚如话语研究者詹姆斯·保罗·吉认为,话语主要是指"语言、行动和交流的组织和整合方式",以及"思考、相信、评价和应用各种符号、工具和物体的方式,以确定某种社会认可的身份"。③ 他还在话语分析方法的研究中具体阐述了话语对世界的七个方面的建构:使事物有意义;确认正在从事什么样的活动;获得某种身份或角色;明确言说者与他人、组织的关系;建构名利的分配方式;使事物相互联系或不联系;使某种特定符号系统、知识、信仰在特定情景中突出出来并确立优势或劣势。④ 因此,话语不仅生产知识、真理和权力,而且还建构话语主体、知识对象乃至社会现实和社会关系。⑤ 据此,霍尔提出,话语研究方法把身份认同过程视作一种建构,一个从未完成——总在进行中——

---

①www. merriam - webster . com.
②米歇尔·福柯. 知识考古学[M]. 北京:生活·读书·新知三联书店,1998:113.
③詹姆斯·保罗·吉. 话语分析导论:理论与方法[M]. 重庆:重庆大学出版社,2011:19 - 23.
④詹姆斯·保罗·吉. 话语分析导论:理论与方法[M]. 重庆:重庆大学出版社,2011:11 - 14.
⑤胡春阳. 话语研究:传播研究的新路径[M]. 上海:上海人民出版社,2007:36

的过程。它始终是在"赢得或失去"、"拥有或抛弃",在这个意义上,身份建构是不确定的。正是这种不确定性使霍尔看到了主体身份认同的可塑性,他相信这是话语论给身份认同研究的一份"厚礼"。通过探究主体在话语的表意实践中如何建构新话语或反话语,进而塑造出新的身份认同,这就改变了福柯话语论中主体的被动性和驯顺性。据此霍尔提出,身份认同的研究焦点不再是"我们是谁"这类传统问题,而是转向了"我们想成为谁",这一提问方式的转变凸显了主体建构话语的能动性,通过创造出自己的新话语来实现自我身份认同的重塑,并把争取自己的社会和文化表征权益看作是当务之急。实际上,身份认同是与转变(而非所是)过程中运用历史语言和文化资源有关,问题不是"我们是谁",或"我们从哪儿来",更多的是"我们会成为谁"。① 也就是说,话语按照规则在学校情境中以实习支教教师为对象对其进行区分、确认、命名和确立。而在不同学校,教师对自身身份有着不同的话语表达:有些学校(通常为中小学)倾向于以称呼学生为"孩子"来表达教师的"大人"身份,有些学校倾向于以"园丁"来表达教师的"培养者"身份,有些学校倾向于以"教书人"来表达教师的"知识传授者"身份,有些学校甚至倾向于以"工作者"来定位教师的"职业人"角色。同样在教师"做什么"的话语表达上,不同学校的差异也很大:有的是"教学生知识",有的是"教学生学习",有的是"教学生自学",有的是"引导学生生命成长"……。② 因此,五位实习支教教师身处不同的话语实践中"成为一名教师",而"成为一名教师"则要求学习并融入到学校和教育话语之中。

1. 实习支教教师参与的话语实践

在实习支教的半年中,他们参与到不同的话语中。在访谈中经常提及的话语就是他们在教研活动中反思自己教学的话语。学校职工会议最能反映学校的话语。实习支教教师也沉浸在这种话语之中。当他们回到各自的教学场域时,他们又参与到年级组和教研组的话语之中。丹尼尔勒维滋(Danielewicz, J.)认为,话语是学习的课程内容和学习教学的核心,因此实习教师通过话语来建构教师专业身份。③ 温格也指出,教师身份的发展是通过参与其所在社群的教学来建构的,教师专业身份建构是与教学社群其他

①转引自周宪. 福柯话语理论批判[J]. 文艺理论研究,2013(1):120-129.
②余清臣. 教育理论的话语实践——通达教育实践之路[J]. 教育研究,2015(6):11-18.
③Danielewicz, J. Teaching selves: Identity, pedagogy, and teacher education[M]. Albany, NY: State University of New York Press, 2001. 28.

成员协商的过程。① 可见,分享个人叙述故事中的话语,也是建构教师身份的关键。② 因此,对五位实习支教教师而言,有机会参与到实习支教学校的话语体系之中是实习支教教师学习的基础,也是实习支教生学教的核心。半年的实习支教经验也是实习支教教师参与学校专业发展的机会。因为,通过十余年的实习支教,高校已经和实习支教学校以及当地教育局创建了合作文化,也即一种话语。绝大部分学校的教师也非常支持这种合作文化和合作关系,在这种合作环境中,五位实习支教教师都或多或少建构了自己的支持网络并和他者对话,他们也因此从"同事"那里获得了更多的帮助。

2. 实习支教教师参与的教研组话语实践

在关于教学经验的故事中,他们常常会提到教研活动。他们大多数都参与了教研活动,并且对他们的学习也产生了重要的影响。蓉蓉认为"数学学科组经常有很多交流,有对于教材、教法的,也有对于学生的,往往在交流中能彼此碰撞出更多元、更丰富、更实用的内容。有时我也会主动分享我所做的教材或理念方面的尝试,希望能够带来一些不同的气象"。尤其是蓉蓉通过教研组的磨课,从中感受到教研组的温暖,也从而认为自己"是一名成功的实习老师"。燕燕经常津津乐道的是参加教研活动后的一些收获,尤其是被老师们的学识、认真和相互之间的坦诚与合作所折服。在教研活动中,她们不仅学会了教材的开发和利用,也学会了上课、评课的方法,更为关键的是她们开始融入到教研组中。

3. 实习支教教师参与的其他话语实践

由于受到实习支教学校的限制,实习支教学校并没有单独为实习支教老师配备指导教师。但是,五位实习支教教师中有三位分享了他们与其他教师亲密关系的故事,并且他们都认为在他们成为教师中起着关键作用。燕燕来到实习支教学校后,认识了"不是指导教师却胜似指导教师"的于老师。于老师给了她生活和教学的帮助,她们一起谈论教学和关于学生的话题,于老师更给了她自主发展的机会。蓉蓉提到了让她学会教学的孔老师,孔老师的两个问题——"你对这节课有什么想法? 要使这堂课变得更好,你想怎么做?"——让蓉蓉茅塞顿开。天天也通过一位老师的提醒,使自己意

①Wenger, E. Communities of practice; Learning, meaning and identity [M]. Cambridge, UK: Cambridge University Press, 1999. 149.

②Bruner, J. Narrative construction of reality[J]. Critical Inquiry, 1991(18): 1-21.

识到"自己和其他老师不一样",甚至成了他"处理同事关系的法宝"。

4. 来自校外的支持性话语

五位实习支教教师通过与校外的对话得到了支持。他们所在班级建立的 QQ 群也是他们热衷于分享的平台,他们在里面分享了来自不同学校的文化、遇到的问题及自己的收获,相互启发,成了他们建构教师身份的支持性话语。天天还得到了他见习幼儿园的刘老师的支持,让他对拼音教学有了新的认识,更是找回了自信。

(三)教学经验的反思

舍恩认为,教师需要有机会与同事分享和检验他们的反思,也需要有机会去表达和分享他们的情感、困惑和感受。通过反思,教师可以再现他们应对问题和困惑的方式以及寻找属于自己的教学方式的心路历程。[①] 杜威也认为反思性思维可以让我们在深思熟虑之后再做决定,同时,反思是通过不断质疑和探究来实现的。[②] 反思性思维通过探索不同的观点和选择来促进思维的改变,而不仅仅是寻找正确的答案。反思性思维包括对自己信念的考量,并愿意接受混乱而令人费解的复杂情况。在整个半年的访谈过程中,实习支教教师分享了他们的反思性思维。事实是反思性思维似乎是自然而然地出现在他们分享的故事之中,因为我在访谈过程中并未设计或直接问及此类问题。

1. 反思性文化

随着新课程改革的不断推进,在实习支教学校,反思已经成了一种常态。另外,在实习支教前,师范学院先对学生进行了培训,明晰了反思的基本方法和过程,提出了具体的反思要求,要求每个实习支教老师每周至少提交一篇反思日记。并且实习支教学校对实习支教老师也有相应的要求,例如教学反思、班主任工作反思等。所以,在实习支教学校已然形成了反思性文化。

2. 反思的促发

五位实习支教教师认为,研究过程中对他们的访谈有利于帮助他们反

[①][美]舍恩著,夏林清译. 反映的实践者－专业工作者如何在行动中思考 [M]. 教育科学出版社,2007. 31.

[②][美]约翰·杜威著,伍中友译. 我们如何思维[M]. 北京:新华出版社,2010. 32.

思。我也注意到,每次访谈时他们都会出现反思的时刻并表达出新的见解。有时,他们还会分享她们最近一次访谈后的重要反思。似乎每次访谈都成了他们的一次有声的内部对话。由于时间的限制,他们的有些反思没有来得及分享。

就反思的时间和地点而言,五位实习支教老师都分享了自己遭遇到身份危机和现实震撼时的反思,以及听课和与他人交流时也会引发他们的反思,他们的反思延续到他们实习支教结束。当然也各有差异。丽丽的反思是经历了理想和现实的挣扎之后开始的,她也有在课堂上根据学生的反应而做出的反思,通过反思并促使她改变了原来的计划。雯雯是在尝试自己的班级管理理念和教学理念而遭遇失败后开始的反思,天天是进入实习支教现场之后面对汉语水平参差不齐的孩子时开始的反思,蓉蓉是从第一堂公开课后就开始的反思,燕燕则是在于老师的影响下开始的反思。

3. 反思促进了他们教学的变化

反思促进了他们教学的变化,使他们把存放在实践意识(practice consciousness)中的教师专业身份,通过叙说为"话语意识",而再次深化了他们对自己作为实习支教教师的认识,也让他们重新审视自己的教师专业身份。

丽丽认为,自己的"情境引入"、"问答型"教学法是适用的,只是"没有用好"。为此,她坚持自己原来的教学风格,开始"探索适合学生特点的一些具体做法"。雯雯通过对语文教学和班级管理方式的反思,明确了自己关注学生品行的重要性,也促使她更加努力学习和收集相关资料改进语文教学,最后不仅语文课堂教学改变了,而且班级管理也明显好转。天天通过反思,坚定了自己玩中学的理念,采取多种手段进行拼音教学,收到了意想不到的效果,也明确了自己与其他教师的差异。蓉蓉通过反思不断精进教学,从教教材到用教材教,不断创新教学方式,从教学中获得了成功的体验。燕燕通过反思,无意识走向了"学生为本的教学"。

(四)关键时刻和转折点

我根据五位实习支教教师分享的故事来选择了关键时刻,这些关键时刻也是他们经历中最为重要的时刻,在他们讲述这些关键时刻时,他们会带着情感反复的重复某个故事。正如特里普(Tripp, D.)所言,关键时刻并不是戏剧性的变化,也不是他们注意到他们的发生。他们可能是第一次就会出现的普通的事件。当老师反思已经发生过的事件时,她觉得这个事件对她而言非常重要,那么这个时刻则为关键时刻。①

1. 关键时刻即顿悟

巴登和尼凯尔克(Savin – Baden, M. & Van Niekerk, L.)用"顿悟"(e-piphanies)来代替关键时刻,并发现教师叙事中存在四种顿悟:累积的顿悟(cumulative epiphany)发生在一个人的思维中的一个转折点;启蒙性顿悟(il-luminative epiphany)给予老师新的启发;重要顿悟 major epiphanies)即能够立即察觉到新的重大意义;重温性顿悟(relived epiphanies)是指为了被理解不得不再次重温自己的经历。② 根据巴登和尼凯尔克的四种顿悟的指导,我从五位实习支教教师故事中选择了他们的关键时刻。

首先,就累积性顿悟而言,在燕燕的数学课上发生的事件对她来说可谓累积性顿悟。一个"根本没有数学概念或者任何数感"的少数民族女孩在燕燕的帮助下,终于"开窍"了,当这位女孩的妈妈述说了她的转变后,燕燕顿时觉得"自己已经变成一名教师了"。相似的,雯雯也有同样的经历,因为两个孩子的打架,雯雯"给孩子们来个下马威",叫来了其中一个孩子的家长,从而觉得"自己就是他们的班主任了"。

顿悟的第二种类型是老师获得新的启发。蓉蓉在故事中叙说到,她感觉自己变成一个老师的时刻是当她意识到她对学生和教学的关注越来越多的时候。在讲述这个故事时的停顿,表明她正在反思,她的反思促发了新的启发。丽丽在一次谈及自己教学时,停顿后说到:"我们是通过教学学会教学的",这种反思也揭示了丽丽对教学实践的新的领悟。雯雯停顿后谈论了一个完全不同的主题,并且说:"我并没有关注他们知道些什么,我只是听他们说。"燕燕在回忆师范教育对她的影响时,也在反思后说:"我觉得没有人能告诉我们怎么做,我们是在和孩子一起的时候学会了怎么做"。

第三种顿悟是一个人立即认识到新的重大意义。雯雯在谈及对学生问题行为的决策时,她立即意识到她所做的决策是对的。天天在谈到作为男性幼儿老师受到学校老师的"特别关注"后,他认为他采取的"两面派"战术是对的,也使他重新认识到自己与其他老师是不同的。

第四种类型的顿悟是指一个人重温她的经历时会有新的理解。丽丽的

---

①Tripp, D. Teachers' lives, critical incidents, and professional practice [J]. Qualitative Studies in Education,1994(1):69 – 76.

②Savin – Baden, M. & Van Niekerk, L. Narrative inquiry:Theory and practice[J]. Journal of Geography in Higher Education. 2007(3):459 – 472.

故事中发现，随着自己教学实践的不断推进，她认识到自己的"教学理念是好的，只是没有用好而已"，也通过反思自己的实习支教经历，认识到"当好老师，关键靠自己。"雯雯在整个实习支教中都在尝试处理教书与育人的关系，在回首自己的实习支教这段经历时，她对教书育人有了新的理解——教书容易育人难。天天回顾他的教学经历，他认为"玩中学"是成功的。当学生不断的向蓉蓉问不同学科问题时，蓉蓉认识到学生把她当作最信任的老师。燕燕反思自己的经历时对自己有了新的认识，认为自己比自己以前想象的能干多了，也认识到自己实际上是非常同情学生的。

2. 关键时刻的作用

关键时刻给实习支教教师留下的深刻印象各有不同。在一些故事中，关键时刻仅仅是一段短暂的时间。有时，这个重要的关键时刻可能会持续一段时间，或者几天甚至几周。尤其是关键时刻涉及到教学时就显得格外重要。当他们正式开始自己的教学时，内心的声音告诉他们"我能行"、"我将为我的教学行为负责"。对丽丽、雯雯、天天和燕燕而言，他们都通过第一堂课证明自己具备相应的知识和技能，体验到教学的成功。而对于蓉蓉而言，蓉蓉通过第一堂课的反馈评价，学会了提升自己课堂教学的方式——向自我问两个问题。当她开始对自己问这两个问题时，开启了教学的新篇章。五位实习支教教师都是通过反思发现了他们的关键时刻，其实，关键时刻也经常出现在与研究者的对话之中。[1]

（五）师生关系

克拉克认为，教师专业身份是关系性的存在，对实习教师而言，师生关系最为重要。他同时指出，学生的认可是教师专业身份的关键。戴伊等人认为教师专业身份有三个基本特征：首先是教师所教的内容；其次是教师对自己的职业定位；最后是师生关系。教师和学生合作过程中建构自己的教学知识，教师的知识则直接影响到教师专业身份，因此，师生关系在教师专业身份建构过程中起着关键作用。[2] 在研究过程中，访谈没有直接问及这方面的问题，但五位实习支教教师每次都是自发的谈论自己与学生的关系的

①Tripp, D. Teachers' lives, critical incidents, and professional practice [J]. Qualitative Studies in Education, 1994(1):69-76.

②Day, C., Kington, A., Stobart, G., & Sammons, P. The personal and professional selves of teachers: Stable and unstable identities [J]. British Educational Research Journal. 2006(4): 601-616.

故事,这也说明了师生关系在他们教师专业身份建构中的重要作用。除了他们都特别注意与个别"特殊学生"的关系外,他们与学生的关系也表现出各自的特点。丽丽一开始就和学生以"姐弟相称",最后通过亲密的师生关系获取他们对自己的教学反馈;雯雯与学生的师生关系经历了从权威到亦师亦友的转变;天天与学生的关系则一直较为融洽,他也成了孩子眼中的父亲般的老师;师生关系是蓉蓉最看重的,因此她"用心"关心学生,学生也愿意亲近她,把她当作最信任的老师;燕燕则从师生关系中获益良多,从师生关系中建构自己的教师知识和教师专业身份。

1. 幽默在建立良好师生关系中的重要性

五位实习支教老师都认识到幽默在建立良好师生关系中的重要性。丽丽时常通过自嘲来活跃自己的课堂,也通过"政治小幽默"来丰富课堂,从而建立和谐的师生关系;雯雯则希望学生看到自己的笑容,在课堂中也时常用"开玩笑"的方式建立良好的互动关系;在对蓉蓉的课堂观察中,我看到班级的轻松氛围根源于她的风趣和幽默;天天的信念是让孩子体验到学习的乐趣;燕燕则希望她的学生若干年后还能记住她的有趣的课堂。

2. 来自学生的肯定

从他们的故事中不难发现,来自学生的肯定对他们建构教师专业身份的重要性。实习支教结束时,他们的学生挥泪告别是最后的肯定。在实习支教过程中,她们也体验着来自学生的肯定。丽丽在故事中分享了来自学生的肯定,有学生说:"因为你,我开始听课了"。雯雯的学生则用实际行动来肯定,从远离到亲近,从羞于开口到生活中的嘘寒问暖,都给予了雯雯极大的肯定;天天的故事中来自学生的肯定更为直接,有孩子拉着他的衣角说"我喜欢你",更有家长对孩子重病也要上学的无奈,这恰恰是对天天的肯定;蓉蓉除了来自个别学生的肯定外,来自于学生说"你是我心中最好的老师"的评论;燕燕分享了她转化后进生而得到学生的认可和肯定,也收获了来自学生的"拥抱"。

3. 对师生关系的不同认识

燕燕对教师总是为学生提供选择的观点有着自己的想法,她相信教师为学生的决策肯定是最有利于孩子的,因此,教师有时需要扮演"成人和长辈的角色"。但是她认为,教师不能仅仅为孩子提供一个最终的选择,而应该提供多种选择,并让学生充分讨论每一个选择和明确为什么要做出这样或那样的选择。

（六）教学中的情感投入

近年来,教育研究开始关注教师的情绪生活。凯尔克特曼(Kelchter-mans, G.)认为,当教师谈论他们的工作时,情绪立即就会成为他们教学的核心,理解情绪如何影响教学实践和教学决策是理解教师专业身份的关键。① 扎莫拉斯认为,情绪作为抵抗和自我转化的场所(sites),也会导致教师专业身份的变化。② 在五位实习支教教师的叙事中,情感投入也是常常提及的主题。

1. 与学生交往中的情感投入

他们分享的故事也揭示了与学生交往中的情感投入。丽丽对学生上课的表现充满理解和同情,对理科慢班的学生充满担忧,时常想通过自己的激情来点燃学生的激情;雯雯则对农村学生充满了期待,也希望通过自己的投入激发起他们学习的热情,因此不断的"逼"学生学习,并理所当然的认为农村学生会比城市孩子更加用功的学习;天天则是摒弃他人的质疑,一心投入到孩子的教育中,他最担心的是看到孩子们中午趴在小学生的课桌上睡觉,时不时的有孩子摔下来,此时痛在孩子却疼在天天心里,所以天天认为每天中午时刻都揪着心看孩子午睡;蓉蓉则是一直坚持用心与学生交往,她帮助学生找回自信,看到学生不学习而痛恨自己,最后师生抱头痛哭,坚持不放弃的精神;燕燕偶遇老师对差生的冷落而感到无助和对学生充满了同情,在自己和学生相处的过程中充满活力和全身心投入,希望能为学生付出更多,也试图记住孩子的每一个笑容。

2. 实习支教中的情绪经历

由于实习支教是师范学院每个汉族(包括民考汉)师范生必须经历的教育阶段,虽有不同的认识,但是他们都有着很多相似的情绪经历——开始时的期待、进入到实习支教现场的震撼、在支教过程中的兴奋、支教结束时的感伤。当然也各有差异,尤其是他们故事中关于课堂教学中的情绪经历。丽丽和雯雯对学生课堂上的行为问题表现出不同的情绪反应。丽丽觉得自己很无奈和忧虑,而雯雯则表现出很坦然,但是当学生的行为激怒雯雯时,

---

①Kelchtermans, G. Teacher vulnerability: Understanding its moral and political roots [J]. Cambridge Journal of Education. 1996(3), 307 - 323.

②Zembylas, M. Emotions and teacher identity: A post - structural perspective [J]. Teachers and Teaching: Theory and Practice. 2003(3), 213 - 230.

雯雯才会感觉到焦虑。但他们都明白,课堂上应该保持冷静。蓉蓉则经历了自我怀疑到重拾自信的过程。燕燕则认为课堂学生的情绪状态影响她的情绪状态,当然她的情绪状态也会影响到学生。天天是一方面采取两面派战术,一方面体验着教学的乐趣。

3. 课堂观察的情绪反应

一些实习支教教师的故事揭示了他们课堂观察时的情绪反应。在教师课堂教学结束时,一个学生还不能完成课堂作业,但他并没有得到老师的帮助。雯雯在叙述这个故事时,她说"我很揪心和气愤"。她认为教师应该照顾到每个学生,应该给予学生学业上的帮助和情感上的支持。燕燕在听于老师的课时则体验到兴奋感。于老师能始终坚持和颜悦色对待学生,给予了学生很多情感的支持。但燕燕也体验到一些老师对学生的冷漠,例如燕燕经常听到老师说的"一边儿去"。蓉蓉在观摩他人教学时,看到老师用幽默的语言和灵活的教学方式调动了学生的学习兴趣,她和学生一样有一种意犹未尽的感觉,当然,她也看到有老师对学生大吼大叫,她说那样的老师"看起来不像老师"。

(七)自我概念

教师的自我概念包括他对自我价值的认知和他人怎样看待她。自我概念的另一个维度是个体如何看待自己在特定情境中的能力。[1]因为自我概念直接影响到教学行为,所以它对建构教师专业身份非常重要。自我概念还决定了一个人接受新任务的意愿,当个体成功完成这些任务时,她们的自我概念就会得到强化。当我再次重温他们的故事时,我发现他们每个人都有强烈的自我感。

当我再次重温他们的故事时,他们并非像雷诺兹所提的"顺服"于情境或者全盘接收式的角色采用(role adapting),他们每个人都有着强烈的自我感。丽丽在面对初来乍到的冲击,一边追问自己是谁,一边坚持自我的寻求。雯雯则坚持做自我,试图撇清和实习支教学校情境中的利益关系,一心专注于自己的"小天地"。天天则坚持两面派战术,最终意识到"我就是我,我不同于其他老师,我不会因为他们而改变自己"。蓉蓉尽管坚持从教研组

---

①Wilson, E. & Deaney, R.. Changing career and changing identity: how do teacher career changers exercise agency in identity construction? [J]. Social Psychology of Education. 2010(2):169-183.

中吸取营养,但是她还是坚持自己的理念,寻求内在的自我;燕燕则坚持自我,即便校长对她的负面评价之后,她仍然说:"我知道我是谁,我也知道我在做着什么和怎么做的。"

(八)建构教师知识

早在 1981 年,艾尔巴茨(Elbaz,F.)首次提出教师知识对教学实践的影响。艾尔巴茨将教师知识分为学科知识、课程知识、教学法知识、关于自我的知识和交往性知识。学科知识是指教师所教学科的知识和学习的相关理论;课程知识包括如何组织学习经验和课程内容的知识;实践性知识包括教学实践、课堂管理和学生的需求的知识;关于自我的知识来自于他们如何追求教学目标的知识;交往性知识是她们在教学环境中和他人交往的教师知识。由此,艾尔巴茨首次将实践性知识引入到教育研究之中。[①] 克莱迪宁描述了"某种知识",即教师拥有的具有实践性、经验性并被教师的目标和价值观型塑的知识。他也认为,教师知识是教师特有的知识,因为它包括了个体的信念、先前经验和知识产生的情境,[②]并且关于自我、学生、课程和学校环境的教师知识决定了教师使用教师知识的方式。[③] 因此,对教师而言,知识与专业身份有着密不可分的关系,知识甚至是教师专业身份的核心。[④] 接下来,我先分享他们共同的教师知识,然后,我举例说明他们各自的教师知识。

1. 五位实习支教教师的教师知识

尽管他们仅在早期的访谈中提到教师知识相关主题,但是他们都关注教学的组织技能和班级管理技能。他们都认为他们通过观察其他教师的教学而学到很多知识,他们也承认他们是在教和与学生直接交往的过程中学会教学的。他们也谈及了他们在教研组中与他人的合作也是她们建构教师知识的一部分,并且,教研组中的合作也让他们认识到如何合作以及合作的价值。通过合作,他们也对合作的概念有了更深的理解。

---

①Elbaz, F. The teacher's "practical knowledge": Report of a case study[J]. Curriculum Inquiry, 1981(1):43-71.

②Clandinin, D. Developing rhythm in teaching: The narrative study of a beginning teacher's personal practical knowledge of the classroom[J]. Curriculum Inquiry. 1989(2): 121-141.

③Johnson, K. E. & Golombek, P. R. Teachers' narrative inquiry as professional development[M]. New York, NY: Cambridge University Press, 2002:2.

④王安全. 教师自我知识身份误解的生成与消解[J]. 国家教育行政学院学报,2011(3):52-55.

学生学到了什么成为他们教学的基础,关于学生学习的知识也被添加到他们的教师知识之中。他们都承认在教学中遇到很多问题,并且根据这些问题他们在教学中和在他们使用的教学材料方面做出了许多改变。他们也根据学生的实际情况而主动改变自己的教学。因为,他们在实习支教学校具有足够的自由根据需要去实施和修改自己的教学计划,因此,他们也有机会进一步建构他们的教师知识。

2. 丽丽的教师知识

丽丽深入专研教材,试图寻找到知识和学习兴趣的结合点。通过学生们的真诚反馈,她知道自己教学中的问题,更了解到学生需要什么样的课堂;通过观察其他老师的课堂,她知道了如何抓住学生的心;通过反思自己,她寻找属于自己的教学方式。在不断的学习中,她领略到高中理科生学习政治的价值所在,她挣脱考试文化的束缚,不断调适课程内容,课程内容"现实化和生活化",缩小课程内容与学生之间的距离。在学生互动中调适自己的情绪和教学方法,当学生对课堂感兴趣时,她也就充满了激情。

3. 雯雯的教师知识

雯雯在实习支教之初面临着严重考验。她认为她欠缺的不仅仅是实践性知识,她还欠缺学科知识。因此,她在学科知识方面投入了很多精力,用她的话说就是"恶补"。她阅读了小学一年级到六年级的教材、语文教学法方面的知识,提取脑海中关于语文的所有经验,在网上搜集各种教案,试图从教案中学习他人的教学方法和寻找到合适的教学方式,花更多时间备课,她不断尝试各种教学方法,在实践中摸索,学会了如何使用问答法。但是雯雯过高的估量了农村学生学习的积极性,最后她选择了以当好语文老师为突破口,关注学生的品行问题,从而达到"育人与教书"的目的。

4. 天天的教师知识

天天虽来自农村,三年间也在不间断的见习,但对农村幼儿并不了解。天天坚持自己的"玩中学"的教学理念,根据农村孩子的实际调整自己的方式,通过亲自动手制作教具和玩具,发挥自己的优势,带领学生在玩中学习。尽管在教拼音时遇到挑战,在求助后,天天尝试了新的方式,也收到预期的效果。因此,他认识到自己不同于其他老师,也积累了农村教学的经验,丰富了实践性知识。

5. 蓉蓉的教师知识

蓉蓉不满足于教研组提供的学习机会。她主动探索,用心关怀学生,发挥自己沟通能力强的优势,注重与学生建立良好的关系。在备课时,注重课程内容的调整和尝试多种教学方法,精心设计教案。在课堂上注重观察学生的反应,根据学生反应适时调整自己的教学计划。通过观察,她学会了如何计划和实施课程教学以满足学生的需求。更为重要的是,蓉蓉学会了通过问问题来改进自己的教学。

6. 燕燕的教师知识

燕燕通过聆听学生的谈论来更好的了解学生。燕燕承认在不同年级的听课和上课对她产生的积极影响,她认识到不同年级学生的差异和各个教师都有自己的教学风格。从不是指导教师却胜似指导教师的于老师那里学会了如何定位自己在课堂的角色,如何组织课堂和备课,也通过于老师认识到教师的行为决定了学生会如何回应。燕燕也深切的体验到她的教学热情与学生学习热情直接相连,并且学生的热情也会影响到她的教学激情。

(九)教学具身性

杜威是最早思考身体和精神合一的哲学家,他使用"body - mind"来表示身体和精神之间的相互关系,他指出,当我们谈论社会交往和社会活动时,我们的前提假设是我们有一个活生生的身体。因此杜威曾说:"身体经验"(bodily experience)是人类能够意谓、思考、认识和交流之一切的第一基础(primal basis)"。[1] 拉格朗日(LeGrange, L.)则进一步指出,当思想和行为成为一种活动时则会产生具身性。[2] 尽管具身性还没有明确而统一的定义,但研究者们认为,"认知过程根植于身体,是知觉和行动过程中身体与世界互动塑造出来的",[3]具有身体参与认知、意义源于身体、知觉是为了行动、不同身体造就不同思维方式的特征。[4] 因此,拉格朗日认为,身体和精神之间的关系与理论和实践之间的关系密切相关。当实践涉及到实施理论的身体活动时,理论就成了认知和精神的结果,身体将精神付诸实践。于是,体

---

①转引自冯晓虎. 论莱柯夫术语"Embodiment"译名[J]. 同济大学学报(社会科学版),2010(1):86 - 97.

②LeGrange, L. Embodiment, social praxis and environmental education: some thoughts[J]. Environmental Education Research. 2004(3):387 - 396.

③Alban, M. W. , & Kelley, C. M. Embodiment meets metamemory: weight as a cue for metacognitive judgments[J]. Journal of Experimental Psychology: Learning, Memory, and Cognition, 2013(5), 1628 - 1634.

④叶浩生. "具身"涵义的理论辨析[J]. 心理学报,2014(7): 1032 - 1042

现在教学中的具身性则说明,理论变成实践,实践也变成理论。[1]

1. 教学具身性:看起来像老师

最容易辨认的具身性就是五位实习支教教师的外表和服装的变化。我在师范学院和在实习支教学校看到的丽丽可以说是判若两人。她的衣着和肢体语言的改变标志着她从师范生转变为了"教师"。在其他实习支教学校,我看到了与丽丽一样的变化,他们的衣着、发型和肢体语言都发生了变化,预示着他们正在转变为一名老师。看起来像老师在他们的故事里都有体现,对丽丽而言更是如此。丽丽经常提及,"别人一看就知道她不是正式老师,因为和其他老师穿的职业装不一样"。

2. 重要他人的教学具身性

每个实习支教教师都关注到实习支教学校的某些老师的专业发展轨迹和专业生活状态,他们也看到好的教学的具身性。蓉蓉看到老师课堂上的镇静,老师的镇静也影响到学生。蓉蓉也看到了老师大吼大叫,这也决定了学生的反应。燕燕看到于老师自言自语的思维过程。天天多次提到教师不仅要"外表看起来像,内在也应该是老师才行"。这种观点与具身性是一致的。

3. 具身性即教学的身体行为

天天描述了他实施教学时的身体行为,他说学生在哪儿他就在哪儿。"我总是会俯下身去和孩子说话和交流,让孩子能够平视我,有些时候孩子想要和我交流时,还会拉扯我的衣角,孩子也会时不时的跑来抱住我的腿"。所有的实习支教教师都分享了来自学生的拥抱。我在雯雯的课堂听课时,我发现她总是来回在教室走动,经常有学生和她对话,下课时也会有学生围着她。

蓉蓉分享的关于科学课"变废为宝"的教学故事有利于我们理解具身性的时空概念。蓉蓉刚开始在课堂讲授了废物利用的好处,然后让学生在操场去搜集废物后回到课堂,4人小组讨论如何利用这些废旧物品并动手设计和制作,蓉蓉也总是在教室里巡回指导。

因为年轻的外表、娇小的身体的缘故,丽丽分享了许多具身性的实例。由于她年轻的外表和娇小的身体,很多人都把她当做学生,她的学生刚开始

---

[1]LeGrange, L. Embodiment, social praxis and environmental education: some thoughts[J]. Environmental Education Research. 2004(3):387-396.

更是如此。丽丽说她看起来就像高一的学生。丽丽选择了积极的方式来回应学生，她时刻注意自己的衣着和肢体语言，在课堂上偶尔也表现出严肃的一面。

4. 情绪的具身性

情绪直接与人的身体行为相联系。人需要通过身体表达情绪，因此，情绪是具身性的重要方面。威廉·詹姆斯的著作中经常提及身体和情绪的关系，他认为，情绪是身体对情绪刺激反应的结果。①

当燕燕、蓉蓉和雯雯首秀失败时，他们觉得很难过，他们不希望学生看到他们的负面情绪；丽丽和天天则希望让学生看到他们的笑容，他们想要让学生看到他们的积极情绪。燕燕在她的故事中也提供了一个情绪具身性的例子，当她处理课堂上的学生行为时，她说到"凭直觉"，因为"来不及思考怎么办和为什么要这样做"。

综上所述，本章重点呈现了五位实习支教教师身份建构过程的故事，回顾了跨越五位实习支教教师个体叙事的九个主题。通过分享他们的故事再次强调了这些主题。尽管五位实习支教教师个体叙事中的这九个主题也是本章的主要框架，但是他们故事的内容有所不同。例如，五位实习支教教师都参与了话语实践，但是他们每一个人所告诉的情境和话语实践的主体则各不相同。

基于这九个主题的分析，我们可以进一步理解他们是如何建构自己的教师专业身份的。此外，他们的故事也说明这些主题之间的相互关联和相互作用。例如，反思导致关键时刻的认识，师生关系关联到教师的自我概念，并最终决定了他们的教师专业身份。所以，关于他们教师专业身份建构的这九个主题则是他们成为教师的体现。更为重要的是，本文所呈现的故事促进了他们对教师的体验和理解。

---

①Niedenthal, P. M., Barsalou, L. W., Winkielman, P., Krauth-Gruber, S., & Ric, F.. Embodiment in attitudes, social perception, and emotion[J]. Personality and Social Psychology Review. 2005(9): 184-211.

第四章　叙说之后的看见

第三章呈现了五位实习支教教师专业身份建构的故事,故事的开展,是五位实习支教教师在实习支教场域中所衍生出的各自的成长过程。实习支教经历是他们迈向教师之路中共同的经验,虽切割出不同专业身份的生活,但也存在共同的九个主题。从他们叙说的故事中,可以"看见"教师专业身份的丰富内涵和建构过程。

一、实习支教生叙说中的教师专业身份的内涵

自我与他人、情境的沟通和协商构成了生命故事,通过生命故事的叙说,表达出个人的自我感(sense of self)、我是谁以及我是如何成为这样的人。[1] 因此,本研究依循"看见实习支教教师主体"的思路,以"作为人的实习支教教师"为出发点,在教师专业身份概念框架指引下,通过实习支教教师应用主体性语言发声,叙说了五位实习支教生在实习支教过程中的身份建构过程。在五位实习支教教师的叙说中,可以看到丰富的讯息。个人的特质、求学和当学生的经验,教师专业准备与专业实践的经验,包含重要的人/事件,以及一些外在的与内在的意义讯息。并且,在每一个讯息的叙说里都表达了作为教师的自我感,从而透过自我,从关心"我是谁?"的提问,描述自己,评价作为一个实习支教教师的意义,叙说自己的教学信念、态度和方法。这些讯息蕴含了丰富的教师专业身份,以及专业身份的建构过程;同时,这些讯息也显现他们在自我和教师专业身份建构过程中的一路学习和反思。可以看出,教师专业身份是其教学实践最重要的核心,在每一个教学实践的

---

[1]Linde, Charlotte. Life stories: The creation of coherence [M]. Oxford University Press, 1993. 20 - 21.

场域中,他们最关心的还是"我是谁?"的问题,[1]因此,从他们的叙事中,看见了实习支教教师的自我与实践情境中的专业身份在自我反思和行动中追寻,他们也在不断地与情境对话和协商,从而,在他们的叙说中充满了丰富的教师专业身份意涵。

(一)职业动机:为何成为一个老师?

如何成为一个教师? 踏上教师之路是意志的,也是动机的呈现。[2] 五位实习支教教师进入师范学院而成为一个教师的过程和动机也不尽相同,作出进入教育系统的决定,都经历过一段时间将讯息调整再调整而付诸行动的过程。并且,五位实习支教教师从自我概念的了解出发和基于对教师工作稳定性认知,主动或被动地做出踏进教师领域的决定。丽丽和燕燕是由于客观原因而无奈选择了就读师范院校,雯雯、天天和蓉蓉则是在强烈内部动机推动下的理智选择,她们进入师范学院就知道自己已经踏上教师之路。他们之所以选择师范院校,除了待遇和工作稳定外,雯雯和蓉蓉认为教师工作与她们的个性特质相符,天天则认为幼儿教师能发挥其所长,觉得自己可以胜任幼儿教师工作而选择就读学前教育专业,立志成为一名优秀的幼儿教师。

五位实习支教教师带着不同的目的和动机来到实习支教场域,他们对教师工作的评价也有差异,但他们在实习支教过程中都认真负责,非常投入,竭尽全力扮演好教师角色。五位实习支教教师在叙说中,也时而提起他们自己是学生、同事和家长眼中获得肯定的好老师形象。可见,"如何成为一个老师"的过程所蕴涵的教师专业身份虽然不同,但是,五位实习支教教师却都展现对教职的承诺,在叙说中表现出教师专业身份的伦理与道德维度。[3]

(二)自我意象:"我"是一个怎样的老师?

五位实习支教生虽怀揣不同的动机踏上教师之路,在初入教学场域的

---

①Connelly, F. Michael & Clandinin, D. Jean (eds.). Shaping a professional identity: Stories of educational practice [M]. New York:Teachers College Press,1999. 3

②Kelchtermans, Geert. Telling dreams: A commentary to Newman from a European context[J]. International Journal of Educatonal Research. 2000,33(2000):209 – 211.

③Connelly, F. Michael & Clandinin, D. Jean . Teachers as curriculum planners: Narratives of experience [M]. New York: Teachers College Press, 1988. 59.

经验也各有不同,在实践场域中抱持的教学信念、与学生的交流与互动、同事之间的关系以及家长的协调沟通,都反映出其个人特质,对未来的自我作为教师的意象也不尽相同。但在他们的叙事中,描述了作为教师的自我形象和自我评价,对教师工作的知觉、动机与展望,为我们理解其对自己身为教师的整体看法提供了丰富的讯息。不仅如此,教师故事叙说当中所呈现的一致性、连续性和统整性表现了他们的个人特质、教师意象、个人实践知识和专业知识场景。因此,五位实习支教教师的叙说中处处可以看得"我是一个怎样的老师"的追问与回答。"我是一个怎样的老师?"的回答是五位实习支教教师试图形构的自我作为教师的专业意象。丽丽将学生视为"弟弟、妹妹",雯雯、天天、蓉蓉和燕燕的口中时常以"孩子"代替"学生",将"家长"和教师的角色已然结合在一起。蓉蓉的学生说她有时候是"百科全书",有时候是"大姐姐",考试的时候是"恐怖的人"。丽丽和雯雯在叙说如何处理好教师和"朋友"以及"大姐姐"的角色时,提出了要根据不同需求的学生而调整自己的角色。这些都说明,在实习支教场域中,他们的专业身份是多元而流动的。

"我是一个什么样的教师"首先表现在他们与学生互动和他们的教学实践等叙说之中。一方面,在教学上,他们依据不同学科知识背景,尝试采用了不同的教学策略;教师教育阶段养成的理论教育对他们工作提出了要求,"小组合作学习""探究教学""学生为中心"……,这些概念呈现了他们意象中的是教师专业主义和理想主义内涵。而另一方面,在实习支教的实践场域中,教师和学生的互动关系,存有多元的可能性。终究,教师的工作是"人"的工作,是深入人际关系的工作,教师的自我也在关系和互动中形成。[①]而人与人的互动所形成的复杂网络,不是单一线性的专业关系可以处理的。他们必须在不同的情境,扮演不同的角色,这些角色有些是相互矛盾的,教师在其间可能会受到伤害。如,天天一直坚持"两面派的战术"来坚持自己的教学信念,一直坚持自我。

"我是一个怎样的老师"也体现在教学实践场域中教师知识的展现。天天基于见习和家教的教学经验,加上自己当学生的经验,从而对教学的节

---

①Cooper, Karyn & Olson, Margaret R. The multiple 'I's' of teacher identity [C]. In: Michael Kompf, W. Richard Bond, Don Dworet & R. Terrance Boak (eds)., Changing research and practice; Teachers' professionalism identities and knowledge. London: Falmer Press. 1996:78－89.

奏、与学生的互动等方面有了更多的经验,这些经验形构的教师知识,包括教师的"个人实践知识"和"专业知识场景",①让其在实习支教过程中,面对农牧区学前教育的特殊性,重新建构过去和未来的意象,形成教学的信念和方法。天天认识到,"玩中学""游戏"才是适合幼儿的最佳教育方式,只有让孩子喜欢上学,教育才能发挥作用。丽丽对于如何和学生保持亲睦的"姐弟、姐妹"关系又不失去分寸的体会;雯雯与其他实习支教教师不同,她从"树立权威"转向了"亦师亦友",从精进小学语文教学中建立自信和领悟到班级管理的"秘诀",从作文教学中体验到教师知识的展现。蓉蓉在同事的评价中反思自己的教学,建构支持性网络,主动探索。在备课时,注重课程内容的调整和尝试多种教学方法,精心设计教案。在课堂上留心学生的反应,依据学生的反应适时调整自己的教学。通过观察,她学会了如何计划和实施课程教学以满足学生的需求。燕燕在不同年级的听课和上课对她产生了积极影响,她认识到不同年级学生的差异和各个教师都有自己的教学风格。从不是指导教师却胜似指导教师的于老师那里学会了如何定位自己在课堂的角色,如何组织课堂和备课,也通过于老师认识到教师的行为决定了学生会如何回应。燕燕也深切的体验到她的教学热情与学生学习热情直接相连,并且学生的热情也会影响到她的教学激情,充分展现了她的教师知识的建构过程。而教师知识中蕴涵教师的专业身份,呈现教师的工作知觉:怎样才是一个称职的老师;我要和学生做什么?② 因此,康奈利和克兰迪宁定义个人实践知识是一种"对生命的教育情境的道德的、情感的和美学的认知"。他们又从个人实践知识延展出专业知识场景,③探讨教师知识如何形塑专业知识的脉络,同时也被专业知识所形塑。举例来说,天天意识到所在的实习支教学校"有一种特定教学模式",他在体察到学校情境和幼儿不同于小学的教学时,主动采取"两面派"战术,既承认差异,又坚持本真和自我。这时候,作为实习支教老师,如何在自己、学校同事和孩子之间兼顾每一个人的情感和理想,如何让事情在不知不觉中解决而不违背"特定教学模式"

①Clandinin, D. Jean & . Connelly, F. Michael. Teachers' professional knowledge landscapes: Teacher Stories – stories of teachers – school stories – stories of schools [J]. Educational Researcher, 1996, 25 (3):24 – 30.

②Kelchtermans, Geert. Telling dreams: A commentary to Newman from a European context [J]. International Journal of Educatonal Research. 2000,33(2000): 209 – 211.

③Clandinin, D. Jean & . Connelly, F. Michael. Teachers' professional knowledge landscapes [M]. New York: Teachers College Press,1995. 3.

和伤感情,需要实习支教教师对生命有深刻的认知。

(三)何以为师:建构教师专业身份的具体行动

在实习支教教师了解"我是一个怎样的老师"之后,紧接着开始找寻实习支教教师心中理想的自我,我要成为一个怎样的教师?是一个关怀学生?还是强调权威的老师? ……形构了许多理想的教师意象。例如,在他们的叙说中,丽丽经历了"初来乍到"的困惑后,重新建构自己的意象——"做学生喜欢和期望的实习老师"、"做爱学习的实习老师"和"做心中理想的老师";雯雯则经历了跨学科教学和繁重的班级管理任务以及教学任务的冲击后,重新定义好老师的标准——"教得会"的老师才是好老师,也重新定位自己——"我是新老师";天天则强调和承认差异,在肯定自身的价值基础上,承认差异:"我是一位和其他老师不同的幼儿老师",承认差距:"我现在还算不上好老师,但我会成为一个好的幼儿老师";蓉蓉在经过教学历程中的肯定与否定的洗礼后,定位自己要成为"一名成功的实习教师"、"用心关心学生的老师",甚至梦想成为一个能为学生指明人生航向的"指南针",能够扮演不同角色又带有神秘感的"魔法师",能够无条件的接纳每一个孩子、关爱每一个孩子的"父母";燕燕认为自己就是在"学当老师"。由此可以看出,"我要成为一个怎样的教师"的意象并不是固定的,而是多变且多元的。于是,他们在整个实习支教过程中都在探索追寻一个理想自我的教师意象,而这种探索追寻又不可避免地交集在自我与社会结构的融合互动之中。由此,寻求可能自我成了实习支教教师的归属和专业身份建构的必经历程。因此,教师专业身份建构就成了一种动态的学习历程,自我在社会结构下与人互动中不断付诸行动而建构"可能自我",实习支教教师的专业身份也在不断的行动中建构和重构。在五位实习支教教师的叙说中,无论他们认为教师教育阶段是否对其产生重要影响,无论带着什么目的进入实习支教场域,面对理论与实践、理想与现实的差距,都面临着现实震撼,陷入自我危机之中,但他们并没有一蹶不振或自暴自弃,相反,正是这种现实震撼,他们肯定了教师工作的专业性,清晰地展现了他们的行动。丽丽在思考、质疑与反思的基础上,从学生的反馈意见中找到行动的动力,在观察中借鉴,在实践中重构;雯雯在压力中重新起航,通过学习和反思,重构自己;天天基于现实的理解和对见习经验的反思,外求于见习幼儿园的老师,不断总结经验,促使自我进入自主增能的阶段,实践教师的专业能力,追寻自我;蓉蓉经历了他人的肯定与否定后,采取建构支持网络、重新建构师生关系、精进教学等行动,重构自己的教师专业身份;燕燕则将自己定位为学习者,在不是指导老师却胜似指导老师的帮助下学习成长,在主动探寻的基础上自我建构,在建构知识中学当老师。可见,实习支教教师以追寻"我要成为怎样的教师"为目标,在实习支教场域中不断与教师、学生、家长、同事等人我互动的具体行动中,建构理想的教师专业身份。

(四)自我参照:教师专业身份是一种排除/纳入的系统

从五位个案实习支教教师的叙说中,呈现出多样化的教师意象,不仅表现出五个不同的教师形象与教师专业身份的内涵,同时在叙说中所出现的教师,包括求学时期的老师,担任实习支教教师时期的同事,包括校长、行政人员和其他的教师,都有不同的面貌。在他们的叙说中,这些同事可能在某些面成为温格所说"范例的轨迹"(paradigmatic trajectories)。[1] 进而,成为他们模仿和学习的对象,通过模仿和学习重要他人的想法和行为进而内化他人想法而形成自我概念,正可谓当他者之声在主体的思维和推理中成为更为结构化的部分,他者便成为自我的一部分。[2] 譬如,丽丽叙说中的张老师,引导她如何根据理科生的实际情况而进行政治教学,燕燕叙说中的于老师,于老师的自言自语式的思维过程以及于老师自身的成长过程都成为了燕燕模仿的对象;当然,也有可能是负面的典范,譬如,燕燕叙说中的常常使用"一边儿去"的老师,蓉蓉观察到的"大吼大叫"的老师,雯雯叙说中的校长、书记以及"重成绩、轻品行"和得过且过的特岗老师。或者,他们用来区分自己与他人在教师专业身份的差异的老师,例如丽丽提到的 S 中学的历史老师,雯雯叙说中的"搭班老师",天天提到的"学校老师"。这无数个出现在他们叙说中的老师,他们的故事描绘的是校园中多样化的教师意象,他们也成为了实习支教教师排除或纳入的对象,通过排除或纳入,他们建构了一个认知、区分和分辨系统,而这个正常的认知系统是他们去看、执行和评价自己是个怎样的教师的依据,也是他们建构教师专业身份的参照"坐标"。所以,在实习支教教师眼中,教师专业身份也成了一个排除或纳入的系统。

---

①张玉荣. 社会互动与实习生的身份认同[J]. 教育学术月刊,2012(11):52-57.
②Akkerman, S. F. , & Meijer, P. C. A dialogical approach to conceptualizing teacher identity [J]. Teaching and Teacher Education, 2011(2):308-319.

(五)未来展望:寻找意义,追寻自我

通过不同教学历程的认同危机和转折,五位实习支教生都明确提出对教师专业的概念和认知,以及明确了未来的教师专业承诺。而要作出承诺,实习支教教师需要找到自己作为教师的意义,这个"意义"也就是他们建构教师专业身份的动机与未来展望。从五位实习支教教师的叙说中可以看到,无论他们带着什么目的和动机进入到实习支教现场,他们对教师工作都充满热忱,也非常投入。而这并不能完全决定其职业倾向,诚如穆恩(Moon,B.)所言,"吸引和留住刚接触教师职业的人才已经成为一个严峻的问题",①因此,关注实习支教教师的意义寻求而作出专业承诺成为了教师教育的重中之重。在五位实习支教教师的叙事中,随处可见他们对当教师的意义追寻和对未来的展望。譬如,从理想回到现实的丽丽,当她面临到工作越来越形式化,或者是教师工作对她来说已经没有挑战性的时候,她决定放弃当老师的理想,试图找到属于自己的未来之路;雯雯经历了实习支教的洗礼后,仍然处于悬而未决之中;当幼儿老师是天天的兴趣,也是他的梦,他实现了自己的梦,他更在展望着他会成为一个怎样的幼儿老师;蓉蓉体验到当老师的乐趣,认为当教师适合自己的个性特质,已经开始投入到特岗考试的准备当中,距离她的梦想仅一步之遥;燕燕认识到教师的主动性和教师在学生发展中的作用,认为教师不仅能为学生指引方向,而且还要能保证学生一直朝前去追寻意义,这也是燕燕心目中理想教师的专业性,也是自己追求的目标。

综上所述,实习支教生在每一个教学场域所关心的"我是谁"的问题都蕴藏着丰富的教师专业身份内涵:我如何成为一个老师、我是一个怎样的老师、我采取了什么行动来建构我心中的理想教师意象、我对教师专业的承诺等。由此可以看出,从内容上说,实习支教生叙说中的教师专业身份内涵涵盖了其认知、情感和行动三个维度;从五位实习支教生叙说的时间来说,他们有对过去的回顾,对现实的反思和对未来的展望,他们仍持续建构教师专业意象,正朝下一阶段的生命进程而去。

---

①Moon, B. Research analysis: Attracting, developing and retaining effective teachers: A global overview of current policies and practices [EB/OL]. http://www. ineesite. Org/uploads/files/resources/Attracting,_developing_and_Keeping_Teachers1. pdf,2013 – 10 – 18.

二、影响实习支教生教师专业身份建构过程的主要因素

实习支教生是在师范院校和实习支教学校中对自我作为教师存在意义的理解,从而理解教师是谁。在建构教师专业身份时,过程涉及自我与他者的建构,也就是说,实习支教生教师专业身份的建构过程是一种持续变化的过程,透过个人的发展,在人我互动的实践行动中探索和统合、表现与教师专业身份期望一致的行为模式,从而使得教师专业身份持续的解构、建构与重构,因此,实习支教教师专业身份的建构受到多种因素的影响。综合各种影响因素,可以归纳为个人因素和社会因素,以下分别从这两个方面来分析影响实习支教生教师身份建构过程的因素。

(一)个人因素

1. 实习支教生的过去经验影响教师专业身份建构过程

从前当学生的经验是教师专业身份建构的重要影响因素,过去当学生的经验会被带进教师自我形塑的角色中,当再诠释教师角色时会受过去学习经验所引导。[①] 霍尔特 - 雷诺兹(Holt - Reynolds, D.)的研究也发现,大学之前在班级中当学生的经验是形成教师自我的主要因素,同时也强调学生历史的重要性,来自"学生自我"(self - as - student)声音会主导"教师自我"(self - as - teacher)声音的影响,因为学生自我的声音能够促进一种反思活动,以协助教师顺利地从学生转换为教师。[②] 但是,学生的自我主导的教师自我,有可能是被复制的学生自我,再去主导被复制的教师自我。当然,也有其他的可能性。而教师专业身份的建构过程又是一个持续、动态的过程。在这个过程中,个体不断协商内在和外部期望,以此来理解自己及其工作。我们过去的经验会深深的嵌入到这个动态的建构过程中,因为身份建构是一个连续体,今天对自己的了解程度有助于认识未来的自己及行为活动。但是,这并不是说人们就不能偏离过去经验,而是说人们在经历与过去

---

①Akyeampong, K. , & Stephens, D. Exploring the backgrounds and shaping of beginning student teachers in Ghana: toward greater contextualisation of teacher education [J]. International Journal of Educational Development, 2002(22):261 – 274.

②Newman, C. S. Seeds of professional development in pre – service teachers: A study of their dreams and goals [J]. International Journal of Educational Research, 2000(2):123 – 217.

经验不一致时会产生一种张力。而教师对自己作为专业教育者的认知影响其适应校内外以及课堂内外的情境。[①] 作为一个"教师"进入到实习支教学校,他们的教师专业身份建构就已经开始了。因此,根据五位实习支教教师的个体叙事,我们可以发现与他们身份发展相关的过去经验主要分为身份认知、与家人相关的经验和个人的专业经验。身份认知关联到他们在过去经验中对教师职业和教师的认识。例如,他们自己作为学生时对教师的认知、家人对教师的认知和个人专业经历中对教师的认知等。

(1)过去经验中的教师专业身份认知

诺尔斯(Knowles, J. G.)研究发现,早期儿童生活经验——包括父母亲的教育、学校受教经验、学生时代与教师相处的经验,以及欣赏的典范教师角色,对他们形成身为教师的意象有所关联。[②] 弗洛雷斯(Flores, M. A.)也指出,求学经历中的重要他人和关键事件为职前教师专业身份建构提供了行为典范和从教动机,[③]只是,看待教师的视角不同而已,在学校时期,是基于学生的视角去认知老师的种种,当自我成为教师时,从前的老师和学生在课堂上的互动经验,很容易回到当下的教学实践场域,成为当前认知教师和教学实践的参考框架或重要资源。可见,早期经验有利于他们建构理想的教师意象。本研究也发现,五位实习支教生都谈论了他们求学经历中记忆深刻的老师,其中有"好老师"也有"不好的老师",他们并详细描述了这些老师的基本特征(见表4-1)。这些经历使他们明确了教师意象——"教师是什么样子和应该是什么样子",所以五位实习支教生都认为,他们实习支教中对教师的认知和教学理念部分源自于他们。天天的"玩中学"则是源自于他中学时的体验,丽丽的"情境教学"则来源于"有方法"的语文老师,燕燕的"不放弃"来自于自己高中老师对自己的"不放弃"。

并且,在实习支教过程中,他们过去的经验与实习支教经验会产生意义性关联,从而影响他们的教师专业身份建构。例如,天天在谈及自己的求学经历时,他提到老师给他们的快乐,教师则是更多的让学生在做中学习。然

---

①Beijaard, D., Verloop, N., & Vermunt, J. D. Teachers' perceptions of professional identity: An exploratory study from a personal knowledge perspective[J]. Teaching and Teacher Education, 2000(16): 749 –764.

②Knowles, J. G., & Holt – Reynolds, D. Shaping pedagogies through personal histories in pre – service teacher education[J]. Teachers College Record, 1991, 93(1):87 –113.

③Flores, M. A. Being a novice teacher in two different settings: Struggles, continuities, and discontinuities [J]. Teachers College Record, 2006(10), 2021 –2052.

而到了实习支教现场，与统一模式的抗争中采取两面派战术，坚持游戏教学，让孩子体验到学习的乐趣。在最后的总结反思中，他说"我知道我是一个实习支教的学生，但现在作为孩子的老师，我知道什么对孩子重要。"通过天天的例子可以发现，天天是如何应用过去经验中的积极情感来应对实习支教中所面临的困境的，从中可以看出先前经验和实习支教之间的意义性关联。

表4-1　实习支教生眼中的好老师与不好的老师

好教师的特征	不好的老师的特征
爱学生	讽刺挖苦学生
教学好	教学差
做学生的朋友	不公平
风趣幽默	只看重成绩
充满激情	没有激情
有方法	爱打学生

（2）个人专业经验

　　个人专业经验是指实习支教生所接受的师范教育及其与教学实践相关的一些活动经验，包括三下乡、家教、见习、代课等。尽管研究者指出教师教育对教师的专业身份具有非常关键的影响[①]，然而，在五位实习支教生的叙说中，他们认为师范教育阶段并没有起到多大的作用。如，燕燕认为，师范教育阶段的知识都是偏向理论的，教师只是在介绍书本上的知识，很少谈论到实际应用，老师的上课方式并没有达到预期的效果，所以在她看来，"大学老师满怀理想主义且讲的是空洞的理论，是地地道道的空想主义者"，但是身为免费师范生的她则通过见习、家教等逐渐澄清自己的职业承诺。天天则有所不同，他在师范学习阶段寻找到教师这个职业的意义和价值，他通过家教，尤其是三年不间断的见习，建构起了"看起来像教师"的教师专业身份，这为他实习支教中的教师专业身份建构奠定了基础。由此可知，教师教育课程的学习虽未起到预期的作用，但是大学期间的个人专业经验，尤其是见习经验，为他们进一步理解"自我作为教师"（self-as-teacher）的意义和

---

①Wideen, M. F., Mayer-Smith, J. & Moon, B. A critical analysis of the research on learning to teach: making the case for an ecological perspective on inquiry [J]. Review of Educational Research, 1998 (68): 130-178.

价值提供了机会。

2. 教师知识影响实习支教生教师专业身份建构

教师知识在一定程度上决定了教师的效能,[1]作为教师,我们必须获得必需的知识才能胜任我们的教学实践,但是,教师在课堂所使用的知识是解释性的、协商性的,并且是在学校和课堂中持续建构的,[2]并且,对教师而言,知识与身份有着密不可分的关系,知识甚至是教师专业身份的核心。[3] 因此,在获得知识的过程中,教师的身份会被重构。[4] 在五位实习支教教师的叙述中,教师知识也就成了他们关注的焦点。他们认为教师知识影响到他们的教学和自信心。学思想政治教育专业的雯雯到学校面临的首要问题就是教师知识,尤其是语文学科知识的挑战;蓉蓉也承认自己的数学学科知识较为欠缺,由此影响到她的课堂语言和教学,并严重影响其作为教师的自信心;燕燕则在面对孩子的各个学科的问题时,感觉自己知识储备不够,影响到自我在"学生面前的形象"。与此同时,他们也认为,由于大学的课程结构和教师上课方式的影响,大学所学的知识并不能有效的和自己的教学相关联,反而是相互脱节,这也影响到他们教师专业身份的建构。

3. 实习支教生的教育观念影响他们的教师专业身份建构

贝贾德和他的同事认为,教师的教育观念、个性特质和学科知识决定了教师的课堂。[5] 对于实习支教教师而言,他们的早年生活经验与受教经验形成了"外行人理论"(layman theory),这也是他们所形构的教育观念,这些教育观念影响着他们在实习支教学校的教师专业身份建构。通过五位实习支教生的叙说,可以发现他们形构了以生为本、全面发展、主体性理念、素质教育等观念,这些观念主要通过影响课堂实践、师生关系和教学态度来对他们

①Beijaard, D., Verloop, N., & Vermunt, J. D. Teachers' perceptions of professional identity: An exploratory study from a personal knowledge perspective[J]. Teaching and Teacher Education,2000(16):749 −764.

②Johnson, K. E. & Golombek, P. R. Teachers' narrative inquiry as professional development [M]. New York, NY: Cambridge University Press, 2002. 2.

③王安全. 教师自我知识身份误解的生成与消解[J]. 国家教育行政学院学报,2011(3):52 − 55.

④Bernstein, B., & Solomon, J. Pedagogy, identity and the construction of a theory of symbolic control: Basil Bernstein questioned by Joseph Solomon[J]. British Journal of Sociology of Education. 1999 (2):265 −279.

⑤Beijaard, D., Meijer, P., & Verloop, N. Reconsidering research on teachers' professional identity [J]. Teaching and Teacher Education,2004 (20):107 −128.

的教师专业身份建构产生作用。

（1）个人教育观念影响他们的课堂实践

课堂实践既是教师专业身份的具体体现，又是建构教师专业身份的主要来源，教师在课堂实践中彰显其信念、价值观和承诺。例如，丽丽热衷的活跃的"师生互动的课堂"一直影响她的课堂实践，她尝试多种教学方法，尤其热衷于"情境教学"；天天的"玩中学"理论成了天天追求目标，他的游戏教学、故事教学等是最好的印证。正是这样的课堂实践中，他们一方面获得教育学生的成功感、其他人传来的讯息以及学生对他们的观感，另一方面让他们感受到自己存在的意义，透过这两方面的因素可以促进他们也在课堂实践中形塑着不同的教师专业身份。

（2）个人教育观念影响他们的师生关系

师生关系在教师专业身份建构中起着关键作用。[1] 在五位实习支教教师的故事中，师生关系是他们常常提及的话题。丽丽在实习支教前认为师生关系应该像朋友一样，因此，她在实习支教中试图与学生建立姐弟、姐妹的关系，努力形塑像朋友一样的教师身份；雯雯在实习支教前认为教师应该是权威，因此一开始就努力在学生心目中树立威信和权威；天天在实习支教前认为老师和孩子之间就应该是玩伴的关系，陪着孩子玩是他最大的乐趣，在实习支教过程中，他也一直在建构这种关系，并得到了孩子的确认——生病了还要上幼儿园；蓉蓉和丽丽一样，在求学经历和爸爸的影响下，认为师生关系就应该像朋友之间的关系，她"用心"关爱学生，认为学生是她的价值和意义所在，师生关系也成了她教师身份的核心；燕燕在实习支教前受到高中数学老师的犀利谈话和拯救后，她坚信教师应该关爱每一个学生，她在实习支教中也以"不放弃"的理念来帮助"差生"。

（3）个人教育观念影响他们的教学态度

当教学信念和课堂实际之间产生矛盾时，当原本的角色认知与学校角色脚本之间发生冲突时，当理想与现实产生落差时，当理论与实践相脱节时，不可避免的会导致实习支教教师的现实震撼。实习支教教师是适应外界还是坚持自我取决于他们对自己的理论的态度。他们抱持着自己的"外

---

①Day, C., Kington, A., Stobart, G., & Sammons, P. The personal and professional selves of teachers: Stable and unstable identities[J]. British Educational Research Journal. 2006(4): 601-616.

行人理论",像鲍曼所言那样以"漫游者"、"观光者"、"流浪者"、"游戏者"①的身份在一个与这些预设的教师生活图像全然不同的实习支教学校生活,他们在内心充满冲突与挣扎,因此,他们对实习支教学校的角色脚本、教育观念等结构性要素有着不同的态度。在他们的故事中可以发现,主要有三种态度,一是雯雯和天天的坚持自我;二是丽丽的"虚应故事",只是适当调整自己的教学形式,但未改变"情境教学"的理念;三是蓉蓉和燕燕的对话协商,改变原有的一些理念。这些不同的反应,也影响着他们在实习支教学校中扮演不同的自我作为教师的形象和建构个人意义,从而寻找一个适切自我的教师专业身份。

4. 实习支教生的反思影响他们的教师专业身份建构

许多研究均指出,教师专业身份建构是经由反思的过程而建构的。从五位实习支教教师的故事中可以看出,反思更有助于他们不断建构和重构其教师专业身份。反思主要通过以下几种方式影响他们的教师专业身份建构。

(1)反思开启他们"内部的反身性对话"

对于实习支教老师来说,角色认知的冲突往往会导致现实震撼,但现实震撼本身并一定会促进实习支教教师的专业身份重构,若要开启他们的专业身份重构之旅,实现教师专业身份重构,首先必须让他们身陷"自我危机(crisis of the self)"之中,然后促发他们在反思中导向内部的反身性对话。从他们的故事中可以看出,他们每个人在进入教育现场时,都是从自己的角度来为自己定位。例如,身材娇小的丽丽认为,"我想以姐姐这样,这样学生可能会跟你比较亲近";雯雯则认为,"我觉得我应该是像朋友一样,但需要掌控整个班级";天天认为"应该像父亲一样带着孩子玩,成为他们的玩伴"。但是进入现场后,他们从自身角度的定位与现实发生冲突,产生了现实震撼,在工作中陷入自我危机之中,因此,他们通过反思促发自身的内部反身对话,在对话中明晰"我应该是谁"。例如,丽丽经历了初来乍到的挑战后,开始思考"我应该是谁",以此寻求自我。经历了我应该是谁的思考后,随着外在情境的变化以及个人想法的转变,实习支教教师又会重新定位自己。这在五位实习支教教师的叙说中均有体现。例如,丽丽经过反思"我应该是

①鲍曼著,郁建兴等译. 生活在碎片之中——论后现代道德[M].上海:学林出版社,2002.75 – 114.

谁"后,将自己定位为"实习老师";雯雯发现学校将实习支教教师视为外来者,让她一度对自己的归属感到迷惘,但之后因为学生事务与家长接触,发觉自己身为教师的身份,开始重新定位自己——"语文老师"。

(2)反思促发他们的能动性

从五位实习支教教师的故事中可以发现,教师专业身份的建构均是透过他们的自我叙说而反思性地组织起来的活动。也就是说,教师专业身份的建构是指实习支教教师作为能动者,透过反思解释所产生对教师专业的连续性概念。对此,他们在访谈过程中出现的关键时刻和转折点,以及访谈之后都表示,在这种不断挖掘、反思自我的访谈过程中,一方面澄清了自己的教师专业身份,从"我是谁"到"我应该是谁"再到"我能成为谁"和"我会成为谁";一方面也树立了自己的教师经历,他们从最初的"我是谁"到"我应该做什么"再到"我做了什么"和"我能做什么"。透过反思,使他们把存放在实践意识(practice consciousness)中的教师身份,透过叙说为"话语意识"而再次深化了他们对自己作为实习支教教师的认识,促使他们建构和重构教师专业身份。

(二)社会因素

实习支教生的教师专业身份建构过程涉及到个人与他者的互动,所谓的他者不仅仅是其他人,而包括整个社会环境与现实处境,这些都会直接或间接影响教师专业身份的建构。贝格尔和洛克曼认为教师专业身份的建构也是一种社会的建构,特别是在多元化的社会中,教师专业身份会不断地改变与转化。因此,以下分别从重要他人、学校文化、教学任务等方面探讨其对实习支教教师专业身份建构的影响。

1. 重要他人

迪拉邦指出,自我产生于个体与同侪和其他专业人员之间复杂而有意义的社会互动。因为重要他人会成为温格所说的"范例的轨迹"(paradigmatic trajectories)。所谓的"范例的轨迹",意指实践社群的完全参与者或资深同事提供给新手的不仅仅是关于实践本身的信息或知识,他们还是一面透镜,向新手展现了在这个社群中什么是可能的、什么是可以预期的、什么是众人所期待的。[①] 于是,职前教师或新手教师就会模仿和学习重要他人的想

①张玉荣. 社会互动与实习生的身份认同[J]. 教育学术月刊,2012(11):52−57.

法和行为进而内化他人想法而形成自我概念,正可谓当他者之声在主体的思维和推理中成为更为结构化的部分,他者便成为自我的一部分。[①] 但是,不能一味的强调重要他人对职前教师的"压迫性"的影响,更应该是一种成长关怀分享互动式的关系,只有这样,才能真正促进职前教师不断思考和寻求自我作为教师(self – as – teacher)的意义。[②]

(1)家人的影响

身份也是在社会情境中建构的。在这种情况下,身份的建构或重构很少取决于人们如何看待自己,更多的取决于人们对他人如何看待他们的认识。[③] 在五位实习支教教师的叙述中都提及家人对其入学选择和职业选择的影响,从而影响到他们的教师专业身份建构。在家人看来,中小学、幼儿园教师职业比较适合女性,因此,在家人的干预下,天天和蓉蓉是由于强烈的内在动机而选择了师范专业,当然天天的选择比其他四位实习支教教师的选择面临更多的挑战,但是天天最终还是选择了自己一心向往的学前教育专业。因此,在教师教育阶段则抓住任何机会为自己成为教师积攒力量,更加积极的投入到实习支教之中,并最终坚定自己的职业承诺。丽丽、雯雯和燕燕多少带着点无奈而选择师范,她们都不同程度地抱着"完成支教任务"或"体验"的心态投入到实习支教之中,也希望通过实习支教来重新评估和澄清自己的职业承诺。这也印证了拉思斯所言,"人们对于自己主动选择的价值会加以珍视,并将所珍视的事物努力付诸行动,甚至会形成一种观念或态度"。[④]

(2)学校教师的影响

国内外的研究都表明,实习学校的指导老师在实习期间能帮助实习教师适应学校情境、引领他们进入职业实践、建构专业身份方面的作用。[⑤] 由于本研究的实习支教教师没有实习支教学校的指导教师,但是,本研究发

①Akkerman, S. F., & Meijer, P. C. A dialogical approach to conceptualizing teacher identity[J]. Teaching and Teacher Education, 2011(2):308 –319.

②谢淑海,熊梅. 教师专业身份认同及其教师教育意蕴[J]. 教师教育学报,2015(6):21 –31.

③Moje, E. & Luke, A. Literacy and identity:Examining the metaphors in history and contemporary research [J]. Reading Research Quarterly. 2009(4): 415 –437.

④转引自张倩. 中学职前教师的专业身份建构:实习教师的专业学习历程的个案研究[D]:[博士学位论文]. 香港:香港中文大学,2012. 244.

⑤Sutherland, L. M., Scanlon, L. A., & Sperring, A. New directions in preparing professionals:examining issues in engaging students in communities of practice through a school – university partnership [J]. Teaching and Teacher Education, 2005(21):79 –92.

现,实习支教学校的老师的言行举止都无形地形塑着实习支教教师的身份认同,直接影响着实习支教教师对学校社群和教师职业的观感。因为,社会学习理论认为,人的行为会通过观察、模仿而产生。观察学习是指个体通过观察别人的行为表现而学得新的行为表现,在一开始时会先注意到信息,之后信息会被保留,进而影响自己的行为。[1] 对于实习支教教师而言,自己在实习支教学校遭遇的人都是观察学习的目标,因此他们观察到的这些人的经验,包括他们如何对待学生、班级管理方式、课堂教学方式等都会潜移默化到实习支教教师身上,甚至会促发他们的反思,从而影响他们自己对教师专业身份的认识和理解。例如,蓉蓉听刘英老师的英语课时,她和学生都有一种意犹未尽的感觉,从此丽丽开始检视自己的课堂教学。

(3)学生的影响

许多研究指出,教师初任教的第一年,亦即教育实习的这一年,是实习教师最感焦虑、恐惧与孤立的一年。[2] 亚当斯(Adams, R. D. k.)以纵向研究的方式探讨实习教师到任教第五年中的工作困扰,当中发现实习教师的工作困扰之一就是师生关系。[3] 这说明师生关系是教师工作中最为重要同时也是最难处理的关系。本研究发现,实习支教教师往往以学生的反馈作为参照,通过与学生不断的交流与对话,不断理解自己,从而不断的建构和重构自己的专业身份。因此,学生是以非常具体的方式证实教师的努力,是影响教师身份体验的一个基本要素。[4] 比如,燕燕认为学生的课堂表现影响她的工作热情和满意度,蓉蓉看到学生的进步则欣喜若狂。可见,学生对实习支教教师的专业身份影响主要是通过学生的回馈来体现的。也就是说,实习支教教师会通过学生的反应来衡量自己的做法,尤其是他们实习支教初期对于自己的自信心不足,当学生给予正向回馈时,会使得他们从学生的反应中获得肯定,进而强化自己的表现,从而认同自己的教师专业身份。例如,燕燕、蓉蓉都是在得到学生正向反馈时"感觉自己是一名真正的老师了"。但是,若是学生所表现出的是负向反馈,会使实习支教教师怀疑自己

①高申春.论班杜拉社会学习理论的人本主义倾向[J].心理科学,2000(1):16-19、124.

②Fullan, M. k. Integrated theory and practice [C]. In: Hopkins, D. Rethinking Teacher Education. London: Croom Helm. 1985. 195-211.

③Adams, R. D. k. Teacher development: A look at change in teacher perceptions and behaviors across time[J]. Journal of Teacher Education, 198(4):40-43.

④转引自王夫艳.中国大陆素质教育改革中的教师专业身份及其建构[D]:[博士学位论文].香港:香港中文大学,2010.

的表现,对自己产生质疑,陷入自我危机,从而重构自己的教师专业身份。例如,丽丽通过让学生给自己提意见,这些意见绝大部分属于负向反馈,于是丽丽对自己产生了质疑,并着手重构自己的教师身份。

2. 学校文化

学校是与实习支教教师关系最密切的场域,一天二十四小时中,几乎过半的时间都身处学校中,自然而然会影响到实习支教教师专业身份的建构。波拉德曾经指出,学校会发展出一种习以为常的偏见(institutional bias),即学校有一套既定的生活运作方式,这是由一些有权决定的人协商出来的。[①]学校文化不仅影响了实习支教教师专业身份建构的面向,同时也是他们建构教师专业身份的结构限制或资源。

丽丽实习支教的 S 中,充斥着升学主义的文化,其形式化的教研活动,平静无波的教改回应,而每个老师却都承受着升学压力。而这对于丽丽来说,由于理科慢班的政治并不是高考科目,学生的学习动机并不高,但这并没有消磨丽丽的满腔热情,丽丽发出"只有靠自己"的呼喊,因此,她的专业身份建构中特别强调反思以及与他者互动的重要性,她认为只有发挥自己的能动作用才能建构起学生喜欢的政治老师。

雯雯实习支教的小学,充斥着安逸保守的蛋盒式教师文化[②]和绩效管理主义,其松散消极的教师专业成长团体,学校领导之间和教师之间时常出现不和谐的声音和利益争夺,于是,雯雯想要置身事外却又被迫卷入其中,而学生层出不穷的品行问题又给雯雯带来了严峻挑战。于是,她开始专注于自己的课堂,潜心学习语文教学,争做学生喜欢的语文老师。与此同时,她将学生品行问题作为关注的重心,践履教书育人的职责,认识到"教书易而育人难"。

天天实习支教的小学奉行着保守的蛋盒式教师文化和绩效管理主义,强调统一的教学模式,教师更多的是一个工具理性的专业人员,其效能则主要体现在学生的学习成绩上。在这种文化影响下,天天不得不采取两面派

---

①Nias J, Southworth G b Yeomans R . Staff relationships in the primary school: A study of organizational cultures[M]. London: Cassell, 1989. 127.

②罗蒂(Lortie, D.)在《学校教师》(School teacher)一书中提出了蛋盒学校(egg crate school)一词,用以形容学校这个特殊的工作场域。在学校中,教师分别在不同且独立的空间教学,教学工作的起点与结束也由教师独自完成。这样的空间与职务安排,就像蛋盒一样,教师之间彼此独立、互不相干。据此,我们将这种彼此独立、单打独斗、封闭保守的教师文化称为蛋盒式教师文化。

的战术,认识到自己与其他教师的不同,形构自己定位的教师专业身份。

蓉蓉和燕燕实习支教的学校不同于保守的蛋盒式教师文化,相对而言,更多的体现了合作性教师文化。蓉蓉在实习支教中体验到到教研组合作反思带来的自身身份的变化,也在和教师合作中建构教师知识,感受到归属感和成就感。燕燕则在实习支教学校中澄清了自己的职业承诺,体验到自我作为教师的意义和价值,不断建构教师知识,持续建构和重构自己的专业身份。

本研究发现,虽然学校文化以各种方式潜在地影响实习支教生教师专业身份的建构,但是并不像伯利兹曼等学者那样悲观,仅是工具理性导向的忠诚执行者、丧失批判质疑精神,[1]这五位实习支教教师反而以反思批判的立场,利用学校文化中的有利因素寻求自身价值,建构教师专业身份。

3. 承担的教学任务

实习支教教师刚刚进入到教育现场,往往会经历现实震撼,从而建构与重构教师专业身份。他们的外行人理论、从师范教育带来的知识观点、见习时的经验等都要在这段时间里重新厘清,然后才能重构他们的教师专业身份。然而,若在这段时期,过重的教师工作负荷,容易让实习支教教师面临困境,并导致他们归因于自身能力不足而过度自责,丧失信心,对教师职业产生负面情绪,从而影响他们教师专业身份建构。例如蓉蓉在反思中写道"有时一整天都干不了其他事情,除了上课就是备课、改作业。"雯雯除了教学任务重以外,则还要应对跨学科和班主任工作的挑战,也因此在开始很长一段时间都处于担忧和焦虑之中。

并且,过重的工作负荷还会扼杀实习支教教师的热忱与理想,进而影响到实习支教教师的职业承诺。例如,雯雯在一次访谈中说道"尽管对学生还是抱有遗憾,但现在我真的有些厌倦和疲惫了。或许是因为我猛地一下上课太多,或许是我自己马上要结束支教而猛地放松后的感觉,又或许是我发自内心的开始排斥成为农村特岗教师,反正我现在是身心疲惫了。"于是,雯雯在实习支教结束后还在对"要不要当老师"举棋不定,难以做出最终决定。

---

①Britzman, D. P. The terrible problem of knowing thyself: Toward a post – structural account of teachers' identity[J]. The Journal of Curriculum Theorizing, 1992,9(3):23 – 46.

三、实习支教生教师专业身份建构过程

初任教师的身份建构过程表现为从"前—教学身份"——一种对教师形象的自我设定和隐藏的教学观念——不断向"重塑的专业身份"（或激进或保守）迈进。[1] 也就是说,实习支教生在进入实习支教场域之前就已经习得身份的概念,建构了自我教师意象,即前身份。而实习支教就是实习支教生"不断寻找那个身为学生的自己和身为教师的自己之间的融合点的过程"。[2] 于是,到了实习支教场域后,他们则会开启与外界的协商和内部对话,从而不断确证、调适和重构自我的教师专业身份。基于五位实习支教生的故事经验,经过研究者的叙说之后,可以发现,实习支教生教师专业身份的建构过程,是一种不断尝试错误的过程。他们带着意义经验中建构的前身份来到实习支教场域,经历了现实震撼、自我危机、反思、行动、意义寻求的身份形构过程后而做出承诺。就五位实习支教生建构教师专业身份的整个历程而言,他们经历了前构、形构和再构的过程,展现了成为一位教师的主体建构过程,也呈现了他们回应社会文化和结构的方式。因此,就五位实习支教专业身份建构的整个过程而言,五位实习支教生的教师专业身份建构过程是从主体生活世界出发,而非本质化的角色采用过程,呈现出更为细致、多样的面貌。整体而言,实习支教教师专业身份建构过程乃主体化的建构过程。

（一）前构

前构是实习支教生在实习支教之前在个人与情境互动中建构的自我作为教师的意象和对教师的整体看法,即作为教师的我是谁,前构的结果就是前身份。前身份是实习支教生对自我作为教师的角色定位,回答"何为好教师"。确切地说,它是实习支教生对自己的预设身份,是对实习支教情境中我是谁、我将成为什么样的教师、我是否能胜任实习支教教师的工作以及实习支教对我意味着什么等系列问题的回答,隐藏着实习支教生教育教学信

---

①张倩. 职前教师的专业身份建构——基于西方关于职前教师专业身份的实证研究的报告[J]. 福建师范大学学报（哲学社会科学版）,2012,(2):148-155.

②张倩,李子健. 职前教师专业身份建构之困境与出路——对教师教育内涵式发展的思考[J]. 课程·教材·教法,2014,(3):95-99.

念中的"好教师"的信念和职业承诺。所以,前身份是实习支教生教师专业身份建构的起点和基础,决定了实习支教对于他们的意义和参与实习支教的态度。

从五位实习支教生的叙说中可以看出,他们在走进或遭逢那个真实的实践情境之前,他们都有自己的意义情境(meaning context),在这个情境中,他们对实习支教赋予价值意义,也对即将走入实习支教中的自己进行自我定位。也就是说,对于他们而言,"我要不要当老师"、"我想成为怎样的教师"、"我能否胜任教师工作"、"教师职业对我来说意味着什么"的答案是在实习情境中的他们确定"在这个情境中我是谁"和"我为什么会在这个情境中"的依据。① 诚如过去的研究结果所证明的那样,个人生活经历、早期求学经历、专业经历、重要他人等会形构其前身份,五位实习支教生的前身份也是在个人生活经历和重要他人等因素的影响下形构的。

1. 前构的阶段

贝贾德指出,相似年龄、性别、经验、教学信念等的教师身分构成过程会随着年岁而有相同的进展,并且可以预计未来的状态。② 本研究的结果非常相似,五位实习支教生前身份型塑过程也很相似,主要经历了入学前的学生经历、教师教育和实习支教前的培训等阶段。以雯雯的前身份型塑故事为例,她与其他四位实习支教生情况一样,学生时代的教师为其树立了角色榜样,无论是"跟着心走"的高中班主任还是主动腾空办公室的初中政治教师,在雯雯心中烙下了深深的印记,成为了她建构教师自我意象的来源,实习支教前的魔鬼式课堂教学训练也使得她关注展示在别人面前的教师形象以及专注于个人教学技能,同时也更加认同自己的教师专业身份。并且,在雯雯眼中,教师教育三年为其形构了理想的教师意象和丰富了她的理论知识,这也成为其建构前身份的重要来源。

2. 前身份的建构样态

从五位实习支教生的叙说中可以发现,除了天天认为自身能力与幼儿老师的契合而选择就读学前教育专业外,其他四位实习支教生之所以最初

---

①Mockler, N. Becoming and "being" a teacher: Understanding teacher professional identity[J]. Rethinking educational practice through reflexive inquiry: Professional learning and development in schools and higher education,2011(7):123－138.

②Beijaard, D. Teachers' Prior Experiences and Actual Perceptions of Professional Identity[J]. Teachers and Teaching: Theory and Practice, 1995,1(2), 281－294.

选择就读师范院校,是因为父母的意愿、社会地位、工作稳定且适合女性等。当然有的则是处于内在动机的自主选择,有的则是无奈的选择。不管五位实习支教教师进入师范学院的动机如何,但是在他们的个体叙事中发现,在他们的学生经验中都已确定了理想的教师的意象,这些意象虽然都偏向于贝贾德的"教育专家身份和教学专家身份",却也存在细微差异。丽丽建构的教师意象是"父亲一样疼爱孩子且有方法,像朋友一样且爱每一个学生";"先教学生做人后才是教书"、"知识过硬"、"态度端正"、"有激情"成了雯雯建构的教师形象;天天建构的教师意象则是"拥有操纵学生的权力,是一手遮天的神";"人生导师和教学达人"则成了蓉蓉追求的理想教师的意象;燕燕从个人曾被教师拯救的经历建构了"走心"的教师意象。

(二)形构

形构则是实习支教生在实习支教场域经历现实震撼后的自我觉醒,继而主动反思和选择实践行动以在前身份与现实期待的协商中建构教师专业身份。根据五位实习支教生的叙说,可以发现他们形构教师专业身份的前提是现实震撼促发了其意识的觉醒,自我反思是其形构教师专业身份的重要机制,实践行动是其形构教师专业身份的有效策略。

1. 实习支教生形构教师专业身份的前提:现实震撼促发意识觉醒

个人早期的学生经验和学习经验成为他们理解教学和理解"作为教师的我"(self - as - teacher)的参考框架(frame of reference),从而形成了对自我教师角色的理解和形塑了个人的教学理念,也明确了自我和教师职业的关系定位,最终形构了实习教师的前身份,这种前身份对外界情境和输入的信息具有转译和过滤的作用。① 因此,前教学身份或前身份决定了实习教师的身份建构目标或意愿,也决定了他们倾向于选择参与情境提供的哪些机会(活动)来塑造自己的未来。所以,对五位实习支教教师来说,实习支教是他们根据自己的经历和理解来赋予情境和实践以独特意义的身份建构和重构过程。但在实习支教之初,五位实习支教教师面临着师范院校的教育与实践脱节,甚至有参与者提出师范院校教育对其影响是空白,面临着从师范

---

①Santoro, N. The construction of teacher identity: An analysis of school practicum discourse[J]. Asia - Pacific Journal of Teacher Education, 1997(1):91 - 100.

院校的师范生立即转换为教师的角色时，①他们在严酷的现实教学生活中崩塌，即现实震撼（reality shock），即师范教育过程中所形成的教育理想在严酷的教学生活中迅速崩塌的现象。② 根据五位实习支教教师的自我叙说，他们所经历的现实震撼的内容主要包括：（1）教师职业认知偏差。即实习支教教师实习支教前想象的教师职业和对教师职业的认知与到实习支教现场后对教师职业的认知之间存在较大差距。诚如伯利兹曼所言，"职前教师已经形构了真实的、必要的和想象的教师专业身份，而一旦进入实践场域，职前教师经过与他者的不断对话和与情境的互动，使其更多的关注教学自我，于是职前教师扮演的教师角色大多是预先设定好的，因此，职前教师几乎将所有的时间都花在了协商和建构设定好的教师身份之上，甚至有可能失去职前教育所形塑的专业身份和专业自我。"③以丽丽为例，在叙说中，丽丽认为教师不仅是"育人专家"，更是"教学专家"，"自由自在的教师意象"成了丽丽选择当老师的动力之一。但到了实习支教学校后，"稳定"、"寒暑假"、"不看人脸色吃饭"、"清闲"的职业生活已经化为泡影，教师其实就是一个"繁忙的普通人"。（2）工作环境差异明显，尤其是对农村学校的教学资源以及工作和生活条件远远低于自己的预期。以天天为例，在访谈中，天天说他每天最担心的事情就是孩子的午睡，由于没有床和专门的午睡场地，每天中午孩子就趴在小学生专用的课桌上睡觉，每天中午都有孩子睡着之后摔倒在地。并且，学校没有任何的教学设备和教具，连字卡、挂图等这样简单的教具都无法提供，更不要说钢琴等教学设备了。（3）胜任能力存在差距。在五位实习支教教师的叙说中，可以发现，他们对自己各方面的能力与教学实践的要求之间存在很大差距。例如，在蓉蓉的叙说中，蓉蓉认为："当老师并不像以前想象的那样简单，现实中的教学显得很复杂，自己原先的能力并不能完全满足现实教学的需要，需要继续学习。"（4）学生的复杂性。在叙说中，五位实习支教教师都表示，现实的学生并不像微格教学中和自己预期的学生那样，现实的学生的认知和行为变化的复杂性已然超过了自己的预期。具体

---

①从五位实习支教教师的叙事中可以发现，实习支教不同于实习，实习支教要求他们一到学校就得担任教学任务甚至还有可能担任班主任以及行政事务等，因此，对他们来说，一到实习支教学校，他们就成为了一名"教师"。

②Veenman，S. Perceived Problems of Beginning Teachers[J]. Review of Educational Research，1984（2）：143－178.

③Britzman，D. Practice makes practice：A critical study of learning to teach[M]. New York：State University of New York Press，2003. 18.

而言,班级的多民族成份所导致的语言水平的参差不齐、学生学习成绩之间的差异和农村学生的认知发展水平和行为变化等都远远超过了他们的预期。例如,在叙说中,雯雯谈到农村学生的行为问题成了她关注的焦点。(5)理论不扎实和理论与实践相脱节。从五位实习支教教师的叙事中可以发现,一方面他们所掌握的理论知识与农村学校的实践有出入,另一方面他们所掌握的理论知识也非常有限,因此,他们在理论应用于实践和理论指导实践等方面面临很大困难。

现实震撼往往会导致实习教师陷入两难境地,威胁到他们对自我角色的认知,从而产生一种自我危机(crisis of the self)。但戴伊等人认为现实震撼是实习教师必须面对的适应职业文化和调整内在信念的双向的战役,[1]也是他们专业身份建构过程中必须跨越的陷阱(pitfalls)。[2]而本研究的五位实习支教教师的叙说表明,正是这种"自我危机"在责任[3]的导向中促发他们的意识觉醒。具体表现在:(1)他们在实习支教现场感受到压力,无论是为了完成"政治任务"的丽丽,还是对实习支教充满期待的雯雯、天天、蓉蓉以及燕燕,经历现实震撼时,都很担心和焦虑,尤其是当他们遇到的问题或对困境的质疑迟迟无法被解决或克服时,就会越来越焦虑。(2)尝试改变教学行为。由于自身准备不足、现实教学的复杂性等原因,他们尝试改变自己的教学行为。丽丽从"关注讲"到"关注学",开始追寻"政治课的意义";雯雯从"关注教学到关注学生品行的培养";天天则迫于外部压力,采取"两面派战术";蓉蓉面对理论知识与现实教学、课堂教学中的预设与生成等问题时,开始将教学过程理解为复杂的过程;燕燕认识到学习教学的过程就是参与教学实践的过程,从"教"中"学教"。(3)重新定位自我。丽丽在面对初来乍到的冲击之后,丽丽对自己进行了定位——实习教师,承认自己与他者教师和心中理想教师的差异;雯雯面对跨专业教学和学生品行问题,将自己定位为"新老师",需要不断学习和完善自己;天天一直在强调要改变自己,也尝试着找到自我在实习支教中的意义。他以"不一样的老师"来标志自己;

---

①Day, C. , & Gu, Q. Variations in the conditions for teachers' professional learning and development: sustaining commitment and effectiveness over a career[J]. Oxford Review of Education, 2007,33(4):423 -443.

②Feiman - Nemser, S. , & Buchmann, M. The first year of teacher preparation: Transition to pedagogical thinking[J]. Journal of Curriculum Studies, 1986,18(3):239 -256.

③根据五位实习支教教师的叙说,责任主要表现为对学生负责和对自我发展负责。

蓉蓉和燕燕则将自己定位为在实习支教学校中"学习当老师"的"实习老师"。(4)寻求帮助和自我反思。丽丽通过开诚布公的向学生表明自己的身份和困惑,得到学生的真诚反馈;通过主动请教和听课,得到"同事"的指点;通过自我反思,则重新思考自己的定位和信念;雯雯则通过学习和反思,重获自信;天天通过自我反思和向见习幼儿园的老师求助,获得突破困境的动力和策略;蓉蓉和燕燕建构了自己的支持系统,不断反思,体验到当老师的感觉。(5)获得积极的实习支教体验。正是经历了现实震撼,他们都感觉到实习支教过程中收获满满,收获了对教学复杂性的认识,收获了教学和与学生相处带来的快乐,建构了教师知识,收获颇丰,甚至认为"实习支教一学期胜过三年的师院学习"。

因此,实习支教教师在面对现实震撼时,不是选择逃避,而是选择积极应对和重新审视自己。正如苏格拉底所说,一种未经审视的生活还不如没有的好。正是他们的自我审视,承认现存差距和差异,积极应对,从而导向了意义的协商,开启了教师专业身份建构的旅程,现实震撼成了形构教师专业身份的动力。

2. 实习支教生形构教师专业身份的取向:自我、实践和对话

贝贾德等学者指出,专业身份是个体在社会情境中的互动和特定情境下的角色协商而建构和发展的。[①] 在实习支教情境中,实习支教生带着前身份而来,以前身份为出发点,通过与他们所处的特定情境互动而对自身的经验进行协商,从而持续协商自己在特定情境中身为教师的专业身份。因此,对参与研究的实习支教生而言,身份建构发生在多层面的想象世界之中或对教学、好的教学和教师等理解范围之中。在这些想象世界中,先前的教育经验提供了教学模式;课堂教学经验为身份建构、固化和协商提供了机会,他们总是将专业选择和身份建构置于与教学相关的外在话语中来进行。但是,从他们的叙说中可以发现,五位实习支教生的教师专业身份建构取向形成的最重要来源是他们对自己作为专业教师的观念。据此,根据他们的叙说,我们可以将其形构教师专业身份划分为自我、实践和对话三种取向,当然,这三种取向的划分并不是截然分开的,而是指在形构教师专业身份过程

---

①Beijaard, D. , Verloop, N. , & Vermunt, J. D. Teachers' perceptions of professional identity: an exploratory study from a personal knowledge perspective[J]. Teaching and Teacher Education, 2000(16): 749 - 764.

中,实习支教生更偏向于某种形构取向。根据五位实习支教生的叙说,可以发现,天天更多的是基于个人教师意象的自我取向来形构其教师专业身份,所以,我们认为他属于自我取向;雯雯更倾向于通过课堂实践来形构教师专业身份,我们认为她属于实践取向;丽丽、蓉蓉和燕燕基于可靠实践基础上的对话取向来形构教师专业身份,我们认为她们属于对话取向。

（1）自我取向

从叙说中可以发现,天天尽管关注到实习支教情境的特殊性,但他还是表现出对个人自我教师意象的追求。对天天而言,他的教师专业身份更多的源于个体的学习经验和见习经验。在经验意义的体悟中,他对幼儿教师的认知仍然停留在固定的想象世界中,在这个想象世界中建立了好教师的意象。他一直忠诚于这种意象,以至于他不愿意改变自身的课堂实践和重构专业身份。对天天和学生交往的观察也证实了这种固定的身份取向。尽管他认为他的课堂教学模式在当前的情境中不会被接受,但是他从本质上仍然坚持过去的理解。尽管当同事对他的教学选择和方式提出质疑时他做了一些零星的改动,从而坚持两面派的战术,但他对整个好教学和好的幼儿教师的理解仍然没有发生变化,教学方式仍然没有发生变化。他以他固定的身份来过滤专业交往。

（2）实践取向

与天天的自我取向身份相反,雯雯是依靠她的教学经验来建构她的专业身份,这导致了流动的身份,她受到实践变化的影响。因为强调课堂效果,她对同事的建议和专业发展经验保持开放的态度。这种不断协商使得她没有足够的时间对教师专业有清晰的理解。这种流动的身份反映在雯雯不断地选择新的策略,不断学习,不断地实践,不断地改进,不断地形构教师专业身份。由于雯雯缺乏一个检验她的实践、她的教学效果的标准,持续不断地尝试新的实践成为了她专业身份的一部分。总之,诚如比彻姆等人所言,教师专业身份是个人经验和外在情境之间持续而反复协商的过程。①

（3）对话取向

基于对丽丽、燕燕和蓉蓉的叙说的梳理,我们可以发现他们形构教师专业身份偏向于对话取向。她们带着前身份来到实习支教现场,以介入的态

①Beauchamp, C. , & Thomas, L. Understanding teacher identity: an overview of issues in the literature and implications for teacher education[J]. Cambridge journal of education, 2009(2):175-189.

度融入到实习支教场域,试图与他者平等协商,转变思维方式,不断与经验对话,反思自我的经验,从而建构自我的教师专业身份。例如,丽丽带着前身份——学生的朋友,也希望能像中学老师一样有方法,教书育人,实践自己的"情境教学"和"问答教学",但经历现实震撼后,她开始与学生对话,听取学生的需要和反馈;她与其他教师对话,吸纳他人所长;她与自己对话,自我检视。在与自我和他者对话之后,确认自己的教学理念和自我作为教师的意象,逐渐形构了自我的教师意象。由此可以看出,他们的对话可谓是一种体验,是对话中的一方以自身的经验去体验"我—你"关系中的另一方,在"你"之中发现"我",进而体验生命的终极关怀的意义和价值。[①] 也真是基于这种体验和对话,他们才真正找到了作为教师的自我。就如查尔斯·泰勒所言,"一个人只有在其他自我之中才是自我。在不参照他周围的那些人的情况下,自我是无法得到描述的"。[②]

3. 实习支教生形构教师专业身份的重要机制:自我反思

(1)反思中协商教师专业身份

五位实习支教生通过回溯过去的生命经验,试图从理论、实践、自我生命三条主轴的对话,寻求教师专业身份的意涵,体悟教师是情感与睿智兼具的生命体,作为专业教师必须不断地与外界协商而找寻自我,向内自我探究,不断反思,自我觉醒、省思作为,从而在回溯"我做了什么"后了解"我是谁",进而想像"我要成为什么样的教师"。但是,当他们经历现实震撼而身陷自我危机时,他们如同伯利兹曼所言:"顺服时常是新手教师初任教师时,为适应环境而采取的第一个策略。特别是当新手教师带着在学生时期对教师身份的意象的外行人理论,或者教师教育阶段所习得的教育理论,进入一个与这些预设的教师意象和教师生活全然不同的学校场域时,内心的冲突与挣扎,往往迫使这些新手教师或实习教师屈服于结构要求,而少见其有改变结构的能动表现"。[③] 不过,虽然五位实习支教教师未必能以教师身份扭转许多结构的不公,而身陷自责与忧虑,但是,他们经过一段时间的适应和调整后,他们的反思能动终于觉醒,开始思索改变的需要,在他们能力范围

---

①冯苗. 论教育场域中的对话[D]:[博士学位论文]. 长春:东北师范大学,2008.

②[加]查尔斯·泰勒著,韩震等译. 自我的根源:现代认同的形成[M]. 南京:译林出版社,2001. 48 – 49.

③Britzman, D. Practice makes practice: A critical study of learning to teach. [M]. New York: State University of New York Press, 2003. 38.

内展现主体反思能动。如卡西尔所言："人被宣称为应当是不断探究他自身的存在物——一个他生存的每时每刻都必须查问和审视他的生存状况的存在物。人类生活的真正价值,恰恰就存在于这种审视中,存在于这种对人类生活的批判态度中。"①通过反思,发现自我,反思也成了其专业身份协商的一种应对机制,不再是纯粹的角色采用。因此,反思成了五位实习支教教师应对现实震撼的主要策略,正是如此,意识觉醒才能导向意义的协商,实现教师专业身份的建构和重构。诚如科瑟根的洋葱头模型所昭示的那样,身份受到他人的影响较小,身份的改变是非常难的并且有时是一个非常痛苦的过程,需要个体启动一种内部的反省对话(inner reflexive dialogue),可将这种对话理解为反思,一种意义导向的反思(meaning - oriented reflection),而非行为导向的反思(action - oriented reflection)。② 具体而言,丽丽从课堂教学、师生关系、班级管理技巧与错误事件开始反思,加之学生的反馈和观摩其他教师的教学理念与实践,引发一连串自我对话反思。例如,对师生关系是"亦师亦友"还是"保持距离"、课堂教学中对不听课学生是"管"还是"不管"、教学中应该注重"活泼教学"还是"班级秩序"、教学中应该"关注讲"还是"关注学"、政治课的意义等问题的反思。即使她有反思,但是其反思层面大多还是围绕在"寻求解决当前问题的策略,而未质疑问题"这类技术型反思上。雯雯则是广泛的反思学习,反思自己的不足——缺乏带班经验和语文学科知识,可见,雯雯的反思同丽丽一样,更多的是技术型反思,但雯雯对学校教师只关注学生学习且学生反而不学的现状进行了批判性反思以及对注重品行的目标与行动提出说明与解释理由的诠释性反思。天天选择就读学前教育专业而梦想成为一名优秀的幼儿教师,本身就是源于反思自己后的生涯决定。他经过探索,重新认识自己,身为男性幼儿实习支教教师的他,找到自我在实习支教中的价值和意义。在天天的叙说中,很少听到难以突破的困境与烦恼,这是因为他善于在实习支教学校情境的自我反思中,及时修正和调整其专业身份建构,并且在反思中找寻到幼儿教师工作意向与价值,并愿意继续投入幼教事业。蓉蓉和燕燕逐渐摆脱顺服,在意识觉醒中反思"我是谁"后,反思在有限能力范围内运用资源改善实际困境,走出现实

①[德]恩斯特·卡西尔著,甘阳译. 人论[M].上海:上海译文出版社,1985. 3.

②Mansvelder - Longayroux, D., Beijaard, D., & Verloop, N. The portfolio as a tool for stimulating reflection by student teachers[J]. Teaching and Teacher Education, 2007(23): 47 - 62.

震撼,进而反思"我要成为怎样的老师"及其实现路径。可见,蓉蓉和燕燕反思层面既有应对当前现实震撼的技术性反思,也有重视与外在对话以检视行动背后的原因,并思考不同观点、不同解决途径的可能的对话性反思,其目的都在引导行动以解决从"我是谁"到"我想成为谁"的现实困境。

(2)反思过程中形构教师专业身份

教师专业身份是在反思的基础上建构的,因为教师自我的态度、价值和信念等维度很难识别和澄清,需要通过反思来审视。基于此,当实习支教教师与现实相遇时,他们会在描述、感知、评价和分析的基础上规划未来的行动。这个过程是循环的,也是持续的系统反思过程(见图4-2),五位实习支教教师专业身份的建构正是在这个反思过程的基础上建构的。

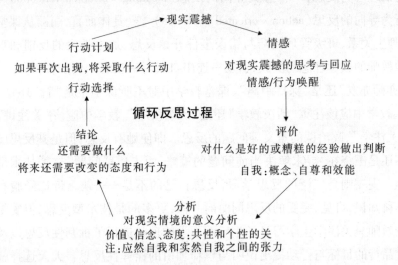

图4-2　关联到专业身份建构的循环反思过程

情感、身体和精神上的适应力和韧性是五位实习支教教师学习成为教师的一个关键主题,而不仅仅是有能力去处理自己的遭遇。由图4-2可知,这个循环的反思过程有助于他们理解自我概念、自尊和效能,从而有助于发展他们的韧性。麦克格拉斯和诺布尔指出,积极的自我效能是与未来目标和行动紧密相连,因为它涉及到我们对我们如何应对情境和任务的判断,从而导致乐观的态度和坚持不懈的克服困难的精神。① 如此一来,反思性实践就超越了对技术的关注而迈向了对自我作为教师的关注和教师专业身份建

①Marian Webb. Becoming a secondary - school teacher: the challenges of making identity formation a conscious informed process[D]. MEd thesis, Southern Cross University, Lismore, NSW. 2006.

构方式的关注。虽然情绪是实习支教教师反思的强力推进剂,但是它们往往很难解释和分析,至少在实习支教教师反思之初如此。根据他们的叙说,在最初,他们往往被情绪淹没,即使他们能想到,也无法采取行动。正如舍恩所言,他们关注的是如何做的问题,处在在行动中反思(reflection - in - action)。而通过研究者的引导性叙说,把他们引向一种内部的反身对话,即一种意义导向的反思,埃德尔斯坦称此过程为"发展性回应"(developmental responsiveness),即教师能够通过反思而发展对特定教学情境的最有效的教育性反应。① 这主要表现在对应然自我和现实自我的评价和分析阶段。从五位实习支教教师的叙说中可以发现,他们对应然自我和现实自我的分析和评价促使他们提升自己反思水平。如前所论,审视自我的情感有助于停留在无意识层面的信念和动机呈现在意识层面,从而被觉知。但是,反思的真正目的在于他们如何协商他们的理想自我和现实自我之间的差异,这个差异是影响他们个人改变的关键因素。

因此,赫舍尔曾说,人的悲剧是由于他忘记了"人是谁"这个问题的存在,忽视了对他自身进行确认,忽视了什么是人的真实存在,而持有虚假的身份。当我们忘记了我们自己是谁的时候,我们就解体了自己。② 而从五位实习支教教师的叙说中,我们可以发现,他们尽管面临着现实震撼、诸多压力和内心恐惧,但是他们在意识觉醒中反思自己,反思"我是谁"和"我将成为谁",而不是自暴自弃或按照别人的想法去生活,因为,"一个人没有思想的话,他的存在是按照别人的想法去生活,他的存在,他的生活,只是一个复制品而已,是一个复印件或传真,并没有原版。"③更谈不上"做我自己"而不至于成为别人棋盘上的一颗棋子。因此,就像马斯洛所说的那样,"音乐家必须去创作音乐,画家必须作画,诗人必须写诗。如果他最终想达到自我和谐的状态,他就必须要成为他能够成为的那个人,必须真实地面对自己。"④他们坚信,"生活的意义不在于抵达任何地方——而在于发现你在那里,未来在那里,已经在那里。你永远处在纯粹创造的时刻中。因此生活的意义

①Marian Webb. Becoming a secondary - school teacher: the challenges of making identity formation a conscious informed process[D]. MEd thesis, Southern Cross University, Lismore, NSW. 2006.

②[美]赫舍尔著,隗仁莲译. 人是谁[M]. 贵阳:贵州人民出版社,1994.5.

③傅佩荣. 自我的觉醒[M]. 北京:国际文化出版公司,2006.6.

④Maslow, A. H. Mitivation and personality (2nd ed .) [M]. New York: Harper & Row. 1970.46.

就是创造——创造出你的身份和本质,然后去经验它。"①于是,他们在反思中定位自我和确定努力的方向。

4. 实习支教生形构教师专业身份的行动策略:行动逻辑与行动策略

叙事性实践(narrative practices)是意向性与反思性的人类行动,其植根于社会文化脉络之中,教师、学生、同事或研究者通过叙事内容来审视教与学的过程,并凭此理解彼此的身份,建构知识与意义,改变其行事,从而导出新的假设。② 就诚如吉登斯所言:"反思性的察觉是人类所有行动的特征,所有人类活动的特征是他们会持续监控他们活动的情况予以调整他们要做什么,而如此的监控总是具有话语的特质。"③因为,当教师持续反省、批判和修正既有的叙事时,那些影响教师发展的因素也就逐渐变得清晰可见,从而建构我们自己的意义。④ 因此,五位实习支教教师在反思基础上,进一步诉诸不同层次的实践行动来建构教师专业身份。就诚如叶澜教授曾经指出那样:"在追求发展的教师那里总能找到可能发展的空间;在自觉努力的教师那里,总会拓展出更大的可能空间;在切实行动的教师那里,总会出现相对于昨日之我的真实发展。在不同时期、不同条件下作出贡献和实现自身发展的优秀教师的事迹证明了这一点。正是在他们身上,教师发展自觉的力量,得到集中、充分、有血有肉、有声有色的精彩表达,成为中国教师生命凝练、积聚而成的精神力量的最核心构成。"⑤五位实习支教教师为了建构专业教师身份,他们在自我反思中行动。就诚如杜威所言,"一个人之所以有智慧,并不是因为他有理性,可以掌握那些关于固定原理的公正而又不可证明的真理,并根据这些真理演绎出它们所控制的特殊事件,而是因为他能够估计情境的可能性,并能根据这种估计来采取适当行动"。⑥

尽管马斯洛曾说,"我们看到什么又倾向于使我们相信它是什么和我们

---

①[美]尼尔·唐纳德·沃尔什著,李继宏译. 与神对话 I[M]. 上海:上海书籍出版社,2011. 134.

②Lyons, N. , & LaBoskey, V. K. Narrative inquiry in practice:Advancing the knowledge of teaching[M]. New York:Teachers College Press. 2002. 22.

③[英]安东尼·吉登斯著,赵旭东、方文译. 现代性与自我认同[M].北京:生活·读书·新知三联书店,1998. 28.

④周淑卿. 课程发展与教师专业[M].北京:九州出版社,2006. 88 - 112.

⑤叶澜. 改善教师发展生存环境,提升教师发展自觉[N]. 中国教育报,2007 - 9 - 15(3).

⑥[美]约翰·杜威著,傅统先译. 确定性的寻求——关于知行关系的研究[M].上海:上海世纪出版集团,上海人民出版社,2005:164.

是什么。"①但是,个人早期的学生经验成为他们理解教学和理解"作为教师的我"(self - as - teacher)的参考框架(frame of reference),从而形成了对自我教师角色的理解和形塑了个人的教学理念,也明确了自我和教师职业的关系定位,最终形构了实习教师的前身份,这种前身份对外界情境和输入的信息具有转译和过滤的作用。② 并且,实习支教教师的反思已经开启了一种内部的反身对话(inner reflexive dialogue),导向了意义的协商,因此,实习支教教师在实习支教过程中的教师专业身份建构并不是从头开始,而是对自己的过去、现在与未来的有机整合,实现"过去自我"、"现实自我"和"理想自我"之间的沟通、协商与整合,确认自己追求的意义所在,确认自己理想的教师意象,从而采取行动,实现专业身份的解构与重构。根据五位实习支教教师的叙说,可以发现,他们利用身边资源,采用多种行动策略来建构教师专业身份,在这些行动的背后呈现出教师专业身份建构的行动逻辑。

(1)"本体安全"③逻辑与"本体安全"逻辑下的行动策略

在本研究中所谓的本体安全意指实习支教教师面对陌生的实习支教情境,为了生存于其中,顺利完成实习支教任务,他们对自我的连续性以及对他们采取行动建构理想教师意象所具有的信心。基于此,所谓本体安全逻辑是指个体建构教师专业身份所遵循的生存原则,即实习支教教师为了能生存于实习支教情境中完成实习支教任务而遵循的行动原则。在这种原则指导下,个人的意义追寻和自由相对而言就变得相对次要。在这种行动逻辑的主导下,实习支教教师的行动为其提供了道德性和正当性,进而有效地抵抗了他人对其教师专业身份的质疑。例如,丽丽为了能够适应实习支教学校,通过征求学生对政治课堂教学方式的意见,满足学生的需求,试图建构"学生喜欢的教师形象"。天天为了能够适应学校的要求而采取"两面派战术"。总之,五位实习支教教师在遵循本体安全逻辑的前提下,为了不成为学校教师中"异类",为了生存于实习支教学校,他们采取了不同的行动策略以回应学校情境,从而找到生存的平衡点。

①[美]马斯洛著,成明编译. 马斯洛人本哲学[M].北京:九州出版社,2003. 200.

②Santoro, N. The construction of teacher identity:An analysis of school practicum discourse[J]. Asia - Pacific Journal of Teacher Education, 1997(1):91 - 100.

③本体安全是吉登斯在《现代性与自我认同》一书中根据人所处的充满变迁的外部环境而提出的概念,他认为本体安全就是大多数人对自我认同之连续性以及对他们行动的社会与物质环境之恒常性所具有的信心。本文借用这一概念来说明实习支教教师来到实习支教现场时面临复杂、陌生的环境而遵循的行动逻辑。

（2）意义逻辑与意义逻辑下的行动策略

本研究所指的意义逻辑是指实习支教教师在实习支教过程中体验到的作为实习支教教师的自我价值和意义，即作为教师的我的价值和意义。意义和自我价值的实现成了行动的目的。"不管人们怎么议论，我始终坚持自己的选择。我清楚地知道，我在寻找属于我自己的价值，抑或是一种生命意识的唤醒。我宁愿做一名纯粹的教师，寻找一个新的起点，从头开始，在教育的路上，艰难地跋涉，虽然我起步太晚，虽然依然前路茫茫。"①因为，人甚至在未认识到意义之前就同意义有牵连。他可能创造意义，也可能破坏意义；但他不能脱离意义而存在。人的存在要么获得意义，要么叛离意义。对意义的关注，即全部创造性活动的目的，不是自我输入的；它是人的存在的必然性。② 因此，五位实习支教教师在这种行动逻辑的指引下，意义是其行动的旨归，心怀意义，追求意义，从而"一直抱持信仰，而不是心力枯竭，只得离开那个毫无意义的工作。"③而对于特殊的教育实习模式——实习支教而言，实习支教模式的提出，是基于"双向培训、双向受益"的旨在实现教育扶贫和解决师范院校教育实习问题的"双赢"目的而提出的，也就是说，一方面师范生需要实践场域，提高实践能力；另一方面，农村师资短缺，需要师范生到基础教育薄弱的山区学校"顶岗实习"，将这些薄弱学校变成"铁打的营盘"，而师范实习生则成为"流水的兵"，就这样每年源源不断地输送优秀的实习教师，从而根本上解决贫困地区农村学校师资长期缺乏、农村教育发展滞后的问题。④ 而大卫. 史密斯认为："任何东西，只要是缺了关系和目的性，便叫丢失了。"⑤也就是说，实习支教教师的意义则表现在实习支教教师在与学生关系中寻找到"作为教师的我"的意义和在实现专业发展目标中的意义。因此，在五位实习支教教师的叙说中，可以看见其为了追寻意义而采取多种行动。例如，丽丽通过奔走于各位老师的课堂观察学习和在自己的

---

①刘铁芳. 追寻有意义的教育——教师职业人生叙事［M］. 长沙：湖南师范大学出版社，2006. 23.

②［美］赫舍尔著，隗仁莲译. 人是谁［M］. 贵阳：贵州人民出版社，1994：47.

③［美］弗朗西斯·赫塞尔本、马歇尔·戈德史密斯著，苏西译. 未来的组织：全新管理时代的愿景与战略［M］. 北京：中信出版社，2012. 121.

④张诗亚，吴晓蓉. "顶岗实习"：来自农村教育的日志［C］. 见：丁钢. 中国教育：研究与评论（第七辑）. 北京：教育科学出版社，2004：154－2007.

⑤大卫. 杰弗里. 史密斯著，郭洋生译. 全球化与后现代教育学［M］. 北京：教育科学出版社，2000. 243.

课堂实践中不断重构,大声疾呼政治课的真正意义,运用身边资源不断学习,进而确认自己和学生之间要追求的意义,从而建构起自己理想的教师身份。雯雯通过不断学习,丰富自己的学科知识,疾呼关注学生品行的重要性,厘清班主任和科任教师的关系,从而融洽师生关系和找到担任语文教师的自信。天天则是在两面派战术基础上,不断尝试,全心投入,制作大量适合农村幼儿的教具和玩具,建立起与幼儿的亲密关系,从而体验到"我来的价值";在了解农村幼儿和向外求助等行动中,承认差距,向理想的幼儿教师迈进。蓉蓉则是在教育过程中确认学生是其意义所在,在不断学习、课堂观摩和实践中精进教学,成为"教学达人"。燕燕主动向于老师请教,且在不断尝试中学会处理学生问题,燕燕还善于运用资源,建构教师知识,从而确立"帮学"的师生关系和找到成为一名教师的自信。由此可见,五位实习支教教师在意义逻辑下的行动将自我发现和自我重构作为其核心,不断的在行动中建构教师专业身份。

(3)自由逻辑与自由逻辑下的行动策略

亚里士多德将理性的自我引导视为自由的实质,认为自由即为引导自我达致理性目的的能力。① 面对实习支教学校情境和学生以及教学的复杂性所带来的严峻挑战,作为能动者的实习支教教师展现主体对自由的追寻。因此,在五位实习支教教师的叙说中,可以发现他们的行动遵循自由逻辑。所谓自由逻辑,就是指个体在教师专业身份建构过程中所遵循的自由原则,即在实习支教过程中,他们关注的是内在需求、主体意识与主观能动性,而不再是是被动、消极的学习者。追寻自由就成为了实习支教教师在实习支教过程中对自由的一种理解和处理方式。而对自由的追寻意味着实习支教教师以开放的心态面对教师专业身份建构过程中的新际遇和困难,能够不断思考理想的教师意象,积极重构自己的专业身份,探索未来的专业身份建构路径。并且,五位实习支教教师对自由的追寻更是建立在专业自信、专业理解和专业信念基础上的,他们通过提升专业自信、提高专业理解能力和专业信念来获得自由。

首先,专业自信是实习支教教师在专业决策中对自身能力的信念。提升专业自信需要实习支教教师敞开自我,坦诚面对真实自我,敢于正视自己

_____

① 王夫艳,卢乃桂. 自由与束缚:课程改革中教师的学科依附[J]. 教育研究,2012(9):133 – 138.

的错误,因此,承认是建立专业自信的起点,更是建立专业自信的动力。因为,我们承认自己是什么以及自己不是什么;我们掌握了什么或是不能够解释什么;我们可以运用什么以及什么疏离了我们;什么是我们可以利用的以及什么是我们不能使用的;什么是我们可以磋商的以及什么是我们仍无法达到的,在这种承认与区分中,我们经验和表示自己。[①] 这样,当我如实地表现我自己时,当我不必戴上盔甲去比试而是无所顾忌地出现时,我就能更为真。[②] 可见,承认包含了两个层面的意蕴:一个是"承",即一种担当、负责、接纳的态度,另一个是"认",指的是对事物的辨别。也就是说,在自我专业身分定位上,不只去辨别我在什么位置上,还要去承担与接纳自己所在的那个位置。而要承担责任和接纳自己所在的位置,建立专业自信,还需在承认的基础上,不断读书、勤于学习、善于思考和勇于批判,这样才有可能获得真正的教育教学知识。因为,知识是人思维和精神解放的重要"催化剂",人应该"通过知识获得解放"。因此,思想自由的获得,需要承认自己的不足。例如,丽丽在教学责任感的驱使之下,在承认自己的不足的基础上,深爱学生,将自己定位为实习老师,于是通过反思、课堂观摩和主动请教等手段建构学生知识和教学知识,做爱学习的实习老师和心中理想的政治老师。雯雯承认自己缺乏管理经验、语文学科知识等方面的不足,通过不断学习和"听课",基于关注学生的品行,运用学校资源,坚持自己的语文教学观。天天则承认自己缺乏对农村幼儿的了解,认为自己"还不是一名好的幼儿老师",像爸爸一样关爱每一个孩子,尝试使用多种方式让孩子喜欢上学,坚持反思,不断探索,寻求外援,从而获得教学知识。蓉蓉承认自己还不是一位合格的教师,于是她用心关心学生,建构支持网络,不断反思和学习,挖掘教材的张力,不断创新教学方法,从而建立专业自信。燕燕坚持对每一个学生的爱,抗议"一边儿去"的无理做法,承认自己的不足,主动向于老师学习情绪的控制和教学思维过程,通过多种途径建构教师知识,从而获得自信。

　　其次,专业理解是实习支教教师对作为专业人士的教师的理解,引发他们思考:为什么我是一个教师?成为一个教师意味着什么?这些问题的答案只能在一个教师的过去、现在和对未来的想象中来找寻。[③] 例如,丽丽将

---

①Wenger, E. Communities of practice: learning, meaning and identity[M]. New York, Cambridge University Press, 1998. 153

②方展画. 罗杰斯"学生为中心"教学理论述评[M]. 北京:教育科学出版社,1990. 131 – 132.

③张华. 论教师发展的本质与价值取向[J]. 教育发展研究,2014(22):16 – 24.

自己定位为实习老师,但实习老师和其他老师一样,需要成为学生心中喜欢的老师,于是她通过内省与外求,听课与请教,结合基于学生经验建构的"育人专家"的教师意象,试图重构心中理想的教师意象。但最终还是未能从中寻求到真实自我而选择以后"不当老师了"。雯雯认识到教师就应该教书育人,于是不断学习和积累管理经验,确定"教得会的老师才是好老师"的专业意象,通过不断学习和"听课",试图真的实现教书育人,但却体验到教书容易育人难。加之对身边教师的体察,担心"明天我就成了他们",最终选择不当老师。天天则承认自己缺乏对农村幼儿的了解,认为要成为一名专业的幼儿老师,需要专业的学习,不断实践,不断反思,不断探索。最终他在"差异"和"差距"中追寻到真实自我,从而决心成为一名幼儿老师。蓉蓉基于从小对教师专业的热爱和追求,在实习支教过程中,建构支持网络,不断反思和学习,挖掘教材的张力,不断创新教学方法,体验到老师的感觉,从而觉得不仅因为老师是她热爱的职业,更因为她适合这个职业。燕燕则是无可奈何的成为了一名免费师范生,注定与教师结下不解之缘,在不断的学习当老师的过程中,她开始体会到作为一名教师的成就感,但她也承认,她距离好老师的标准还相距甚远。

最后,专业信念是实习支教教师对专业自信和专业理解的进一步追问和反思。这种追问与反思实质上就是一种哲理性思考。哲理性思考是一种架构各种被假设、被觉察、被感知、被相信与被获知的问题的方法,是一种让人对自我的生活世界变得觉知起来、建构自我生活世界意义的方法。教师进行哲理性思考,最终目的并非为了获知在某种教学情境中什么是最好的、最适宜的,或是让教师获得某种有关教育的事实,或是促使学生学习某些特定的有效方法,而是在于唤醒教师思考教育的终极价值,进行价值性的思考,能够批判反省自我对教育、学习的目的与政策、在班级中所做的选择、所追求的善的假定与行动。① 而对实习支教教师而言,由于教学实践经验的缺乏和自我准备的不足,在实习支教场域中难免会犯各种错误,这就需要实习支教教师坦然面对和承认自己的错误,必须推翻环境意识形态,这种意识形态认为,无论以怎样复杂的形式,是环境决定我们的生活。我们必须从我们的物质的、理智的、社会—心理的境况中突围。我们必须把环境变成我们的大地;我们要肆无忌惮地对它宣称主权。这是我们的土地,我们将按我们的

---

① 戴双翔,姜勇. 论教师的自由[J]. 教育发展研究,2008(1):7-10.

意愿创造它。① 必须不断学习和反思，塑造自己的思想，因为一个人没有思想的话，他的存在是按照别人的想法去生活，他的存在，他的生活，只是一个复制品而已，是一个复印件或传真，并没有原版。② 必须"展现自己的教学行动，即使力不从心也能够坚持"，③就如刘铁芳所言："我对中学教育的现状严重估计不足！其实，我本不该如此缺乏心理准备，因为我自己就是受那样的教育过来的，而且在中学时也没有觉得这样的教育有什么不对。但现在的问题是，虽然应试教育没有改变，我自己却变了……随着知识视野的打开、思想的提升和见识的增长，北大四年已经在某种程度上让我脱胎换骨！明白了那些陈旧和僵化的东西毫无意义之后，我已经根本不可能把我高中时候的学习方法教给学生，不可能再如大多数老师那样机械地讲授课本上的死板的知识。以那种教法，即使我教的学生都考上了北大和清华，我也不会有任何成就感。因为那在相当程度上是反教育的，不可能培养出大量的有人文情怀和公民素养，又具有真正创造力的人。在那样的教育中我也不可能获得任何创造的快乐和意义感，同时，我对教育和社会的责任感也不允许我这么做。"④因为，只有坚持自我，获得意义感，才能获得思想的自由。否则，就如卡斯特说："当有些人感觉生活变得毫无轨迹可循、毫无意义可言、让人心力交瘁的时候，那是因为他往往在不知不觉中屈服于外界的期望压力，所做的都是他人希望自己做的，而并非受真实情感的驱使。"⑤正如弗罗姆所说："无论我们意识到与否，最大的耻辱莫过于我们不是我们自己，最大的自豪与幸福莫过于思考、感觉、说属于我们自己的东西。"⑥但是，诚如马斯洛所言，"人们都有着一个自我，我常说'倾听内在冲动的声音'，其含义就是要让自我显露出来。然而，我们绝大多数人，特别是儿童和青年，不是倾听自己的声音，而是倾听妈妈爸爸的声音，倾听权力机构的声音，倾听老人的、权威的或者传统"。⑦ 可见，倾听自己的声音，避免依附性而形成或宣称自己

①张华. 论教师发展的本质与价值取向[J]. 教育发展研究,2014(22):16-24.

②傅佩荣. 自我的觉醒[M]. 北京:国际文化出版公司,2006.6.

③[美]帕尔默著,吴国珍等译. 教学勇气:漫步教师心灵[M]. 上海:华东师范大学出版社,2005.11.

④刘铁芳. 追寻有意义的教育——教师职业人生叙事[M]. 长沙:湖南师范大学出版社,2000.69.

⑤[瑞士]维蕾娜·卡斯特著,刘沁卉译. 依然固我[M]. 北京:国际文化出版公司,2008.96.

⑥[美]埃里希·弗罗姆著,刘林海译. 逃避自由[M]. 北京:国际文化出版公司,2007.177.

⑦[美]马斯洛著,许金声、刘锋等译. 自我实现的人[M]. 北京:生活·读书·新知三联书店,1987.116.

的声音是专业信念建立的重要基础。就本研究的五位实习支教教师的叙说而言,他们分别采取了不同的行动策略来反思和追问自己的专业自信和专业理解。丽丽在教学责任感的驱使之下,在承认自己的不足的基础上,反复实践,最终认识到"不是我的理念不好,是我没有用好";雯雯通过实践和追问,将注意力转向了学生的品行,坚持自己的课堂教学理念;天天依然相信一位好的幼儿老师应该是会"让孩子喜欢上学,接纳并爱每一个孩子,注重培养孩子的习惯,强调养成教育,像爸妈一样的关爱孩子";蓉蓉在观察和实践之后,心中理想的教师意象发生了变化,认为"老师就像指南针,能为学生指明人生的航向;老师像魔法师,在不同情境中能扮演不同的角色,无时无刻不发展自己以保持自己的神秘感;老师像父母,能够无条件的接纳每一个孩子,关爱每一个孩子。"燕燕始终坚持教师对学生的爱是不分时间的,反对"一边儿去"的做法,认为老师就应该像"魔术师",让学生被神秘感所包围,让学生一直去追求真相。

5. 实习支教生形构教师专业身份的确认机制:教师专业身份表达

成为好教师并不是由教学方法或意识形态来决定的,也不是由外在教学表现来衡量的,而是要由内在认知到外在身体力行的"做"一个教师。[①] 在五位实习支教生的叙说中也可以发现,他们在个人与实习支教情境互动后形构了理想的教师专业身份,然后概念化为好教师的意象、好教学、好的师生关系等在实习支教情境中实践和表达,通过应用、发现、教学实践和整合的形式表达自己的教师专业身份(如图 4-3 所示)。实习支教生通过身份表达一方面追寻自我作为教师的意义,另一方面也检验和评价自己所形构的教师专业身份,为进一步再构奠定良好的基础。以天天的叙事为例,天天承认差异,明确自己是一名与其他教师不同的幼儿教师,但由距离理想的好的幼儿老师具有一定的差距,于是将好的幼儿老师概念化为会让孩子喜欢上学、接纳并爱每一个孩子、注重养成教育等具体标准,在实习支教场域中尽量去表达自我理想的教师专业身份。就应用而言,他坚持回避学校的统一教学模式,而坚持学前教育的专业知识来应对幼儿园的各种问题,体现其"专业";就发现而言,他发现了在不同场域中实现自我作为教师的意义的途径的共同之处,发现了在特殊场域中如何成为一名幼儿教师的共同点与不

---

①转引自操太圣,卢乃桂著. 伙伴协作与教师赋权——教师专业发展新视角[M].北京:教育科学出版社,2007. 52.

同点,对幼儿教师产生了新的认识;就教学而言,他试图通过玩中学来凸显幼儿教师的特殊性,在充分认识实习支教场域中的孩子的特殊性、家庭的特殊性、学校物质条件的特殊性等基础上来开展教学;在整合方面,天天整合见习的经验和当下的经验,在过去和现在的轨迹中对自我作为教师的意义和理想的教师意象进行分析,开启对自我存在的理解。

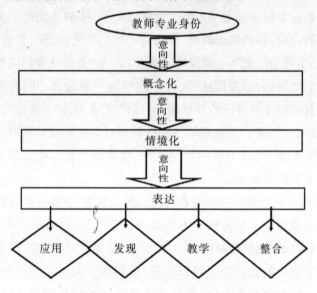

图4-3　实习支教生教师专业身份表达模式

(三)再构

再构就是确定自身的形态,就是实习支教生在实习支教结束后在回溯自己过去不同时空中的经验的基础上重新建构自我对教师的整体看法以及对教师专业的承诺。里克尔指出,叙说其实是一种意向性的行动,也就是说,叙说者在叙说前已经有一些指向性的想法、感受或对象,因此在叙说的内容中会透过形构,即情境布局(emplotment)而呈现出叙说者为事件所付予的意义。因此,叙说者会把零碎及散乱的生活经验组织变成有意义的整体(meaningful totalities),在这个过程中过去不同时空的经验得以重构。[①] 从五位实习支教生的叙说中也可以发现,由于实习支教生在回溯自己过去经验时,对这些经验获得重新的理解及给予意义。这就改变了他们对某事的思

----

①Ricoeur, P. Life in Quest of Narrative[C]. In: D. Wood (Ed.), On Paul Ricoeur :narrative and interpretation . London ; New York: Routledge. 1991. 209.

想,改变了他/她未来的行动,因此,他们的叙说除了能呈现其前构和形构的教师专业身份外,也能增加对自我的理解从而再构他/她的自我。可以看见,五位实习支教生置身于不同的场域,通过自我与社会之间的外在对话和自我对话,从对外在的对话、反应、回应、调整和内省自己的行为中产生自我的意识,从而型塑出教师专业身份。因此,当实习支教生在实习结束后回溯不同时空中的经验时,将自身的历史性透过对自我存在的"理解"产生新的意义,从而再构自我对教师的整体看法以及对教师专业的承诺。

1. 实习支教生再构教师专业身份的动力:自我作为教师的意义寻求

诚如贝贾德所言,教师专业身份通过社会情境(social situations)中的互动和特定情境(context)下的角色协商得以形成和发展。[①] 从五位实习支教生的叙说中也可以发现,实习支教生在实习支教过程中的身份建构过程可以说是理想的教师身份与现实协商的过程,他们带着自我设定的理想的教师身份——前身份——来到实习支教现场,在实习支教情境中不断地互动和协商,继而不断践行、确证、修正、反思、行动,从而形构教师专业身份,寻求实习支教情境中的自我作为教师的意义。但这种自我作为教师的意义仅限于实习支教场域,当实习支教结束后,他们从现在的情节回溯过去的故事,也同时期望未来,因而产生对未来的目标、前景的恐惧、迷茫及质疑等,因此迫切通过对自己生命历史的回溯及反思寻求未来自我作为教师的意义。因为,如果人们要成为一位能有效教育年轻学子的胜任教师,就必须先拟清、认知自己所拥有的教师身份,并且对之产生身份上的认同、接受与投入,正视自己的教师身份,也活出教师的身份,让别人肯定其教师身份。[②] 以丽丽的叙说为例,丽丽在实习支教之前形塑的前身份为"育人专家"。在实习支教现场反思自己,发挥自我的能动作用,不断确认自己,也确认自己和学生之间要追求的意义,试图形构理想的教师意象——学生的朋友。然而,在回溯自我的支教历程后,体会到理想的丰满和现实的骨感,最终在现实的冲击下觉得无法从中寻求到自我的意义,毅然放弃了教师专业的承诺,决定另选其他具有"挑战性的职业"。因此,实习支教生基于对自我作为教师赋

①Beijaard, D., Verloop, N., & Vermunt, J. D. Teachers' perceptions of professional identity: an exploratory study from a personal knowledge perspective [J]. Teaching and Teacher Education, 2000, 16 (7): 749 – 764.

②转引自操太圣,卢乃桂著. 伙伴协作与教师赋权——教师专业发展新视角[M].北京:教育科学出版社,2007. 51 – 52.

予意义的基础上,在生命史及各种场域空间的重叠下再构教师专业身份。

2. 实习支教生再构教师专业身份的路径:跨越空间和时间的反思

从五位实习支教生的故事可以发现,每个故事就是他们个体对自我生命历史的回溯及反思,反思现在的处境,继而配对过去相关或合适的经验以及未来的期望,展示出自我经验的时间的回溯及连接过程,从而建构自我的教师专业身份。所以,叙说身份扎根于生活经验及过去的生活历史中,因此身份是由个体对经验的再诠释及整合经验意义的过程下,建构出来的一个反思性产物。[①] 在五位实习支教生的故事里,很容易找到在时间、空间上来回跳动的情节和反思,从现在跳到对未来的憧憬或恐惧,从未来的期望又跳回过去的挫折或成功,从实习支教场域跳回到师范学院,从师范学院跳到理想的工作场域。例如,燕燕和丽丽在教学遇到挫败时,自然回到师范教育阶段的课程学习,她们反思现在的处境,找到与此处境配对的经验——师范教育的课程太理论化。并且,从故事中也可以看到,实习支教生时常回顾过去的历史或学习经验,可以说,反思过去是不能逃避的回溯,只可以面对。但是,他们的这种回溯与反思,将其今天的教师专业身份与过去的专业身份联结起来,产生了过去、现在及未来的时间轨迹和师范学院、实习支教场域及未来工作场域的一体化空间,从而在这种轨迹和空间一体化的重叠中再构自我的教师专业身份。例如,天天从模糊的教师意象——"看起来像老师"到明晰的教师意象——"让孩子喜欢上学、像父母一样爱每一个孩子、注重养成教育的老师",追寻着自我作为教师的意义,他做出了明确的教师专业承诺。

从以上对实习支教生教师专业身份建构过程的分析可以看出,实习支教生教师专业身份建构过程是一个动态过程,会随时间和空间的变化而改变,成为新的形态。本研究以叙事方式理解实习支教生教师专业身份建构的过程,在叙事中所呈现出的教师专业身份必然是不稳定,即使是稳定也应该只是短暂性出现。因此,实习支教生仍然从经验中进行建构,并随着时间与人的互动,以一个不断被发现、形构、再构的方式发展。

---

①Ricoeur, P. Life in Quest of Narrative[C]. In: D. Wood (Ed.), On Paul Ricoeur : narrative and interpretation. London ; New York: Routledge. 1991. 209.

四、实习支教生教师专业身份建构过程的特征

由于教师置身于学校和一定的专业共同体中,专业身份建构会伴随教师整个职业生涯。[①] 从五位实习支教教师的叙说也可以发现,实习支教教师专业身份的建构也是一个动态、持续变化的过程,是一个前构、形构、再构的主体化建构过程,展现了他们成为一位教师的能动性,呈现出阶段性、能动性、动态性、差异性特征。

(一) 阶段性

如前所述,实习支教教师专业身份建构过程是一种探索自我概念的想法,从一开始追问自己"我是谁?"到"我应该是谁?"再到"别人看我是谁?"到最后认同自己的教师专业身份。因此,在实习支教教师身份建构过程中呈现出一定的阶段性,先后经历了混沌阶段、现实震撼阶段、外求与反省阶段、解构与重构阶段和承诺阶段。

1. 混沌阶段:模糊自我

职前教师从小就通过实际的课堂互动和与教师的交往体验到了"教师是什么"和"教师做什么",然后"扮演教师"来实践这些信念。[②] 但是,根据对五位实习支教教师进入教育领域的动机、个人特质、受教经验中的教师意象和教师教育影响等方面的考察后发现,这些叙说背后的生命经验形塑了他们对专业教师的意象,形成了进入实习支教场域前对教师专业的理念和价值观,但这种专业教师的自我意象是比较模糊、混沌的。

2. 现实震撼阶段:经验不一致

其实,经过五位实习支教教师的叙说,可以发现,他们带到实习支教现场的专业教师的自我意象是较为混沌和模糊的,但是,"我是谁"决定了"我干什么"。于是,他们还是按照自我的教师意象去行事。然而,教育实践对职前教师来说也是非常困难的,因为他们在实践中也许会被边缘化,甚至会

①谢淑海,熊梅. 教师专业身份认同及其教师育意蕴[J]. 教师教育学报,2015(6):21－30.

②Luttenberg,J.,& Bergen,T. Teacher reflection:The development of a typology[J]. Teachers and Teaching:Theory and Practice,2008,14(5):543－566.

感到理论与实践之间的隔离、自我价值感的丧失等。[①] 因此,当实习支教教师面对经验不一致时,就开始质疑原先所建构的自我教师意象,当所遇到的问题能顺利解决时,他们便能对自我教师意象产生进一步的认同,倘若对困境与挑战的质疑迟迟无法解决,他们所重视的自我意象便会遭受攻击,丧失自信和自主,逐渐迷失方向,进而失去对我是谁的认识,彻底陷入现实震撼之中。

3. 外求与反省阶段:质疑

实习支教教师虽然都经历了现实震撼阶段,对真实情境仍持有很大的恐惧,但也看到了重生的希望,开始了专业身份重构。他们开始向外寻求帮助和支持系统,向内则自我反思,以此增进教学专业能力,突破困境,重新再思考教师专业身份问题。例如,丽丽通过求助学生的真诚反馈和同事的课堂观察,反思自己的教学方式和自我定位,从而增强专业能力,重新定位自己的教师专业身份。

4. 解构与重构阶段:再定义与转变

经过外求与内省后,先前对教师的意象逐渐被解构,他们对"我是一个怎样的教师"的整体概念加以统合整理而形成新的专业教师意象,力图平衡现实情境与自我之间的张力,重获自信与自主,完成教师专业身份的重构。

5. 承诺阶段:意义寻求

经历了实习支教对作为教师自我的探索,在肯定与否定中的洗礼后,他们肯定了自己所建构的教师自我意象,进入到自主增能的阶段,厘清了对教师专业的承诺。有的从这个建构过程中寻求到教师的意义和价值,做出了继续追寻理想教师意象的承诺,如天天、燕燕和蓉蓉;而有的则未能感受到自我作为教师的意义而最终选择了离开,如雯雯和丽丽。

(二)能动性

能动性是指人们超越或塑造其环境的能力,具体到职前教师专业身份的建构,职前教师的能动性则意味着在结构框架内,积极主动的、有目的的

①谢淑海,熊梅. 职前教师专业身份认同的理论发展与研究展望[J]. 教师教育学报,2014(6):10-17.

引导其塑造其身份,充分彰显个体在建构专业身份过程中的主体性。[1] 从五位实习支教教师的叙说中可以发现,实习支教教师作为独特的个体,有自己的生命体验、专业哲学和价值追求,是其专业身份建构的积极参与者,无论这种参与行动是消极还是积极的。诚如周淑卿所指出的那样,"身份认同并非朝圣式的符应客观标准,而是旅行式的——经由与所处社会关系中的人互动、磋商,而建构自己作为专业教师的内涵。所以教师应在生活故事中反思其行动的意义,并参与对于专业的论述,方才有助于建构其专业身份认同"。[2] 因此,他们坚持着自我作为教师的意象,可能是实习教师、新手教师、学习者,经历了别人的批评、赞许等各种负面或正面的质疑或肯定,虽然这当中也经历了大大小小的事件,但是,他们经由自我的能动性在个人与结构中来回的相互拉拔、相互消长,从而将结构对自己的观感通过自身的诠释而加以内化,彰显了其在整个身份建构过程中的能动性。正是在他们个人能动性的基础上,他们个人持续的发展,并与他人不断地交互作用,同时通过经验的修正,对教师专业身份产生不同的诠释,而自我的教师专业身份也就在这个过程中不断建构和重构。

(三) 动态性

有学者指出,时间是一种向度,而非一条直线。你只能穿越它,不能回头再来一次。五位实习支教教师的身份建构过程亦是如此。从五位实习支教教师专业身份建构的过程中可以发现,他们建构教师专业身份的过程不是一个稳定的状态,而是一个自我与他者、个人与社会、内在与外在等二元对立的轴心,将多种矛盾共存的力量加以综合与统整的形成过程。就诚如贝贾德等人指出的那样,专业身份的建构过程是持续不断的过程,包含了对经验的解释与重新诠释,同时在此过程中必须投入专业和热情,不断反思与行动,寻求作为教师的存在意义,方能完成专业身份的建构。[3] 然而,经验具有连续性与持续性,因此,五位实习支教教师会随着各种体验的不同而有所

①Broadfoot, p. , Bsborn, M. , Gilly, M. , & Paillet, A. What professional responsibility means to teachers: National contexts and classroom constants[J]. British Journal of Sociology of Education, 1988,9 (3):265 - 287.

②周淑卿. 课程发展与教师专业化[M]. 北京:九州出版社,2006. 129.

③Beijaard, D. , Verloop, N. , & Vermunt, J. D. Teachers' perceptions of professional identity: an exploratory study from a personal knowledge perspective[J]. Teaching and Teacher Education, 20

改变,不断地依循自己的经验而重新审视自我的教师意象,重构教师专业身份。

(四)差异性

尽管五位实习支教教师专业建构过程经历了前构—形构—再构的过程,在身份建构过程中也都涉及到前身份、话语、反思、关键时刻、与学生的关系、情感投入、自我概念、教师知识的建构、教学具身性、职业承诺等共同主题,但是五位实习支教教师专业身份建构过程仍具有差异存在。这种差异主要表现在他们专业身份建构过程的取向上。天天的自我取向的教师专业身份建构是基于个人学生经验和见习经验的教师意象建构的。这些认知仍然停留在固定的想象世界中,他在这个想象世界中建立了好教师的意象——让学生做中学和自我教师意象——让孩子在游戏中学、玩中学。他一直忠诚于这种意象,以至于他不愿意改变自身的课堂实践和重构专业身份。对天天和学生交往的观察也证实了这种固定的身份取向。尽管他认为他的方式在实习支教学校中不是受欢迎的教学方式,但是他从本质上仍然坚持过去的理解。尽管当有来自他人的质疑和诘问,但他对好的幼儿教师的理解仍然没有发生变化,教学方式仍然没有发生变化。他以他固定的身份来过滤专业交往,最终完成了教师专业身份建构。

与天天固定的自我取向的专业身份建构相反,丽丽和雯雯是依靠她的教学经验来建构她的专业身份,这导致了流动的身份,她受到实践变化的影响。因为强调课堂效果,她对同事的建议和专业发展经验保持开放的态度。这种对看起来像有效的教学的不断协商使得她没有足够的时间对教师专业有清晰的理解。这种流动的身份反映在丽丽和雯雯不断地选择新的策略、不断地实践、不断地舍弃之中。由于他们缺乏一个检验实践和教学效果的理论框架,持续不断地尝试新的实践成为了她专业身份的一部分。他们也正是在不断尝试中建构教师专业身份的。

蓉蓉和燕燕的对话身份取向是建立在经验、理论和实践关系基础上的。她们的教师专业身份根源于她们的职业承诺,强化于理论学习,通过反思不断协商。她们的专业身份是连续的,她们的教育教学实践是不断调适的,并按照她们的理论和反思来协商课堂实践。教师教育阶段所学得的理论和实习支教现场中的专业交往成了她们专业身份建构的基础。因此,她们基于经验、理论和实践之间的对话来不断建构教师专业身份。

第五章　研究结论、建议与反思

本书研究目的在于探索实习支教教师怎样建构其教师专业身份,因此我选择了叙事探究的方法,因为叙事的价值在于捕捉教师生活和经验的复杂性。就如沙福玛和温茨(Schaafsma, D. & Vinz, R.)所言,叙事研究在于追寻意义而不在于寻找答案,在寻找意义过程中,研究者能够在研究过程中发现新的问题。[①] 当我叙说每个实习支教教师建构教师专业身份的过程后,又发现他们存在共同的主题,于是,从他们的故事和共同的主题中发现了实习支教教师专业身份的丰富内涵和他们建构教师专业身份的过程及影响因素。据此,根据整个研究,在分析和总结的基础上提炼出本研究中较为突出的发现作为结论,并据此对教师教育的实践提出建议,最后则反思研究者的整个研究历程。

一、研究结论

(一)实习支教生从自我出发建构教师专业身份

本研究从"作为人的教师"的立论出发,经由实习支教教师自我叙说在实习支教场域中的专业身份建构的故事,呈现其身份建构的过程,同时将其置于实践场域之中以探讨不同情境中的"教师"的专业身份建构样态,其专业身份建构呈现出不同样貌。例如,丽丽偏重师生关系,重视自我反思,抗拒学校的副科文化;雯雯强调教学知识的发展,认为教师必须具有反思能力,不断自我专业成长,首重学生品格,抗拒学校教师之间的明争暗斗和唯

---

①Schaafsma, D. & Vinz, R. Composing narratives for inquiry [J]. English Education, 2007,39
(4):275 - 276.

成绩至上的学校文化;天天强调能动性的发挥,注重反思和实践,找寻教师的价值与意义以对教师工作保持热情,采取两面派战术抗拒学校统一的教学文化;蓉蓉从对反思能力、课堂观摩、课程教学的关注中,编织她对成为什么样的教师的理想;燕燕则以教学专业与教育爱,涵盖对"一边儿去"的抗拒、对课程教学的理念追求和反思能力的期望,追寻成为教师的意义。

由此,实习支教教师专业身份的建构并没有既定的方向与目标,也并不是纯粹的角色采用,而多半是从自我出发回应其教师工作的需要或生活中关键事件与他人的影响。就如戈夫曼所言:"个体的身份及其所负载的一整套行为规范、互动关系和意义符号,都是在个体对他人的理解中做出行动反应来加以呈现的。一个互动场景是由多方而非行动者一人所共同定义的,它既不是结构决定的产物,也不是纯粹个体自我的行动,而是一个互动、建构的产物"。① 即便是他们从第一次踏进被安排的实习支教学校时,他们就参与到管理者、教师和其他教师的话语中。实习支教教师一直都在和指导教师、同事和学生交往。他们也都建立自己的支持网络,并和支持网络中的成员互动。然而,他们成为教师的过程是社会协商的过程和通过讨论与反思建构的过程,他们是通过与他人的关系中持续建构和重构自己的教师专业身份,并不是绝对的受制于社会的期望或学校对其教师角色的设定,并非忠实的角色采用过程,虽然前述社会因素对其专业身份建构具有一定的影响力,但是仍然掺杂了许多实习支教教师个人的价值、信念、情感与情境因素在其中,呈现出更为细致、多样的面貌,也就是说,实习支教教师就像科德龙史密斯(Coldron, J. & Smith, R.)所指出的那样,"成为一名教师就意味着被他人看作一位教师的同时,在学校情境中持续重构教师身份的过程。"② 亦即,从实习支教教师专业身份建构的整个过程而言,则是主体化的建构过程,个体仅仅是存在于一定的情境之中。

(二)实习支教为师范生建构教师专业身份提供了机会

温格在他的经典著作《实践共同体》中写道:"个体成为实践共同体的积极参与者,并通过在实践共同体中的关系位置来界定自己,而这种实践共同

---

①戈夫曼著,黄爱华、冯钢译. 日常生活中的自我呈现[M]. 杭州:浙江人民出版社,1988. 212 – 216.

②Coldron, J. & Smith, R. Active location in teachers' construction of their professional identities[J]. Journal of Curriculum Studies, 1999,31(6):711 – 726.

体的实践不仅决定了个体的行为本身,也形塑了个体的身份以及他如何理解和诠释自己的行为。"①。因此,实习支教为实习支教师范生进一步建构自己的教师专业身份提供了一个"场域",也为其自我实现提供了可能的空间。在大学三年级时,尽管他们抱持的实习支教目的和动机不同,但是他们都焦急地等着实习支教的消息,都希望能第一时间来到实习支教学校。并且,作为师范生必须去体验的令人难忘的经历,他们有些在未进入师范学院都已经很期待了,并且觉得这是就读师范学院最宝贵的记忆,他们认为在实习支教中学到更多,甚至会超过在本科课程中所学。因为实习支教将他们放置在实习支教学校现场,能和有经验的教师和学生一起工作,在与其对话中促进自我理解,从而不仅会确认"我们是谁",找到一种群体归属感,而且也会反思性地认识"我是谁"、"我到底应该成为谁"。另外,实习支教学校成了实习支教教师建构知识的场所,更是实习支教教师沉浸其中探索新观点和发现自我的地方。用杜威的话说就是实习支教成为了实习支教教师的"教育性经验"。杜威认为,为了学习,学生必须有机会去获得积极的体验。建立在先前经验基础之上的经验和新经验有助于学生获得新的知识与理解的新经验,这些都会成为"教育性经验"。杜威也指出,新的经验必须促发学生继续学习的愿望。因此,实习支教则为实习支教生提供了"教育性经验"。

(三)反思在实习支教生建构教师专业身份过程中起着至关重要的作用

在访谈过程中,并没有访谈问题直接要求他们谈论反思性实践。然而,五位实习支教教师都分享了他们的反思性思维。例如,请告诉我实习支教过程中使你困扰的事件的故事时,就会导致他们的自我反思。贾斯珀斯认为,教师的自我反思可以分为自我审视(self-observation)、自我理解(self-understanding)和自我揭露(self-revelation)三个方面。通过自我审视,个体开始反思并意识到自己的思想和情感。自我理解涉及到个体对自己的个性、兴趣、表现、价值观、信念的觉知。自我揭露意指个体逐渐认识自己的自我发展过程。其中,自我理解是建构教师专业身份的关键。自我理解则是通过反思性实践来实现的,在实践中,不断追问和反思"我是谁""我的价值

---

①Wenger, E. Communities of practice: Learning, meaning, and identity. Cambridge[M]. UK: Cambridge University Press, 1998. 214.

观是什么""我的信念是什么""我虽有缺点,但我有改变缺点的能力"等。但反思必须是有意识的反思,并且需要通过与同事的对话来支持。知道如何反思和有机会参与反思性实践,不仅对教师专业身份起到关键性的作用,而且对教育职业都非常重要。[1] 对于本研究的五位实习支教教师而言,尽管在大学课堂中学习了反思的方法,但是他们在实习支教学校学到了更多反思的方法和途径,从而不断地自我审视、自我理解和自我揭露。他们也开始反思学生对他们教学的回馈和他们自己备课和上课的过程,甚至反思他们的教学经验,他们从中获得新的意义,从中重新认识自己和自己的教学。与同事的交往也会促进他们反思,帮助他们看到不同的观点,指导他们怎样改进教学实践和与学生的关系。最为重要的是,实习支教教师认识到反思思维在他们实践中建构教师专业身份的作用。因此,自我反思能够揭示他们怎样成为他们自己的过程。[2]

1. 反思会促进实习支教教师改进教学实践

反思自己的教学实践,导致了他们的教学和课堂管理的变化。有时,实习支教教师一边教学一边反思,或者可以用舍恩的话说就是"在行动中反思"。在行动中反思导致实习支教教师为后面的课堂教学选择不同的方向。在这个时候,他们认识到学生的需要,他们因应了学生的需要和学生的兴趣而调整自己的教学。反思他们对学生的观察,帮助他们从关注他们自己正在什么转变到关注学生正在做什么。反思他们自己备的课和课堂教学过程,也更加关注来自学生的积极回馈。此外,反思也让他思考课堂教学的意义和对学生的价值。反思也让他们意识到实习支教对他们成为教师的积极影响,更为重要的是,他们从实习支教中学到了很多教学知识。当然,分享他们实习支教生活和教学的故事就是他们反思的一部分。有时,在访谈结束时,谈话又回到了反思的思考中。这些思考给了实习支教教师发现自己和自己教学的新变化。

2. 反思成为反身性思维

当实习支教教师从反思中获得新的见解时,他们就会采纳这种新的见解,在这时,他们的思维就变成反射性的了。换句话说,导致行动的反思成

①Warin, J., Maddock, M., Pell, A., & Hargreaves, L. Resolving identity dissonance through reflective and reflexive practice in teaching[J]. Reflective Practice, 2006,7(2):233-245.

②Marian Webb. Becoming a secondary-school teacher: the challenges of making identity formation a conscious informed process[D]. MEd thesis, Southern Cross University, Lismore, NSW. 2006.

为了采取行动时的反身性思维。例如,蓉蓉反思数学课程材料,发现它并不能满足学生的需求,于是调适课程或重构自己的课堂教学。因此,就一个实习支教教师而言,当他们反思课堂的混乱和嘈杂时,他们就会采取行动去改变他因而导致反身性思维。当采取反思后的行动时,反身性思维就会影响他们教师专业身份的建构。

3. 反思揭示了身份建构过程中的关键时刻

关键时刻和关键事件会对教学实践带来变化,甚至有时就是一个转折点的标志,这与反思性实践紧密相关。正如特里普建议,当他们反思一个事件并解释这个事件时,关键时刻随即产生,并对他们的教师专业身份产生影响。[①] 根据特里普对关键时刻的定义,当实习支教教师反思定位这个故事情境时,关键时刻则会产生。因为实习支教为他们提供教学探索的机会以及同事的支持,他们就有机会经历关键时刻。关键时刻是在访谈过程中实习支教教师反思性思维的结果。访谈过程中,每一个实习支教教师都会被问及她/他感觉到自己变为教师的时刻。尽管在实习支教之初的回答是"感觉像一名老师了",经历几个月的实习支教后,他们更感觉自己成为一名老师了。现在,随着他人把他们视为教师,他们已经将自己当作一名教师。因此,当作为研究者的我重读记录和回忆站在研究者立场访谈的时刻,我看到了我所认为的关键时刻。就燕燕而言,有两个关键时刻,第一个是她认识到她自己以前都没有意识到的能力,第二个是她通过和学生大声朗读而和学生建立了比较亲密的关系。燕燕的关键时刻是她认识到她想要教什么和她可以不像其他人一样教;蓉蓉也有两个关键时刻,是她意识到她通过教学实践学会教学和认识到她可以停下来听学生的意见;丽丽的关键时刻是她认为她可以通过学生的反馈和观摩其他老师的教学而成为学生喜欢的老师;天天的关键时刻是他意识到即使没有指导老师的指导他也可以成功。

4. 反思促发其思考师生关系

戴伊等人认为,在课堂上形成的关系对教师专业身份建构至关重要。实习支教教师通过参与到学生生活而建立起种种关系。这种关系使实习支教教师在课堂上有一种归属感和个人之间的亲密感,从而直接联系到教师

---

①Tripp, D. Teachers' lives, critical incidents, and professional practice[J]. Qualitative Studies in Education, 1994, 7(1):69 – 76.

的专业身份建构。[1]从资料的最初编码中可以看出实习支教教师非常看重自己与学生的关系，他们认为积极的师生关系和学生学习是相关联的。诚如故事中的其他几个主题一样，没有访谈问题直接涉及到师生关系。然而，关于与学生交往的故事成了对话中的一部分。在实习支教教师分享的故事中，既有他们与个体学生的交往，也有与整个班级的交往。与个体学生的交往一般出现在他们思考解决个体学生的行为问题的策略时，最终都让实习支教教师获得积极的体验。与班级的交往一般出现在对行为的指导和期望时，这往往会导致积极的学习环境。

另外，每个实习支教教师都非常关注幽默在课堂中的重要性。有时还会嘲笑自己的一些愚蠢的错误，有时在课堂中故意引起学生的哄堂大笑。他们都坚信学习应该是有趣的。除此之外，他们还主动去了解学生的兴趣，和学生的交往也为他们了解学生学习进步提供了回馈讯息。与学生的交往也证实了他们的教学是有效的，并且也证明学生把他们当作真正的老师，从学生口中的"我们喜欢你"可以得到证实。学生在课堂上的兴奋和其他学习活动也肯定了作为教师的他们。甚至有实习支教教师还证实了学习热情的"因果关系"——当我兴奋的时候，学生会很兴奋；当学生兴奋的时候，我也会很兴奋。

5. 反思揭示其身份建构过程中的情感参与

认识自己的情绪和为这些情绪承担责任是建构教师专业身份的一部分。[2]为了理解教师专业身份的建构过程，必须认识到情绪在建构教师专业身份过程中的重要性。[3]情绪反复出现在他们分享的故事中。有对处于困难家庭的孩子的同情，有对遇到挫折时的困惑，有对学生学习成功时的兴奋……他们有时还会清晰地表达自己的情绪，例如他们使用激情、兴奋和紧张不安等。并且，每位实习支教教师在学生身上投入了非常多的情感，关心他们，为了给学生提供有意义的学习经验而努力工作。他们对学生的同情和希望带给学生有意义的课堂是他们情感投入的最好印证。

①Day, C., Kington, A., Stobart, G., & Sammons, P. The personal and professional selves of teachers: Stable and unstable identities[J]. British Educational Research Journal,2006, 32(4):601-616.

②Cattley, G. Emergence of professional identity for the pre-service teacher[J]. International Education Journal,2007,8(2):337-347.

③Zembylas, M. Emotions and teacher identity: A poststructural perspective[J]. Teachers and Teaching: Theory and Practice, 2003,9(3):213-230.

每个实习支教教师都有自己释放情绪压力的方式,包括散步和与朋友一起看电影,有两个实习支教教师认为每次访谈也能帮助他们释放压力。并且,每个教师都有自己倾述的对象,再加上他们强烈的自我感,所以他们面临很少的压力,即使当他们面临压力时,他们也能坦然面对并处理压力。就如盖塞尔和梅耶尔(Geijsel, F. & Meijers, F.)所言,"情绪是专业身份形成过程中的关键。当教师应对情境或信念受到挑战时,教师专业身份也会受到影响,从而情绪就顺理成章地成了他们生活中的一部分。"[①]

(四)教师知识是实习支教生教师专业身份建构的核心

教师知识,或教师对教学的认知,是通过课堂内外与他人的社会交往中建构的。教师如何在课堂上运用自己的知识是一个在教阐释的、社会协商并不断重构的过程。[②] 由于知识影响实践,实践影响身份,那么建构知识就直接影响实习支教教师专业身份的建构。就如彼得洛斯基所言,教师通过教育话语获得教学知识,在获得知识过程中又重新作为教师的自己和作为思想家的自己。

1. 通过话语建构教师知识

实习支教为他们成为学校共同体中的一员提供了便利,也为他们提供了参与到学校现场与同事、学生对话的机会。在实习支教学校现场的话语和与学生的交往为他们建构教师专业身份提供了便利。

2. 通过教学实践建构教师知识

通过近距离观察学生以及学生他们对教学的回应,他们开始关注他们的教学方法和在课程材料方面寻找精进教学的方式。有时,他们的课堂教学并没有达到预期的结果,或者他们仅仅是想尝试他们自己的教学方法。当他们设计的课与课程材料相悖时,他们经历了积极的回应和学生积极的参与。所幸的是,他们有充分的自由去自己探索属于自己的教学方式。他们也努力探索适合自己和学生的教学方式。所有的实习支教教师的叙说中都表明,学生的需要成为其行动的动力和努力的方向。

---

① Geijsel, F. & Meijers, F. Identity learning: The core process of educational change[J]. Educational Studies, 2005,31(4):419 – 430.

② Johnson, K. E. & Golombek, P. R. Teachers' narrative inquiry as professional development[M]. New York, NY: Cambridge University Press,2002. 2 – 3.

3. 通过课堂观摩建构教师知识

实习支教教师都认为观察其他老师的课堂教学、课堂管理和与学生交往中收获很多。听课让他们理解到每个老师都有自己的教学方式和教学风格,他们也从中确定模仿的对象,成为温格所说"范例的轨迹"(paradigmatic trajectories)。所谓的"范例的轨迹",意指实践社群的完全参与者或资深同事提供给新手的不仅仅是关于实践本身的信息或知识,他们还是一面透镜,向新手展现了在这个社群中什么是可能的、什么是可以预期的、什么是众人所期待的。[①] 于是,职前教师或新手教师就会模仿和学习重要他人的想法和行为进而内化他人想法而形成自我概念,正可谓当他者之声在主体的思维和推理中成为更为结构化的部分,他者便成为自我的一部分。[②] 从而,实习支教教师通过课堂观摩建构教师知识。

4. 在与学生交往中建构教师知识

每位实习支教教师都认为他们是在和学生相处中学习教学的。在日常教学和课堂管理中建构教师知识。他们一直在学习什么是有效的教学实践,什么是无效的教学实践。通过和学生的交往,他们开始了解到学生如何学习,也能了解到学生知道什么和不知道什么。每一个实习支教教师从她/他的学生那里学习关于学生的知识,他们把学生放置在他们建构教师知识的中心位置。他们也使用他们对学生的观察和学生的回馈作为教学决策的要素,从而增加了他们的教师知识。

5. 反思中建构教师知识

建构教师知识的关键是他们反思的能力和参与教研活动的反思思维。当反思思维变成反身性思维时,新的知识被建构,从而导致教师专业身份的变化。

6. 教师知识的建构促使其能动性的发挥

当他们发现正在运用的教学策略不成功时,他们就在教学中尝试新的策略的意愿,这就导致他们建构教师知识。这种冒险的意愿或能动性被班杜拉认为是有目的地采取行动的能力。威尔逊等人定义的能动性是目的和

---

①张玉荣. 社会互动与实习生的身份认同[J]. 教育学术月刊,2012(11):52-57.

②Akkerman, S. F., & Meijer, P. C. A dialogical approach to conceptualizing teacher identity[J]. Teaching and Teacher Education, 2011(2):308-319.

导致事情发生的行动的结合体。① 实习支教教师也在质疑现状、冒险尝试新的教学方式和积极寻求建议和帮助时体现出能动性。当我们关注实习教师的态度和信念时，他们对他们的行为和学生学习负责的意愿也是能动性的表现。这种能动性为他们产生意图，为实施这些意图设定目标，计划合适的行动方案，建构和实施行动，最重要的是反思他们思想和行动的稳定性。②

能动性无时无刻不体现出来。当他们通过关注学生分组的现状时，当他们自己尝试教学时，当他们越来越多地承担责任时，他们学习及时的决策就成了课堂生活的一部分。他们就希望自己去寻求解决问题的方法而不是在学生问题上寻找问题。当他们承担责任时，他们的知识就会随着问题的解决而不断增加。因此能动性能促进他们建构教师知识。

（五）实习支教生教师专业身份建构过程与专业发展阶段相契合

本研究中实习支教教师经历了前构、形构、再构的身份建构过程，他们"成为一位教师"展现了主体的建构过程，也是一个赋权增能（becoming empowered）的过程。实习支教教师是带着动机、个人特质、受教经验中的理想教师及职前专业训练等经验所形塑的专业教师意象，也就是戴伊等人所言的前身份进入到教育领域，如罗蒂所言，"准教师是带着他们多年在教育系统中作学生的经历中产生的知识、态度与信仰进入教师教育机构的"。③ 也如同费曼（Feiman – Nemser, S.）等人所说，"孩子们并不仅仅学到了父母与教师告知他们的东西，他们在同时也学习了如何做教师"。④ 这种专业身份是相当模糊、混沌和内隐的。但当实习支教生带着前身份进入到实习支教现场时，他们则会面对经验不一致的现实震撼，这些震撼就成为了他们身份建构和重构的重要契机。他们开始向外寻求帮助和支援系统，以增进教学专业能力，经由自我反思和反思性学习，化解自我危机，重新思考自己的专业身份问题。经过以上反思和行动后，先前对教师的意象逐渐褪去，对"我

---

①Wilson, E. & Deaney, R. Changing career and changing identity: how do teacher career changers exercise agency in identity construction? [J]. Social Psychology of Education, 2010,13(2): 169 – 183.

②Bandura, A. Toward a psychology of human agency[J]. Perspectives on Psychological Science. 2006(2):163 – 172.

③转引自杨秀玉. 实践中的学习:教师教育实习理念探析[J].首都师范大学学报(社会科学版),2009(5):57 – 61.

④Feiman – Nemser,S. & Buchmann,M. Pitfalls of Experience in Teacher Education[J]. Teachers College Record,1985,87(1):49 – 65.

是一个怎样的教师"、"我想要成为怎样的教师"和"我能成为怎样的教师"
的整体概念加以统合整理而形成新的教师意象,促发自我反思和进一步的
行动。当然也有可能统合失败而产生想要放弃离开的念头。因此,经过实
习支教经历对自我的探索、在肯定与否定中的洗礼,都将促使实习支教教师
肯定自己的专业能力,寻求到教师的意义而慢慢步入自主增能的阶段,进而
作出对教师的专业承诺。所以,可以发现,实习支教教师专业身份建构过程
与鲍里奇和童巴里的实习教师关注阶段、莱西的实习教师社会化过程、弗朗
和瑞文的职前教师专业成长阶段具有内在的一致性。据此,综合实习支教
教师专业身份建构过程,可以用图5-1来呈现。

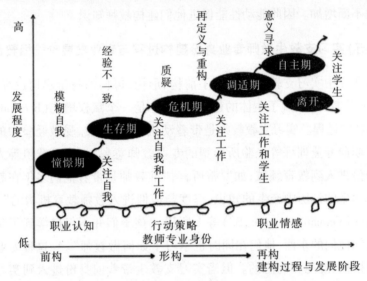

图5-1   实习支教教师专业身份建构与专业发展过程模式

(六)实习支教生在叙说中建构教师专业身份

故事为我们的生活提供意义,并使我们与他人的联系成为可能。我们
生活在故事中,我们诉说故事,我们也在听故事。我们通过故事理解世界,
但我们也生活在故事之中。因此,叙述身份则说明,我们一直在对我们自己
和他人讲的故事在我们理解我们是谁的过程中起到非常重要的作用。[1] 于
是,克莱迪宁和康奈利进一步提出了"如何讲故事和为什么讲故事"的问题,

————————
①Elbaz, F. The teacher's " practical knowledge": Report of a case study[J]. Curriculum Inquiry,
1981(1):43-71.

他们说故事允许教师捕捉和描述他们置身于教学中的经验。[①]实习支教教师给予了相同的回答。在整个访谈过程中,他们都一直在课堂教学环境中和学生一起学习,他们告诉这一天或前一段时间发生的故事。当他们分享他们的故事时,他们组织他们的思维和理解他们教学经验中的这些事件。因为这个访谈是开放式的和研究者发起的,所以这些故事是他们自己建构的。他们的故事是他们对最近这些事件的解释,也是他们自己选择分享的故事。

在最初的访谈时,他们分享了不知道怎么指导学生阅读,也不知道怎么处理学生的问题行为等类似的故事。我们可以看到他们的共同点是关注自己和他们作为教师的行为。逐渐地,他们分享的故事开始转向关注他们对学生了解什么,他们对学生的观察,他们对学生的责任。当他们诉说这些故事时,他们在组织他们关于教学的信念和理论。因此,他们的故事是建构他们教师专业身份的一个要素。

实习支教教师早期的故事也比较关注必要的教学技能和技巧以求课堂上的成功。一旦他们真正地深入到课堂和与学生密切交往后,他们开始沉浸在"做"。他们之所以从关注教学技能技巧转向关注与学生的交往和学生的学习,是因为认识到学生的意义和意识的觉醒。他们生活在他们所讲述的故事中,并且他们不仅讲述他们的生活故事,他们也叙说了他们的经验和体验。就如沃森(Watson,C.)所言:"人们建构叙事的同时,叙事也建构人"。[②]据此,五位实习支教教师在整个研究中通过分享他们的故事来建构其教师专业身份。

二、建议

通过叙事研究的视角,发现实习支教教师专业身份的建构过程是个人因素与社会情境动态的循环历程。实习支教为其建构专业身份提供了专门的场域,对实习支教师范生有着深远的影响。我与实习支教教师也在叙说中重新诠释教师专业身份的意义。因此,基于五位实习支教教师的叙说,我

---

①Connelly,F. M. & Clandinin,D. J 著,刘良华、邝红军译. 教师成为课程研究者——经验叙事(第二版)[M]. 杭州:浙江教育出版社,2004. 63.

②Watson, C. Narratives of practice and the construction of identity in teaching[J]. Teachers and Teaching: Theory and Practice. 2006,12(5):509-526.

们为实习支教生建构教师专业身份提出如下建议。

(一) 对师范院校的建议

1. 继续推进师范院校的课程与教学改革

尽管我国针对教师教育课程设置存在课程结构比例不合理、课程类型单一、课程内容残缺及陈旧、教育实践机会短缺、实践环节松散、低效等问题[1]以及基础课程相对薄弱、教育类课程比例偏低、学科课程有待精化等问题,[2]颁布了《教师教育课程标准(试行)》,对教师教育课程改革进行了整体性规划,各师范院校也据此展开了新一轮的教师教育课程的调整和人才培养模式的改革。但是,本研究发现,实习支教教师感到教育专业理论素养与中小学实践存在很大差距,教学方式方法陈旧,以至于有师范生认为教师教育并未对其产生多大影响或一片空白,从而导致他们在实习支教时无法展现自己的专业能力。因此,师范院校应该根据《教育部关于大力推进教师教育课程改革的意见》,继续推进师范院校的课程与教学改革,促进师范生教师专业身份的建构和专业发展。这就要求师范院校重新厘定课程与教学活动计划,而一个教育计划,若仅仅以在日益专业化的领域里塑造完美的专家为目的,而不能对特殊能力以外的任何事物进行判断,那么,这个教育计划确实会使人类的精神和生活逐步动物化。这种对专业化的极端崇拜使人类生活失去了人性。[3] 也就是说,师范院校拟定的教育计划不仅仅要培养教师博闻广识,而且要养成一种反思自己、超越自己的完整地考虑教育的习惯。[4]据此,在课程规划方面,师范院校有必要建构一套系统理论的知识体系和目标;就目标而言,关键在于不仅要引导他们去了解对于自己将要担负职责的教育过程中所牵涉的那些重大问题,建议采用什么样的方法加以解决,并且要在同等的程度上引导他们去了解这些问题本身;[5]这就意味着教师必须为学生们履行自己的社会职责做好准备,理论学习与经典文本的研读绝不能

①滕明兰. 对我国教师教育课程体系改革的构想[J]. 教育理论与实践,2004(5):48 - 50.

②杜静. 我国教师教育课程存在的问题与改革路向[J]. 教育研究,2007(9):77 - 85.

③[法]马里坦著,高旭平译. 教育在十字路口[M]. 北京:首都师范大学出版社,2010. 21 - 22.

④曹永国. 在做什么,抑或知道在做什么——教师的前提性反思的危机与重建[J]. 华东师范大学学报(教育科学版),2014(1):41 - 49.

⑤[法]涂尔干著,渠敬东译. 教育思想的演进[M]. 上海:上海人民出版社,2003. 4.

直接服务于这种实际的目的;①就知识体系而言,将专门性知识和整体性知识结合起来,因为,除了专门性知识外,教师还需要一种关于教育整体的知识,这意味着教师教育需要培养教师一种整体上的心智,使他们能够超越专业性知识与技能对人的心智的碎片化处理或管理,帮助教师反思而不回避一些更为重大的问题,如,为何遵循自己的专业要求就是有益的、值当的?②在教学方式方面,教师教育者扮演着观念的输入者和典范轨迹的角色,教师如何在课堂上扮演引导的角色,都是实习支教教师潜移默化的学习的结果。因此,教师教育者在教学中应示范各种教学方法。在专业训练方面,一方面积极培养师范生熟练的教学技巧与能力,严格要求教师资格标准,避免因职前教育阶段未认真学习而导致教学实践能力不足,无法有效教学;另一方面,缺乏理性思考的"做",是没有资格称为"人类的实践",只能被看作类似动物的本能活动。③这就是说,除了培养师范生的"做"的技能技巧外,还需加大教育理论知识的学习,拓展其理论视野,从而提高理性自觉。不能仅仅将教学视为轻易的"做"而不知教学是复杂的工作——那是需要牵涉到教师的学科知识、教学知识、人际关系、信念、技巧与反思等广泛而相互交错的因素,以及需要专业实施的能力——考量教学目的与学生的需要,精心思考教学方法的创新与教学内容,以及调适现存的课程、学生与教师本身对于知识的了解。④所以帕克·帕尔默(Palmel,P.)极力强调要进行"超越技术的教学","要按照我们是谁而施教"。⑤就如《理想国》一开始所阐释的那样,"仅有良好的专业技能、技巧不足以成为一个好的教师。他必须知道这样做是否是好的。就像一个医生一样,为了帮助一个生病的朋友,他就必须知道如何做才是最适宜的、如何做才是最有益于病人的事情,而不是仅仅有助于病的。"⑥在理论与实践的融合方面,将教育实践可能遭遇的问题纳入职前课程

①曹永国.在做什么,抑或知道在做什么——教师的前提性反思的危机与重建[J].华东师范大学学报(教育科学版),2014(1):41-49.

②曹永国.在做什么,抑或知道在做什么——教师的前提性反思的危机与重建[J].华东师范大学学报(教育科学版),2014(1):41-49.

③全国十二所重点师范大学联合编写.教育学基础(第3版)[M].北京:教育科学出版社,2014.22.

④Britzman,D.P.Practice makes practice:A critical study of learning to teach[M].Alban:State University of New York Press,1991.23.

⑤帕克·帕尔默.教师的内心世界[C].见:阿伦·C.奥恩斯坦、琳达·S.贝阿尔—霍伦斯坦、爱德华·F.帕荣克,余强主译.当代课程问题(第3版).杭州:浙江教育出版社,2004.96.

⑥柏拉图著,郭斌、张竹明译.理想国[M].北京:商务印书馆,1986.23-30.

之中,增加职前教师与在职教师的对话和经验交流,减少实习支教教师理论与实践的落差感。

　　2. 利用"大学—教育行政部门—学校"合作模式满足实习支教教师的辅导需求

　　不少研究都强调实习指导教师作为重要他人对职前教师身份建构和专业学习具有关键性影响和引领作用。[①] 但本研究发现,由于边疆的农牧区学校教师的极度匮乏和教师结构(尤其是民汉教师结构)不合理等原因,除了大学委派的指导教师外,五位实习支教教师都没有实践指导教师。然而,大学委派的指导教师指导乏力等原因,实习支教教师缺乏引路人和范例的典范,这直接影响着实习支教教师对教师共同体和教师职业的观感。这样,在实习支教过程中,一些学校缺乏对实习生的指导或根本没有教师指导,导致实习变成了纯粹的"用工"。[②] 实习支教教师就只能更多地靠"自我发展"。然而,查尔斯·泰勒指出,我们的自我认同部分地是由他人的承认构成的;如果得不到他人的承认,或者只是得到他人扭曲的承认,就会对我们的自我认同产生显著影响,形成伤害,进而成为一种压迫的形式,它将人囚禁在虚假的、被扭曲与被贬损的存在方式之中。[③] 也就是说,实习支教教师需要"在看自己的时候也是以他者的眼睛来看自己,因为如果没有作为他者的形象,他不能看到自己"。[④] 否则,自我的反思筹划和意义解释越是想在他者那里获得认同,就越是向外扩张;自我越是想把自己的意义脉络一般化,就越容易对他我产生依赖感,越容易在他我偏离自我的情况下受到伤害。[⑤] 因此,实习支教教师的专业身份建构,也需要在互动中得到重要他人的承认与接纳。而实习支教是以中小学、幼儿园向教育行政部门上报需求为出发点,教育行政部门协调大学对实习支教师范生的选派和中小学学校的需求,这样,实习支教就是在大学——教育行政部门——学校共同努力下完成的工作。因此,大学可以协调地方教育行政部门和学校,从当地教研中心或学校选拔优秀教师担任实践指导教师,帮助实习支教教师缩短适应的时间,引导实习

　　①Lamote, C., & Engels, N. . The development of student teachers' professional identity[J]. European Journal of Teacher Education, 2010,33(1):3-18.

　　②吕京. 师范生顶岗实习支教存在的问题及实现机制[J]. 中国高教研究,2010(6):90-91.

　　③查尔斯·泰勒著. 承认的政治[C]. 见:汪晖、陈燕谷主编. 文化与公共性. 北京:三联书店,1998. 290-291.

　　④[法]拉康著. 拉康选集[M].北京:生活·读书·新知三联书店,2001. 408.

　　⑤渠敬东. 缺席与断裂——有关失范的社会学研究[M].上海:上海人民出版社,1999. 187.

支教教师对实践的理解,从而满足实习支教教师的辅导需求。因为,有研究表明,以师范生学习为中心的指导关系和支持性的环境能够帮助师范生管理和减少压力,并且有助于培养积极的专业情感和专业意象,并且建立能够支持学生发展的环境(如实践共同体模式)也会培育积极的学习结果。①

3. 采用有效方法澄清师范生的"前身份"

前身份是指实习支教教师在实习支教前对身为教师的自我和教学实践所形成的理解和信念,实习支教教师专业身份建构过程是在前身份的基础上建构与重构。就如弗洛瑞斯和戴伊所言:"身份建构过程表现为前—教学身份不断向重塑的专业身份迈进。"②由此,前身份是影响实习支教教师专业身份建构的关键。五位实习支教教师的自我叙说也证明了前身份的关键作用。首先,前身份决定了实习支教教师建构专业身份的意愿和能力;其次,前身份决定了实习支教教师对实习支教情境的理解和对实习支教经历的意义赋予;最后,前身份导致了现实震撼。因此,澄清实习支教教师的前身份就至关重要了。而前身份是个体成长过程中的文化作用于个体的结果,主要包括学校教育、文化传统、家庭、艺术和媒体等。为此,可以采用故事撰写、隐喻生成、形象素描等方法澄清师范生的前身份。(1)故事撰写。我们每个人对学校教育和教师都有积极或消极的记忆,这些记忆是我们故事撰写的信息来源。当写下这些记忆中的关于教学和教师的故事时,我们的信念和教师意象就会隐含在故事之中,我们就能以参与者和观察者的身份审视我们书写的故事。就如黛蒙德所言,"我们从我们撰写的故事中可以发现我们知道什么和我们的解释框架。因此,如果人们能理解自己的观念,他们不仅能理解他们的过去,而且也能预测他们在某种情境中的可能行为。因为他们知道这对他们和其他人意味着什么。"③因此,师范生通过故事撰写,就有机会确认他们的教学信念和教师意象,因为故事的力量,不仅在于表述与反省,更在于发声与实践,并导向改变。④(2)隐喻的生成。隐喻是指教师

---

①谢淑海,熊梅. 职前教师专业身份认同的理论发展与研究展望[J]. 教师教育学报 2014(6):10－17.

②Flores, M. A. , & Day, C. Contexts which shape and reshape new teachers' identities: A multi-perspective study[J]. Teaching and Teacher Education, 2006(2):219－232.

③Marian Webb. Becoming a secondary-school teacher: the challenges of making identity formation a conscious informed process[D]. MEd thesis, Southern Cross University, Lismore, NSW. 2006.

④李茂森. 自我的寻求——课程改革中的教师身份认同[D]:[博士学位论文]. 上海:华东师范大学,2010.

通过隐喻所表达的自己对"教师是什么"、"学生是什么"、"教学是什么"等的教学思想的浓缩和载体。① 教育隐喻的使用,不是教师心血来潮的结果,而是教师深深感悟教育和理解教育的创造性和独特性的彰显。② 诚如诺尔斯所言,实习教师对教师工作与教师角色的隐喻值得重视,因为隐喻可以透露出教学的概念,以便研究者了解实习教师如何概念化教室中复杂的工作与教学。③ 所以,隐喻是思想接近我们眼中"真实"的一种途径,④是将教师意象转化为有形的另一种方式,也是个体对内部概念系统的一种再认、重构和重新解释的认知过程。(3)澄清个人信念和教师意象的第三种方法是教师素描。韦伯和米切尔解释为,因为画能同时在多种水平上交流,画不仅是符号形象,而且也隐含着社会的、文化的和个人的意象。对素描画的分析能够揭示我们的个人知识和社会知识——我们怎样看待世界、我们感觉如何和我们对未来的想象,这些都是我们平常所忽略的。⑤ 据此,韦伯和米切尔对职前教师所持有的教师意象做了大量研究,他们要求参与者画出心中的教师并讨论所画教师的特征。最后他们指出,所有的画都描绘了参与者心中理想的教师意象。⑥

4. 构建"一体化"实践教学体系,提供更多与真实情境交往的机会

《教师教育课程标准(试行)》的出台,意味着对教师教育课程的基本架构已经完成,但是,本研究发现实习支教教师因为师范学院的课程结构和教师的上课方式,导致其对理论学习抱持消极的态度,加之所学理论与现实的差距,从而陷入了现实震撼和自我危机之中。因此,有学者指出,专业教育的基本教学问题是理论与实践的关系如何协调。对于教师合适的专业指导不只是纯理论的,而且应包括一定量的实际工作。首要的问题是后者正是前者要达到的目的。⑦ 为此,费舍则进一步提出"实践中的学习"(learning

---

①梁婧玉. 隐喻:教师信念研究的重要途径[J].山西师大学报(社会科学版),2011(1):155 - 157.

②姜美玲. 教师实践性知识研究[M].上海:华东师范大学出版社,2008. 163.

③Knowles, J. G. Metaphors as windows on a personal history: A beginning teacher's experience[J]. Teacher Educational Quarterly, 1994,21(1):37 - 66.

④肖川. 教育的智慧与真情[M].长沙:岳麓书社,2005. 44 - 45.

⑤Lori Anne Dolloff. Imagining Ourselves as Teachers: the development of teacher identity in music teacher education[J]. Music Education Research, 1999(2):191 - 208.

⑥Lori Anne Dolloff. Imagining Ourselves as Teachers: the development of teacher identity in music teacher education[J].Music Education Research,1999(2):191 -207.

⑦[美]舒尔曼著,王幼真、刘捷译. 理论、实践与教育专业化[J].比较教育研究,1999(3):37.

through practice)的观点以此说明理论与实践的动态发展关系。他认为,两者均系在实践反省中发展,无所谓先后或轻重之分。既然两者都在实践中发展,因此都具有随实践发展而变动不居的性质,可以不断被质疑与修正。①有研究也表明,实践活动与大学课程协调好对于职前教师的学习更有影响力、更富成效。②参与本研究的天天一直坚持见习,全程实践,理论与实践相结合,因而在其实习支教过程中较少受到现实震撼的冲击而很快采取行动建构教师专业身份。就如温格所言:"身份是在实践参与中形成的,是在社会性认同和个体经验协商的双重过程中动态交互形成的,它不仅受到个体化经验和学习共同体成员间共享经验的影响,而且也受到整个社会文化环境的影响。"③通过参与实践,职前教师更了解教学工作的性质、教师的角色,以及更了解教师的责任,从而不断追问"作为教师的我是谁""我到底应该成为谁",也就是专业身份的转变、建构与重构。由此可见,在实践过程中与真实情境的交往对职前教师重塑对教学的理解、促进或阻碍其学习和发展、重建教师专业身份中起着至关重要的作用,④因为,作为专业学习和发展的能动者,职前教师不仅以自己的方式对所处情境进行解读和对实践参与机会进行选择,他们也尝试以自己的参与行为来表达自己的身份,甚至协商和改造自己所处的情境。究其实质,这是一个内部力量(前身份)与外部力量(情境)之间展开对话的过程。因此,应该为职前教师建构教师专业身份而提供一个真实情境,在空间和时间上重新分配教学活动,从而在教育中恢复生活经验的各个方面。⑤因为它对教师的专业学习有着重要的影响,同时它以确定角色脚本的方式影响其思考和行动,形塑着教师专业身份。⑥就如贝贾德等人所言,专业身份通过社会情境(social situations)中的互动和特定情境

①转引自杨秀玉.实践中的学习:教师教育实习理念探析[J].首都师范大学学报(社会科学版),2009(5):57-61.

②戴伟芬.美国教师教育课程思想30年[M].北京:北京师范大学出版社,2012.75-89.

③赵健.学习共同体——关于学习的社会文化分析[M].上海:华东师范大学出版社,2006:96-97.

④Flores, M. A. , & Day, C. Contexts which shape and reshape new teachers' identities: A multi-perspective study[J]. Teaching and Teacher Education, 2006(2):219-232.

⑤联合国教科文组织.学会生存[M].北京:教育科学出版社,1996.224-225.

⑥Kelchtermans, G. , & Ballet, K. The micropolitics of teacher induction: A narrative-biographical study on teacher socialization[J]. Teaching and Teacher Education, 2002(1):105-120.

(context)下的角色协商得以形成和发展。① 基于此,师范院校不仅需要将中小学教学实践融入到大学课程和培养"混合型教师教育者"②,而且需要将教育见习、实习支教等融为一体,建构"一体化"教学实践体系,坚持实践贯穿于四年的整个学习过程之中。

(二)对实习支教学校的建议

1. 形塑优质的学校文化

有关教师专业身份的研究都强调学校的实践文化通过角色脚本形塑着教师的专业身份。③ 雷诺兹在对加拿大安大略省新手教师的研究中发现,新手教师为了维护学校的传统,在矛盾、冲突后调适的过程中,接受了这些文化脚本,于是伯利兹曼悲观的指出:"成为教师就是成为不是你的那个人,教师建构专业身份时时常是采用而非创造。"④本研究发现,五位实习支教教师展现了改变的能动性与反思能力,所以,现实虽不像伯利兹曼那样悲观地教师只是观念简单性的忠诚执行者、角色采用者、文化脚本的顺服者,但是学校文化对实习支教教师建构专业身份有着重要影响。首先,实习支教教师接受一种职业主义的想法,他们认为成为教师就要去接受别人对这个职业的期望,获得预设的教学技能。因此,面对学校文化中这些预设的教师文化脚本与自己预想的不一致时,他们感到恐慌,但还是不断设法让自己融入、被涵化成为一个"好老师"。其次,在学校文化中,充满行为主义心理学的思维,即一种知识中立论、客观的事实、客观的老师、行为控制的思考方式,让他们接受一个样板式的教师角色。最后,学校追求效能与秩序的传统,让他们心中对师生关系的理想破灭,开始寻求各种班级经营、秩序管理以及师生沟通的技巧。因此,学校应致力营造民主开放的校园,建立教师之间相互合作和支持的文化。

---

①Beijaard, D., Verloop, N., & Vermunt, J. D. Teachers' perceptions of professional identity: an exploratory study from a personal knowledge perspective[J]. Teaching and Teacher Education, 2000(7): 749 –764.

②混合型教师教育者是指既可在师范院校工作又可在中小学工作的兼通理论与实践的教师。

③Kelchtermans, G. Getting the story and understanding the lives: From career stories to teachers' professional development[J]. Teaching and Teacher Education. 1993,9(5/6):443 –456.

④Britzman, D. Practice Makes Practice: A Critical Study of Learning to Teach[M]. Albany, NY: State University of New York Press,1991. 4.

2. 建构学习共同体

戈夫曼认为,个体的身份及其所负载的一整套行为规范、互动关系和意义符号,都是在个体对他人的理解中做出行动反应来加以呈现的。一个互动场景是由多方而非行动者一人所共同定义的,它既不是结构决定的产物,也不是纯粹个体自我的行动,而是一个互动、建构的产物。[①] 实习支教学校应该建立专业学习共同体,让实习支教教师有更多的机会和同事、实践指导教师等相关人员互动、对话沟通和交流经验。彼此间没有孤单的感受,彼此相互支援,给予适度的情感支援,减少竞争或冲突的负面情况发生,这样,实习支教教师就能"明确自身内嵌于一个社会关系结构中的位置,并依据角色来明确身份,进而依据他人期望来实施行动展示自我,并依据他人的反应来强化角色认同。"[②]从而有利于实习支教教师建构专业身份。所以,温格指出,实践共同体是建构教师专业身份认同的重要场所,[③]因为,专业身份是在实践参与中形成的,是在社会性认同和个体经验—协商的双重过程中动态交互形成的,它不仅受到个体化经验和学习共同体成员间共享经验的影响,而且也受到整个社会文化环境的影响。[④]

3. 尽力配备实践指导教师

实践指导教师是实习支教教师的重要他人,甚至会成为范例典范,成为实习支教教师模仿的对象,其人格特质和专业的教学经验是实习支教教师的重要支架。并且,当实习支教教师面临现实震撼时,需要有效的支援系统,协助其做适当的因应。因此,尽管实习支教学校存有诸多困难,但还需要尽力审慎地为实习支教教师配备实践指导教师。如果确实无法配备实践指导教师的学校应报告教育行政部门,由教育行政部门统一协调,配备合适的实践指导教师。采用师徒制或同侪教练来协助实习支教教师,这样既可以让实习支教教师的支教生活更顺畅并保持对教育的热情,也能让他们在实践中遇到困难时能有咨询的对象和专业对话的平台。

---

①戈夫曼著,黄爱华、冯钢译. 日常生活中的自我呈现[M]. 杭州:浙江人民出版社,1988. 212 – 216.

②Stryker, S. & Burke, P. The past, present, and future of an identity theory[J]. Sociology of Psychology Quarterly,2000,63(4):284 – 297.

③Wenger, E. Communities of practice:Learning, meaning, and identity[M]. UK:Cambridge University Press,1998. 214.

④赵健. 学习共同体——关于学习的社会文化分析[M]. 上海:华东师范大学出版社,2006. 96 – 97.

(三)对实习支教生的建议

1. 提升自我反思能力

霍克海默(M. Horkheimer)说:"人的行动和目的绝非是盲目的必然性的产物。无论科学概念还是生活方式,无论流行的思维方式还是流行的原则规范,我们都不应盲目接受,更不能不加批判地仿效。"①因此,实习支教教师在与他人互动经验的反思中建立自我的专业成长的行动模式。对于行动的存疑或困惑而寻求解决方案而言,反思是其基础。实习支教教师从实践中观察、思考、时时反省和探索"我是谁""我为何要这样做""该如何做",才能转化人我互动过程中的危机,激荡更理想层次的教师意象,迈向一位好老师的历程。就如哲学家伯林(I. Berlin)所言:"如果不对假定的前提进行检验,将它们束之高阁,社会就会陷入僵化,信仰就会变成教条,想象就会变得呆滞,智慧就会陷入贫乏。社会如果躺在无人质疑的教条的温床上睡大觉,就有可能会渐渐烂掉。要激励想象,运用智慧,防止精神生活陷入贫瘠,要使对真理的追求(或者对正义的追求,对自我实现的追求)持之以恒,就必须对假设质疑,向前提挑战。"②也就是说,实习支教教师的自我反思有助于其厘清专业身份,不断推进身份建构、解构与再重构的循环,从而建构稳定的教师内在价值。但是,反思习惯与熟练度也影响其反思层面、专业身份的架构与其对教师工作价值的观点。自我反思的机会越多,其反思层面与教师专业身份建构则较广泛深远。因此,建立实习支教教师自我反思习惯,培养不断自我反思的态度,增进教师进行各类形式反思(技术性、批判性、对话性反思等)的能力,不仅可以揭露引导实习支教教师教学实践的内在核心价值,而且进一步使其认同的内在核心价值通过这种不断反思的过程而有机会调整与修正,从而反思性地建构教师专业身份。

2. 建立主动的学习态度

学校是人与人之间互动的社会体系,实习支教教师主动沟通的学习态度对于专业身份建构相当重要。积极主动的学习态度会影响实习支教教师与学校社会结构中他人的互动,因此,实习支教教师必须以谦卑态度主动学习,绝非是被动地等待他人来教或自我封闭,这样就能丰富实习支教教师在

---

①[德]霍克海默著,李小兵译. 批判理论[M].重庆:重庆出版社,1989.243.
②[英]麦基. 思想家:当代哲学的创造者们[M].北京:生活. 读书. 新知三联书店,1987.4.

实践场域中的经验和知识，不断认识自我、改变自我和创造自我，经历一个
从"丧失自我"到"强化自我"的过程，①不断促进"现实自我"向"理想自我"
靠近，尤其是当实习支教教师所诠释的理想自我外显出来，获得学校的认
可、同事的赞赏和学生的喜爱，可以让他们感受到情感上的喜悦，找到自我
存在的意义，从而顺利建构积极的教师专业身份。正如温格所言，学习贯穿
于整个身份建构过程，每个人都可能有着不同的学习轨迹（learning trajecto-
ry），但都存在一些共同的部件，如图5-2所示。② 通过学习，不只明确了
"我们该做什么"，更使我们在实践共同体中寻找到"我们是谁"以及"我们
如何诠释我们的所作所为"。

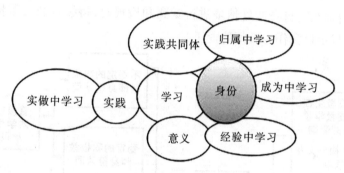

图5-2 社会理论中学习的部件

3. 叙说自己"成为教师"的故事

只有实习支教教师对自己从事教学工作感到自豪或是一直都很清楚的
告诉别人为什么要选择教师时，他们才能在叙说中建构教师专业身份。因
此，实习支教教师可以利用日记、档案、传记或是口头经验分享，叙说自己成
为教师的故事，从而通过叙说重组经验，获得自我探究的机会，进一步理解
自我的动机和专业行为的经验，以此作为个人反思和知识建构的基础。通
过叙说自己"成为教师"的故事，可以整合自己的价值，重构自己的知识和身
份；通过叙说自己"成为教师"的故事，教师分析关键事件中的问题，诠释其
意义，表露隐藏在心中的观念和价值；通过叙说自己成为教师的故事，重新
发现自我实践经验中的情感和信念，聆听来自于自我内心的声音，追寻自我
专业成长的轨迹，增强实践能力，理解教师角色与工作意义，促进教师工作

---

①胡惠闵. 校本管理[M]. 成都：四川教育出版社，2005.59.

②Wenger E. Communities of practice: learning, meaning and identity [M]. UK: Cambridge Universi-
ty Press, 1998.5.

的专业化。

4. 鼓励实习支教生觉知实习支教情境，发挥能动性

情境是由特定的教学环境、文化、组织领导和课堂交往所构成，会对专业身份认同产生影响，不同的情境可能会导致教师专业身份的变化。反过来，教师所具有的专业身份，常常也能展示不同情境中教师的不同侧面。[1]本研究发现五位实习支教教师建构专业身份的过程充分反映了各个学校情境的差异，更反映了五位实习支教教师面对情境对自己提出的要求和期待，不致迷失自我，还能反思地建构和实践个人专业身份及专业知识，这充分展现了结构与实习支教教师的能动性之间的张力（如图5-3所示）。可见，实习支教教师在对自身所处情境进行觉察和检视时，持续寻找与重构教师专业身份，肯定自我作为教师的责任。

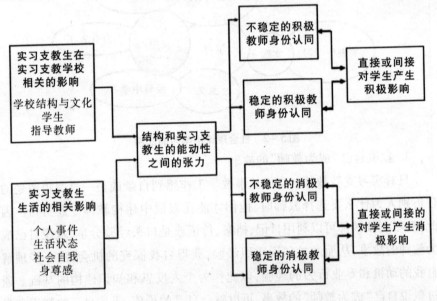

图5-3   结构与实习支教生的能动性张力中的身份建构

（四）对教育行政部门的建议

1. 教育行政部门需要转变自身角色

教育行政部门常常以中小学的需要为基本出发点，确定实习支教教师

①Connelly, M. , & Clandinin, J. Shaping a professional identity: Stories of educational practice[M]. London: The Althouse Press, 1999: 120.

的需求,然后以行政命令的方式要求相关师范院校派出实习支教生以达到需求与供给的相对平衡。由此可以看出,教育行政部门俨然成为了消费者、命令者和指挥者。然而,要真正促进实习支教生的专业发展,需要大学、教育行政部门和中小学相互合作。因此,需要引导教育行政部门转变角色,不仅是消费者,是实习支教项目的规划者以及政策和资源的支持者,更要成为培养师范生的主体。但是,师范院校、教育行政部门和中小学因各自的利益追求、行为方式等的不同,导致三者之间的深度融合存在困难。诚如玛格丽特·斯兰德戈德所说:"行政人员、检察员、顾问、教师、研究人员和师范教育的人员,彼此各自为政,其活动限制于自己特殊的领域,这种隔离是教育中最大的不幸之一"。① 这就需要大学、当地政府、中小学三方各自打破以往"谁改变谁,谁围着谁转"式的单向性、割裂性的思维方式和相互争夺"话语霸权"的现实,彼此相互需要,相互建构、相互滋养、相互转化,②共担责任,成为实习支教教师的共同培养者。

2. 发挥教育行政部门的协调组织作用

由于中小学、幼儿园的定岗实习支教教师的需求是通过教育行政部门而到达相关师范院校的,因此,教育行政部门需要协调"需求"与"供给"的关系。充分考虑实习支教生的专业与实习支教学校需要的学科教师的一致性。因为,在有关教师专业身份的研究中,都认为学科是影响教师专业身份建构的一个至关重要的情境因素,影响教师的专业理解和体验、行为和态度,教师对学科也有很强的依附性,甚至教师的专业身份即为教学科。③ 即便实习支教教师在建构专业身份的过程中面临诸多矛盾和冲突,但是学科身份仍是教师极力维持的,而丧失这一身份的代价是巨大的。④ 本研究中,雯雯由于专业和所教学科的不一致而投入大量的时间和精力试图维持自己的专业身份,她甚至产生了一些消极的体验;而天天因为专业和学科的一致性而持守本真的专业身份,从而有利于专业发展和专业承诺。

---

① 周作宇. 问题之源与方法之镜——元教育理论探索[M]. 北京:教育科学出版社,2000. 191.

② 朱桂琴,陈娜. "U-G-S"教师教育合作共同体的建构:戴维. 伯姆对话理论的视角[J]. 教育发展研究,2015(18):80-84.

③ Melville, W. , & Wallace, J. Subject, relationship and identity: The role of a science department in the professional learning of a non-university science educated teacher[J]. Research of Science Education, 2007,37(2):155-169.

④ Beijaard, D. , Meijer, P. , & Verloop, N. Reconsidering research on teachers' professional identity [J]. Teaching and Teacher Education, 2004(20):107-128.

另外，教育行政部门还需协调师范院校和中小学、幼儿园共同构建三位一体的指导教师团队，强化指导和督导。由于边疆农村中小学、幼儿园教师的极度匮乏，实习支教教师的教学任务比较繁重，这从四位在县及农村实习支教教师的叙说中也可以得到印证。何况，他们还是未取得教师资格证，还不能真正称其为教师，按照国家相关规定是不能直接登上三尺讲台授课。因此，要提高其教学质量和效果，促进其从学生向实习教师身份的转变，需要教育行政部门协同当地教师研修机构和中小学抽调优秀教师加强对实习支教教师的指导和督导，不断提升实习支教教师的专业水平，促进其专业发展。

最后，协调相关部门为实习支教顺利开展提供物质保障。实习支教工作是一项系统的复杂工程，一方面需要各方面紧密配合，另一方面也需要相应的物质保障，确保实习支教教师以及地方实习指导教师、高校派驻的实习指导教师的所需。

三、研究反思

实习支教生活也是我人生的另一章，是一个自己也曾经历的教师工作历程。因此，在研究过程中，往往情不自禁地会与研究参与者经验交会在彼此的叙说中，那份感动激荡着内心思绪的火花，他们的叙说使我如同再一次经历实习支教一样，往事种种，一幕幕记忆浮现在脑海中。在五位实习支教教师的叙说故事中看见自己，彼此间四眼凝聚、交会的眼神似乎在诉说着共通点，犹如进入一条时光隧道而重整、重建、诠释个人的自我，连结实习支教教师生命故事共有的价值、信念和愿景。

叙说中有着对教师的热忱，欢声笑语下偶而带有的感叹、不平与惋惜甚至是感伤，常常把我拉回实习支教时与孩子、家长、同事相处的回忆中，从他们的经验与感受出发，试图叙说属于他们的实习支教生活故事。这其实是我一直想做而没有做的事情。

八年前我只身来到边疆，进而步入大学殿堂成为一名教师教育者，有一股强烈的企图心，想了解实习支教生的支教生活，希望让他们自己说话，让他们的"声音"能被听见，他们的经验能被分享，他们的情感能引起我们的共鸣，因为我们需要理解正在经历、沉浸现场、默默付出的实习支教教师的感受和处境，看见他们，听到他们的声音，理解他们的存在，希冀能为他们做点什么。

其实,在倾听五位实习支教教师的叙说之前,我就像一名美国的教师教育者在《成为教师的教师:四个初任者的道路》一书中写道的那样:"在我问自己如何成为教师教育者的这个问题的时候,我竟然感到有些茫然。对我是否曾经开始过一个学做教师教育者的学习过程感到怀疑。我依稀记得,在我有意识地学做教师教育者之前很久,我就开始了这样的一个无意识的学习过程。在那些无意识的学习过程中,我努力地工作来培训教师们将他们的课程与多元文化或有关性别的关注联系起来。我花费很多的时间来设计准备实习教师们要在课堂中使用的材料。但是,有谁教过我来做这些?事实上,没有人教过我。我学会这些,是通过观察我身边的人,通过回忆在我的课堂上发生过的事情,通过尽力地提醒自己作为教师他们正处于什么样的专业发展阶段,以及这些如何与我所需要做的相符合。"①但是,在聆听了五位实习支教教师的叙说之后,我开始了我的反思之旅,开始重新认识自己教师教育者的身份。诚如斯言:"人的地位不断上升,是因为人在不断地发现和认识自己天赋的丰富内涵。人类在上升过程中的一切建树都是人对自然和人对自身的认识的各个发展阶段的纪念碑。"②因为,叙说实习支教教师故事的同时,也无可避免地反思自己的教学生活,在这叙说交流下的生命故事一次一次迸出新的火花,从交流叙说中的火光,反思改进自己的教学实践,寻找其中"当一位老师"的意义,作为转化对边疆中小学教育尤其是多民族的农牧区教育理念的突破点,在这个过程中时时提醒自我做为一位教师模范。因为,在我教的学生之中,他们绝大部分都可能会成为边疆未来的中小学和幼儿园的老师,而个人目前的行为是他们将来对教师专业身份建构的来源,或许是他/她所诉说那个当年影响他们的老师。

另外,重新以一位师范生的角度来学习,不断揣摩着实习支教教师的教学方式和理念,不断重组自我教学经验,并不断形构一位教师的样貌,建构自我教师意象。在叙说实习支教教师故事的同时,我也感动于那些专业身份的转变。丽丽体认当一位政治老师要建立亦师亦友的师生关系,寻求政治课的真正意义,寻求自己能在夹缝中生存和追寻教师的意义;雯雯努力为

①转引自杨秀玉.实践中的学习:教师教育实习理念探析[J].首都师范大学学报(社会科学版),2009(5):57—61.

②[英]雅克布.布洛诺夫斯基著,任远等译.人之上升[M].成都:四川人民出版社,1988.5.

专业发展寻找进路,不断学习,得以实践专业潜能;天天在坚持游戏教学的理念下,坚持找到实践"玩中学"的落脚点后,持续向外"对话"与持续向内"自我反思"发展下,专业能力得以继续提升;蓉蓉在教学中找到乐趣,学生是其身份建构的意义所在;燕燕在教学中体验到当教师的快乐和价值感,不断建构教师知识,主动探寻。这些理念再一次转化了我的教学价值观,也正努力建构与反思着另一个自我认同的教师专业身份,这是叙说探究的力量,也是从叙说中获得的另一个自我。可以说,我也在重构我的教师教育者身份。

参考文献

中文著作类：

［1］阿伦·C. 奥恩斯坦、琳达·S. 贝阿尔—霍伦斯坦、爱德华·F. 帕荣克著,余强主译. 当代课程问题(第3版)［M］. 杭州:浙江教育出版社,2004.

［2］［美］埃里希·弗罗姆著,刘林海译. 逃避自由［M］. 北京:国际文化出版公司,2007.

［3］［英］安东尼·吉登斯著,赵旭东、方文译. 现代性与自我认同［M］. 北京:生活·读书·新知三联书店,1998.

［4］柏拉图著,郭斌、张竹明译. 理想国［M］. 北京:商务印书馆,1986.

［5］班建武. 符号消费与青少年身份认同［M］. 北京:教育科学出版社,2010.

［6］鲍曼著,郁建兴等译. 生活在碎片之中——论后现代道德［M］. 上海:学林出版社,2002.

［7］Carbtree, B. F & Miller, W. L. 黄惠雯等译. 最新质性方法与研究［M］. 中国台北:韦伯文化国际出版有限公司,2007.

［8］陈向明等. 搭建实践与理论之桥——教师实践性知识研究［M］. 北京:教育科学出版,2011.

［9］陈向明. 质的研究方法与社会科学研究［M］. 北京:教育科学出版社,2000.

［10］Clandinin, D., & Connelly, F. M. 叙事探究:质性研究中的经验与故事［M］. 台北:心理出版社股份有限公司,2003.

［11］Connelly, F. M. & Clandinin, D. J著,刘良华、邝红军译. 教师成为课程研究者——经验叙事(第二版)［M］. 杭州:浙江教育出版社,2004.

［12］大卫·杰弗里·史密斯著,郭洋生译. 全球化与后现代教育学［M］. 北

京:教育科学出版社,2000.

[13]戴伟芬. 美国教师教育课程思想 30 年[M]. 北京:北京师范大学出版社,2012.

[14]Deboran. K. Padgett. 张英阵译. 质化研究与社会工作[M]. 台北:红叶出版社,2000.

[15]丁钢. 中国教育:研究与评论(第七辑)[C]. 北京:教育科学出版社,2004.

[16][德]恩斯特·卡西尔著,甘阳译. 人论[M]. 上海译文出版社,1985.

[17]方展画. 罗杰斯"学生为中心"教学理论述评[M]. 北京:教育科学出版社,1990.

[18]傅佩荣. 自我的觉醒[M]. 北京:国际文化出版公司,2006.

[19][美]弗朗西斯. 赫塞尔本、马歇尔. 戈德史密斯著,苏西译. 未来的组织:全新管理时代的愿景与战略[M]. 北京:中信出版社,2012.

[20]戈夫曼著,黄爱华、冯钢译. 日常生活中的自我呈现[M]. 杭州:浙江人民出版社,1988.

[21]胡惠阂. 校本管理[M]. 成都:四川教育出版社,2005.

[22]胡春阳. 话语研究:传播研究的新路径[M]. 上海:上海人民出版社,2007.

[23]黄瑞祺主编. 现代性、后现代性、全球化[M]. 台北:左岸文化,2003.

[24][德]霍克海默著,李小兵译. 批判理论[M]. 重庆:重庆出版社,1989.

[25]姜美玲. 教师实践性知识研究[M]. 上海:华东师范大学出版社,2008.

[26][法]拉康著,褚孝泉译. 拉康选集[M]. 北京:生活·读书·新知三联书店,2001.

[27]联合国教科文组织国际教育发展委员会. 学会生存——教育世界的今天和明天[M]. 北京:教育科学出版社,1996.

[28]刘铁芳. 追寻有意义的教育——教师职业人生叙事[M]. 长沙:湖南师范大学出版社,2006. 23.

[29][法]马里坦著,高旭平译. 教育在十字路口[M]. 北京:首都师范大学出版社,2010.

[30][美]马斯洛著,成明编译. 马斯洛人本哲学[M]. 北京:九州出版社,2003.

[31]米歇尔·福柯著,谢强、马月译. 知识考古学[M]. 北京:生活·读书·

新知三联书店,1998.

[32][英]麦基编,周慧明、翁寒松译.思想家:当代哲学的创造者们[M].北京:生活·读书·新知三联书店,1987.

[33][美]尼尔·唐纳德·沃尔什,李继宏译.与神对话I[M].上海:上海书籍出版社,2011.

[34][美]赫舍尔著,魄仁莲译.人是谁[M].贵阳:贵州人民出版社,1994.

[35]黄甫全.新课程中的教师角色与教师培训[M].北京:人民教育出版社,2001.

[36][美]帕尔默著,吴国珍等译.教学勇气:漫步教师心灵[M].上海:华东师范大学出版社,2005.

[37]乔纳森·H.特纳,邱泽奇、张茂元译.社会学理论的结构[M].北京:华夏出版社,2006.

[38]渠敬东.缺席与断裂——有关失范的社会学研究[M].上海:上海人民出版社,1999.

[39]全国十二所重点师范大学联合编写.教育学基础(第3版)[M].北京:教育科学出版社,2014.

[40][法]涂尔干著,渠敬东译.教育思想的演进[M].上海:上海人民出版社,2003.

[41]汪晖、陈燕谷主编.文化与公共性[M].北京:三联书店,1998.

[42]王文科.质的教育研究法[M].中国台北:师大书苑有限公司,1994.

[43][瑞士]维蕾娜·卡斯特著,刘沁卉译.依然固我[M].北京:国际文化出版公司,2008.

[44]肖川.教育的智慧与真情[M].长沙:岳麓书社,2005.

[45][美]小威廉姆E·多尔著,王红宇译.后现代课程观[M].北京:教育科学出版社,2000.

[46][英]雅克布·布洛诺夫斯基著,任远等译.人之上升[M].成都:四川人民出版社,1988.

[47][美]约翰·杜威著,傅统先译.确定性的寻求——关于知行关系的研究[M].上海:上海世纪出版集团,上海人民出版社,2005.

[48][德]尤尔根·哈贝马斯著,沈清楷译.对话伦理学与真理的问题[M].北京:中国人民大学出版社,2005.

[49]詹姆斯·保罗·吉著,杨炳钧译.话语分析导论:理论与方法[M].重

庆:重庆大学出版社,2011.

[50]赵健.学习共同体—关于学习的社会文化分析[M].上海:华东师范大学出版社,2006.

[51]周淑卿.课程发展与教师专业化[M].北京:九州出版社,2006.

[52][日]佐藤学著,钟启泉译.课程与教师[M].北京:教育科学出版社,2003.

中文期刊类:

[1]曹永国.在做什么,抑或知道在做什么——教师的前提性反思的危机与重建[J].华东师范大学学报(教育科学版),2014(1):41 –49.

[2]陈宏友.新课程理念下教师身份认同的重新解读[J].合肥学院学报(社会科学版),2008(2):115 –118.

[3]戴双翔,姜勇.论教师的自由[J].教育发展研究,2008(1):7 –10.

[4]杜静.我国教师教育课程存在的问题与改革路向[J].教育研究,2007,(9):77 –85.

[5]冯晓虎.论莱柯夫术语"Embodiment"译名[J].同济大学学报(社会科学版),2010(1):86 –97.

[6]傅敏,田慧生.教育叙事研究:本质、特征与方法[J].教育研究,2008(5):36 –40.

[7]甘丽华.调查显示首届免费师范生仅2%愿去农村[N].中国青年报,2011 –03 –12(3).

[8]高申春.论班杜拉社会学习理论的人本主义倾向[J].心理科学,2000(1):16 –19、124.

[9]高志敏,孙彤.教学指导:师范生成长的有效途径——河北师范大学顶岗支教实习教学指导效果分析[J].河北师范大学学报(教育科学版),2015(1):130 –133.

[10]管培俊.积极推进实习支教,提高教师培养质量和农村教育水平[J].人民教育,2006(15 –16):10 –12.

[11]韩泽春、王秋生.实施扶贫顶岗实习支教,开拓思想政治教育新路[J].中国高等教育,2012(24):32 –35.

[12]贾志民、王新.论顶岗实习支教中大学生向教师角色的转变——基于积极心理学方法的应用[J].河北师范大学学报(教育科学版),2015

(3):116－120.

[13]李斌强、王慧珍.构建"三位一体"的师范生实习支教指导模式[J].教育评论,2014(4):104－106.

[14]李茂森.教师"身份认同"的理性思考[J].湖南师范大学教育科学学报,2008(4):87－90.

[15]李茂森.在教师叙事中追寻身份认同[J].现代教育管理,2011(7):69－71.

[16]李建强.实践的教师教育－河北师范大学顶岗实习支教工作初探[J].教师教育研究,2007(6):67－71.

[17]李建强,刘森,李庆达.实习支教:高师院校"有为有位"的现实选择——河北师范大学开展师范生实习支教工作的实践探索[J].河北师范大学学报(教育科学版),2007(5):75－77.

[18]李娟琴.山西师范大学顶岗支教实习模式刍议——教师专业发展视野下的实习支教模式[J].现代教育科学,2009(2):41－42、71.

[19]李思殿.扶贫顶岗支教:师范教育服务新农村建设的好形式[J].中国高等教育,2007(10):36－37,34.

[20]李思殿.贴近基础教育服务新农村建设———师范院校扶贫顶岗实习支教的理论和实践探讨[J].爱满天下,2007,(Z1).

[21]梁婧玉.隐喻:教师信念研究的重要途径[J].山西师大学报(社会科学版),2011(1):155－157.

[22]林更茂.从"角色规定"到"身份认同":免费师范生教育的深层推进[J].教育研究与实验,2011(6):25－29.

[23]刘本固,赵明春.谈高师教育实习的改革——顶岗教育实习[J].吉林教育科学,1990(4):26－27、47.

[24]刘福来."顶岗实习支教"质量控制机制研究[J].中国大学教学,2012(8):76－78.

[25]刘茗,李春晖.河北师范大学顶岗实习支教刍议[J].河北师范大学学报(教育科学版),2007(4):76－82.

[26]刘强.话语在实习教师职业认同中的作用[J].教育学术月刊,2014(6):66－69.

[27]刘云杉.文化政治工作者:从教师角色到教师认同[J].教育研究与实验,2008(1):23－27.

[28]卢乃桂,王夫艳. 当代中国教师教育改革与教师专业身份之重建[J]. 教育研究,2009(4):55 - 60.

[29]陆健. 顶岗实习支教:教师专业能力养成的新路径——兼谈安庆师范学院实习支教工作[J]. 忻州师范学院学报,2009(8):119 - 121.

[30]吕京. 师范生顶岗实习支教存在的问题及实现机制[J]. 中国高教研究,2010(6):90 - 91.

[31]马文秀. 扶贫顶岗支教的哲学思考[J]. 忻州师范学院学报,2007(6):11 - 13.

[32]明庆华,程斯辉. 论作为"人"的教师[J]. 课程·教材·教法,2004(11):83 - 86

[33]莫运佳,张巧文. 民族地区顶岗支教实习的保障需求分析与运行机制设计[J]. 高教论坛,2007(5):18 - 20、17.

[34]姜玉琴. 理想与现实之间——对实习支教政策的逻辑分析与现实思考[J]. 当代教育科学,2013(9):27 - 28、31.

[35]乔荣生,程浩. 实习支教的实践性培养思想溯源[J]. 河北师范大学学报(教育科学版),2010(2):64 - 67.

[36][美]舒尔曼,王幼真、刘捷译. 理论、实践与教育专业化[J]. 比较教育研究,1999(3):36 - 40.

[37]滕明兰. 对我国教师教育课程体系改革的构想[J]. 教育理论与实践,2004,(5):48 - 50.

[38]王安全. 教师自我知识身份误解的生成与消解[J]. 国家教育行政学院学报,2011(3):52 - 55.

[39]王瑟. 新疆:把最好的教育资源送到最偏远的地方[N]. 光明日报,2015 - 01 - 04(6).

[40]王艳玲. "实习支教"热的冷思考——兼议高师教育实习改革[J]. 教育发展研究,2009(4):74 - 77.

[41]谢淑海,熊梅. 教师专业身份认同及其教师教育意蕴[J]. 教师教育学报,2015(6):21 - 30.

[42]谢淑海,熊梅. 职前教师专业身份认同的理论发展与研究展望[J]. 教师教育学报,2014(6):10 - 17.

[43]谢淑海,熊梅. 实习生教师专业身份建构探析[J]. 当代教师教育,2014(4):16 - 20.

[44]徐翠先．扶贫顶岗实习支教的特点、管理及重要意义[J]．教育理论与实践,2010(6):46－48.

[45]杨挺,覃学健．基于合作教学的师范生实习支教模式改革的思考[J]．西南大学学报(自然科学版),2011(4):197－201.

[46]杨威．身份的现代性意蕴[J]．唯实,2006(7):11－14.

[47]杨秀玉．实践中的学习:教师教育实习理念探析[J]．首都师范大学学报(社会科学版),2009(5):57－61.

[48]叶菊艳．叙述在教师身份研究中的运用——方法论上的考量[J]．北京大学教育评论,2013(1):83－94、191.

[49]叶浩生．"具身"涵义的理论辨析[J]．心理学报,2014(7):1032－1042.

[50]叶澜．重建课堂教学价值观[J]．教育研究,2002,(5):3－7.

[51]叶澜．改善教师发展生存环境,提升教师发展自觉[N]．中国教育报,2007－9－15(3).

[52]易连云,卜越威．探索与实施"顶岗实习支教"模式,促进农村中小学师资更新[J]．西南大学学报(社会科学版),2008(2):113－117.

[53]余清臣．教育理论的话语实践——通达教育实践之路[J]．教育研究,2015(6):11－18.

[54]张爱华,宋萍,刘兆丰．高师院校人才培养模式探索——河北师范大学"3.5＋0.5"顶岗实习支教模式研究[J]．教育研究,2009(11):101－104.

[55]张朝珍、赵建立、由龙涛．参与式管理模式:顶岗实习支教的现实选择[J]．现代教育管理,2010(10):60－62.

[56]张海珠．"顶岗支教实习"岗前培训课程体系的建构——聚焦高师学生的知识结构和教学技能[J]．教育理论与实践,2010(4):36－37.

[57]张海珠．顶岗支教实习模式构建研究[J]．教育理论与实践,2012(35):30－32.

[58]张华．论教师发展的本质与价值取向[J]．教育发展研究,2014(22):16－24.

[59]张军凤．教师的专业身份认同[J]．教育发展研究,2007(4A):39－46.

[60]张倩．职前教师的专业身份建构——对职前教师实习经历的实证研究[J]．教育发展研究,2013(15－16):106－110.

[61]张倩．职前教师的专业身份建构——基于西方关于职前教师专业身份

的实证研究的报告[J].福建师范大学学报(哲学社会科学版),2012
(2):148－154.

[62]张玉荣.社会互动与实习生的身份认同[J].教育学术月刊,2012(11):
52－57.

[63]中华人民共和国教育部.教育部关于大力推进教师教育课程改革的意
见[Z].2011－10－08.

[64]魏戈,陈向明.社会互动与身份认同——基于全国7个省(市)实习教
师的实证研究[J].教育学报,2015(8):55－66、76.

[65]赵夫辰,杨军.深化顶岗实习支教工程,提高师范大学生能力素质——
从河北师大看师范院校教师实践培养模式的未来走向[J].河北师范大
学学报(教育科学版),2008(9):74－77.

[66]赵夫辰,李占萍.顶岗实习支教新进展研究——河北师范大学第16期
顶岗实习支教教学总结分析[J].河北师范大学学报(教育科学版),
2013(8):74－77.

[67]赵明仁.先赋认同、结构性认同与建构性认同——"师范生"身份认同
探析[J].教育研究,2013(6):79－85.

[68]赵新平,王福应.实习支教:乡村教育的助推器——以忻州师范学院为
例[J].河北师范大学学报(教育科学版),2010(4):44－47.

[69]周淑卿.我是课程发展的专业人员?——教师专业身份认同的分析
[J].教育资料与研究,2004(57):9－16.

[70]周宪.福柯话语理论批判[J].文艺理论研究,2013(1):120－129.

学位论文类:

[1]李茂森.自我的寻求——课程改革中的教师身份认同[D]:[博士学位
论文].上海:华东师范大学,2010.

[2]李彦花.中学教师专业认同研究[D]:[博士学位论文].北碚:西南大
学,2009.

[3]李伟.我国高师教育实习政策研究[D]:[硕士学位论文].金华:浙江师
范大学,2003.

[4]鞠玉翠.教师个人实践理论的叙事探究[D]:[博士学位论文].上海:华
东师范大学,2006.

[5]王夫艳.中国大陆素质教育改革中的教师专业身份及其建构[D]:[博

士学位论文]．香港：香港中文大学,2010.

[6]吴慎慎．教师专业认同与终身学习:生命史叙说研究[D]:[博士学位论文]．台湾:台湾师范大学,2003.

[7]张倩．中学职前教师的专业身份建构:实习教师的专业学习历程的个案研究[D]:[博士学位论文]．香港中文大学,2012.

外文类:

[1]Adams, R. D. k. Teacher development:A look at change in teacher perceptions and behaviors across time[J]. Journal of Teacher Education, 198(4): 40 –43.

[2]Akyeampong, K. , & Stephens, D. Exploring the backgrounds and shaping of beginning student teachers in Ghana: toward greater contextualisation of teacher education [J]. International Journal of Educational Development, 2002(22):261 –274.

[3]Alban, M. W. , & Kelley, C. M. Embodiment meets metamemory: weight as a cue for metacognitive judgments[J]. Journal of Experimental Psychology: Learning, Memory, and Cognition, 2013(5): 1628 –1634.

[4]Alcoff, L. Cultural feminism versus post – structuralism: The identity crisis in feminist theory[J]. Signs, 1988,13(3):405 –436.

[5]Akkerman, S. F. , & Meijer, P. C. A dialogical approach to conceptualizing teacher identity[J]. Teaching and Teacher Education, 2011(2):308 –319.

[6]Alsup, J. Teacher identity discourses: Negotiating personal and professional spaces[M]. Mahwah, N. J. : Lawrence Erlbaum Associates,2006.

[7]Antonek, J. L. , Mccormick, D. E. & Donato, R. The student teacher portfolio as autobiography: Developing a professional identity[J]. Modern Language Journal, 1997(81):15 –27.

[8]Assaf, L. C. Exploring identities in a reading specialization programmer [J]. Journal of Literacy Research, 2005,37(2):201 –236.

[9]Atkinson, D. Theorizing how student teachers form their identities in initial teacher education[J]. British Educational Research Journal, 2004)(3): 379 –394.

[10]Babbie, E. The practice of social research [M]. CA: Adsworth Pub.

Co,1998.

[11]Bandura, A. Toward a psychology of human agency[J]. Perspectives on Psychological Science,2006(2):163 – 172.

[12]Bain, K. What the Best College Teachers Do[M]. London, England: Harvard University Press, 2004.

[13]Ball, S. J. & Goodson, I. F. Understanding Teachers: Concepts and ontexts[M]. In Ball, S. J. & Goodson, I. F. (Eds.), Teachers' lives and careers . London: The Falmer Press. 1985. 1 – 26.

[14]Beauchamp, C. , & Thomas, L. Understanding teacher identity: an overview of issues in the literature and implications for teacher education[J]. Cambridge journal of education, 2009(2):175 – 189.

[15]Beijaard, D. Teachers' prior experiences and actual perceptions of professional identity[J]. Teachers and Teaching: Theory and Practice, 1995 (2):281 – 294.

[16]Beijaard, D. , Verloop, N. , & Vermunt, J. D. Teachers' perceptions of professional identity: an exploratory study from a personal knowledge perspective[J]. Teaching and Teacher Education, 2000(16):749 – 764.

[17]Beijaard, D. , Meijer, P. , & Verloop, N. Reconsidering research on teachers' professional identity[J]. Teaching and Teacher Education, 2004 (20):107 – 128.

[18]Berger, R. & Quinney, R. Storytelling sociology; Narrative as social inquiry. oulder, CO: Lynne Rienner Publishers, 2005.

[19]Bernstein, B. , & Solomon, J. Pedagogy, identity and the construction of a theory of symbolic control: Basil Bernstein questioned by Joseph Solomon [J]. British Journal of Sociology of Education, 1999(2):265 – 279.

[20]Bownlee, J. , Purdie, N. , & Boulton – Lewis, G. Changing epistemological beliefs in preservice teacher education students[J]. Teaching in Higher Education, 2001(2):247 – 268.

[21]Britzman, D. Practice Makes Practice: A Critical Study of Learning to Teach[M]. Albany, NY: State University of New York Press, 1991.

[22]Britzman, D. P. The terrible problem of knowing thyself: Toward a post – structural account of teachers' identity[J]. The Journal of Curriculum Theo-

rizing, 1992,9(3):23 –46.

[23]Brooke,G. E. My personal journal toward professionalism[J]. Young Children, 1994(6):69 –71.

[24]Bruner, J. Actural mind, possible worlds[M]. Cambridge: Harvard University Press,1986.

[25]Brownlee, J. Changes in primary school teachers beliefs about knowing: a longitudinal study[J]. Asia – Pacific Journal of Teacher Education,2003, 31(1):87 –98.

[26]Bruner, J. Narrative construction of reality[J]. Critical Inquiry, 1991 (18): 1 –21.

[27]Cammack, J. C. & Phillips, D. K. Discourses and subjectivities of the gendered teacher[J]. Gender and Education,2002,14 (2):123 –133.

[28]Carson, T. . Pedagogical reflections on reflective practice in teacher education[J]. Phenomenology + Pedagogy, 1991(9):132 –142.

[29]Castells,M. The power of identity[M]. Malden, Mass: Blackwell,2004.

[30]Cattley, G. Emergence of professional identity for the pre – service teacher [J]. International Education Journal, 2007,8(2): 337 –347.

[31]Chai,C. S. , Khine, M. S. , & Teo, T. Epistemological beliefs on teaching and learning: A survey among pre – service teachers in Singapore[J]. Educational Media International, 2006 (4):285 –298.

[32]Cheung,H. Y. Measuring the professional identity of Hong Kong in – service teachers [J]. Journal of in – Service Education, 2008(3):375 –390.

[33]Clandinin, D. Developing rhythm in teaching: The narrative study of a beginning teacher's personal practical knowledge of the classroom[J]. Curriculum Inquiry, 1989(2): 121 –141.

[34]Clandinin, D. Jean &. Connelly, F. Michael. Teachers' professional knowledge landscapes: Teacher Stories – stories of teachers – school stories – stories of schools[J]. Educational Researcher, 1996,25(3):24 –30.

[35]Clandinin, D. J. & Connelly, F. M. Stories to live by: Narrative understandings of school reform [J]. Curriculum Inquiry, 1998,28 (2):129 –164.

[36]Clarke, M. The ethico – politics of teacher identity[J]. Educational Philos-

ophy and Theory,2009,41(2),185 - 200.

[37]Coldron, J. & Smith, R. Active location in teachers' construction of their professional identities[J]. Journal of Curriculum Studies, 1999,31(6): 711 - 726.

[38]Colbeck, C. L. Professional identity development theory and doctoral education. [J] New Directions for Teaching and Learning, 2008(113): 9 - 16.

[39]Connelly, F. & Clandinin, D. Stories of experience and narrative inquiry [J]. Educational Researcher. 1990,19(5):2 - 14.

[40]Connelly, F. M. , & Clandinin, J. Shaping a Professional Identity: Stories of Educational Practice[M]. London: Teachers College Press,1999.

[41]Conway, P. F. Anticipatory reflection while learning to teach:From a temporally truncated to a temporally distributed model of reflection in teacher education [J]. Teaching and Teacher Education, 2001(1):89 - 106.

[42]Cook, J. S. Coming into my own as a teacher: identity, disequilibrium and the first year of teaching[J]. New Educator, 2009(5):274 - 292.

[43]Day, C. , & Gu, Q. Variations in the conditions for teachers' professional learning and development: sustaining commitment and effectiveness over a career[J]. Oxford Review of Education, 2007(4):423 - 443.

[44]Day, C. , Kington, A. , Stobart, G. , & Sammons, P. The personal and professional selves of teachers: Stable and unstable identities [J]. British Educational Research Journal, 2006(4):601 - 616.

[45]Day, C. , & Kington, A. Identity, well - being and effectiveness: The emotional contexts of teaching[J]. Pedagogy, Cuture & Society, 2008,16 (1):7 - 23.

[46]Denicolo & M. Kompf . Connecting policy and practice: Challenges for teaching and learning in schools and universities [M]. Oxford: Routledge, 2005.

[47] Dillabough, J. Gender politics and conceptions of the modern teacher: Women, identity and professionalism[J]. British Journal of Sociology of Education,1999(3):373 - 394.

[48]Doug Hamman, Kevin Gosselin & Jacqueline Romano,etc. Using possible - selves theory to understand the identity development of new teachers[J].

Teaching and teacher education, 2010(26) :1349 - 1361.

[49] Douwe Beijaard, Nico Verloop, Jan D. Vermunt. Teachers' perceptions of professional identity: an exploratory study from a personal knowledge perspective[J]. Teaching and Teacher Education, 2000(7) :749 - 764.

[50] Duff, P. A. , & Uchida, Y. The negotiations of teachers' socio - cultural identities and practices in postsecondary EFL classrooms [J]. TESOL, Quarterly, 1997(31) : 451 - 486.

[51] Elbaz, F. The teacher's "practical knowledge": Report of a case study [J]. Curriculum Inquiry, 1981(1) :43 - 71.

[52] Elbaz, F. The teacher's knowledge: Report of a case study[J]. Curriculum Inquiry, 1988 (1) :43 - 71.

[53] Enyedy,N. ,Goldberg, J. , & Welsh, K. M. Complex dilemmas of identity and practice[J]. Science Education, 2006(1) :68 - 93.

[54] Farnsworth, V. Conceptualizing identity, learning and social justice in community based learning [J]. Teaching and Teacher Education, 2010 (26): 1481 - 1489.

[55] Feiman - Nemser, S. & Buchmann, M. Pitfalls of Experience in Teacher Education[J]. Teachers College Record,1985,87(1) :49 - 65.

[56] Feiman - Nemser, S. , & Buchmann, M. The first year of teacher preparation: Transition to pedagogical thinking[J]. Journal of Curriculum Studies,1986,18(3) :239 - 256.

[57] Flores, M. A. Being a novice teacher in two different settings: Struggles, continuities, and discontinuities[J]. Teachers College Record, 2006(10): 2021 - 2052.

[58] Flores, M. A. , & Day, C. Contexts which shape and reshape new teachers' identities: A multi - perspective study[J]. Teaching and Teacher Education, 2006(2) :219 - 232.

[59] Franzak, J. K. Developing a teacher identity: the impact of Critical Friends Practice on the student teach[J]. English Education, 2002,34(4): 258 - 280.

[60] Fred A. J. Korthagen. In search of the essence of a goof teacher: towards a more holistic approach in teacher education[J]. Teaching and Teacher Ed-

ucation, 2004(20):77 -97.

[61]Freeman, D. , Johnson, K. E. Reconceptualizing the knowledge – base of language teacher education[J]. TESOL Quarterly, 1998(32):397 –417.

[62] Freese, A. Reframing one's teaching: Discovering our teacher selves through reflection and inquiry[J]. Teaching and Teacher Education, 2006 (22):110 –119.

[63]Friedman, I. A. The bi – polar professional self of aspiring teachers: Mission and power[J]. Teaching and Teacher Education, 2006(6):722 –739.

[64]Gee,J. P. Identity as an analytic lens for research in education[J]. Review of Research in Education,2000,25(1):99 –125.

[65]Geijsel, F. & Meijers, F. Identity learning: The core process of educational change[J]. Educational Studies, 2005,31(4):419 –430.

[66]Greene, M. Teaching: The question of personal reality[J]. Teachers College Record, 1978(1): 23 –35.

[67]Hong, J. Y. Pre – service and beginning teachers' professional identity and its relation to dropping out of the profession[J]. Teaching and Teacher Education, 2010,26(8):1530 –1543.

[68]Grootenboer, P. , Smith, T. , & Lowrie, T. Researching identity in mathematics education: The lay of the land[EB/OL]. http://www. merga. net. au/documents. 2015 –3 –20.

[69]Infinito, J. Jane Elliot meets Foucault: the formation of ethical identities in the classroom[J]. Journal of Moral Education,2003,32(1): 67 –76.

[70]Infinito, J. Ethical Self – formation: A Look at the Later Foucault[J]. Educational Theory, 2003,53(2): 165 –171.

[71]Johnson, M. Embodied Knowledge[J]. Curriculum Inquiry. 1989,19(4): 361 –377.

[72]Kazemek, F. The Self as Social Process: The Work of George Herbert Mead and Its Implications for Adult Literacy Education[J]. Adult Literacy and Basic Education, 1988,12(1):1 –13.

[73]Kelchtermans, G. Teachers' emotions in educational reforms: Self – understanding, vulnerable commitment and micropolitical literacy[J]. Teaching

and Teacher Education, 2005(21): 995 - 1006.

[74]Kelchtermans, G. Teacher vulnerability: Understanding its moral and political roots[J]. Cambridge Journal of Education, 1996,26(3): 307 - 323.

[75]Kim, J. & Latta, M. Narrative inquiry: Seeking relations as modes of interactions[J]. Journal of Educational Research, 2010(103):69 - 71.

[76]Korthagen, F. In search of the essence of a good teacher: Towards a more holistic approach in teacher education[J]. Teaching and Teacher Education, 2004, 20(1): 77 - 97.

[77] LeGrange, L. Embodiment, social praxis and environmental education: some thoughts[J]. Environmental Education Research, 2004,10(3):387 - 396.

[78]Malhotra, V. A comparison of Mead's "self" and Heidegger's "Dasein": Toward a regrounding of social psychology [J]. Human Studies, 1987 (10):357 - 382.

[79]McDougall, J. A crisis of professional identity: How primary teachers are coming to terms with changing views of literacy[J]. Teaching and Teacher Education, 2010,26(3): 679 - 687.

[80]Mishler, E. Validation in inquiry - guided research: The role of exemplars in narrative studies[J]. Harvard Educational Review, 1990,60(4): 415 - 442.

[81]Moen, T. Reflections on the narrative research approach[J]. International Journal of Qualitative Methods,2006,5(4):1 - 11.

[82] Moore, F. Agency, identity, and social justice education: Preservice teachers' thoughts on becoming agents of change in urban elementary science classrooms [J]. Research in Science Education, 2008 (38):589 - 610.

[83]Morse, J. , Barrett, M. , Mayan, M. , Olsons, K. & Spiers, J. Verification strategies for establishing reliability and validity in qualitative research [J]. International Journal of Qualitative Methods, 2002, 1(2): 1 - 19.

[84]O' Connon, K. , Scanlon, L. "What I do is who I am": Knowledge, skills and teachers' professional identities[EB/OL]. www. aare. edu/au/05pap/OCOO5O56. pdf . 2015 - 3 - 5.

[85]Peshkin, A. From title to title: The evolution of perspective in naturalistic inquiry[J]. Anthropology & Education Quarterly, 1985(16):214 – 224.

[86]Peters, M. Truth – telling as an educational practice of the self: Foucault, Parrhesia, and the ethics of subjectivity[J]. Oxford Review of Education. 2003,29(2): 207 – 221.

[87]Polkinghorne, D. Language and meaning: Data collection in qualitative research[J]. Journal of Counseling Psychology,2005,52(2): 137 – 145.

[88]Rambusch, J. & Ziemke, T. The role of embodiment in situated learning [EB/OL]. csjarchive. cogsci. rpi. edu/procedings/2005/docs/p1803. pdf. 2005.

[89]Rogers, R. Storied selves: A critical discourse analysis of adult learners' literate lives[J]. Reading Research Quarterly, 2004,39(3):272 – 305.

[90]Rule, P. Bakhtin and the poetics of pedagogy: a dialogic approach[J]. Journal of Education, 2006,40(79), 594 – 607.

[91]Sachs, J. Teacher professional identity: competing discourses, competing outcomes[J]. Journal of Education Policy, 2001,16(2):149 – 161.

[92]Savin – Baden, M. & Van Niekerk, L. Narrative inquiry: Theory and practice[J]. Journal of Geography in Higher Education, 2007,31 (3):459 – 472.

[93]Shenton, A. Strategies for ensuring trustworthiness in qualitative research projects[J]. Education for Information, 2004(22):63 – 75.

[94]Schaafsma, D. & Vinz, R. Composing narratives for inquiry[J]. English Education, 2007,39(4):275 – 276.

[95]Sexton, D. Student teachers negotiating identity, role, and agency[J]. Teacher Education Quarterly, 2008,35(3), 73 – 88.

[96]Shenton, A. Strategies for ensuring trustworthiness in qualitative research projects[J]. Education for Information, 2004(22):63 – 75.

[97]Shulman, L. Those who understand: Knowledge growth in teaching[J]. Educational Researcher, 1986,15(2):4 – 14.

[98]Singh, P. Review essay: Basil Bernstein: Pedagogy, symbolic control and i-dentity[J]. British Journal of Sociology of Education, (1997,18(1):119 – 124.

[99]Smagorinsky, P. , Cook, L. , Moore, C. , Jackson, A. , & Fry, P. Tensions in learning to teach: Accommodation and the development of a teaching Identity[J]. Journal of Teacher Education, 2004,55(8):8 – 21.

[100]Smith, B. , & Sparkes, A. Contrasting perspectives on narrating selves and identities: an invitation to dialogue[J]. Qualitative Research,2008,8 (1):5 – 35.

[101]Soreide, G. Narrative construction of teacher identity: positioning and negotiation[J]. Teachers and Teaching: Theory and Practice. 2006, 12 (5):527 – 547.

[102]Spector – Mersel, G. Narrative research; Time for a paradigm[J]. Narrative Inquiry,2010,20(1): 204 – 223.

[103]Spry, T. Performing autoethnography: An embodied methodological praxis [J]. Qualitative Inquiry, 2001(7):706 – 726.

[104]Sumara, D. , & Luce – Kapler, R. (Un)Becoming a teacher: Negotiating identities while learning to teach[J]. -Canadian Journal of Education, 1996,21(1):65 – 83.

[105]Tappan, M. Domination, subordination and the dialogical self: Identity development and the politics of'ideological becoming'[J]. Culture Psychology, 2005,11(1):47 – 75.

[106]Thomas, L. , & Beauchamp, C. Learning to live well as teachers in a changing world: Insights into developing a professional identity in teacher education[J]. The Journal of Educational Thought, 2007,41(3):229 – 243.

[107]Tripp, D. Teachers' lives, critical incidents, and professional practice [J]. Qualitative Studies in Education,1994,7(1):69 – 76.

[108]Walkington, J. Becoming a teacher: encouraging development of teacher identity through reflective practice[J]. Asia – Pacific Journal of Teacher Education, 2005,33(1):53 – 64.

[109]Warin, J. , Maddock, M. , Pell, A. , & Hargreaves, L. Resolving identity dissonance through reflective and reflexive practice in teaching[J]. Reflective Practice, 2006,7(2):233 – 245.

[110]Watson, C. Narratives of practice and the construction of identity in teach-

ing[J]. Teachers and Teaching: Theory and Practice,2006,12(5):509 -526

[111] Wenger, E. Communities of practice: Learning, meaning and identity [M]. UK: Cambridge University Press, 1999.

[112] Wilson, E. & Deaney, R. Changing career and changing identity: how do teacher career changers exercise agency in identity construction? [J]Social Psychology of Education,2010,13(2): 169 -183.

[113] Zembylas, M. Interrogating "teacher identity": Emotion, resistance, and self - formation[J]. Educational Theory, 2003,53(1):107 -127.

[114] Zembylas, M. Emotions and teacher identity: A poststructural perspective [J]. Teachers and Teaching: Theory and Practice, 2003, 9 (3): 213 -230.